高校教师的
工作使命感对周边绩效
影响机制的实证研究

杨　冰◎著

AN EMPIRICAL STUDY ON THE INFLUENCE
MECHANISM OF COLLEGE TEACHERS' CALLING ON
CONTEXTUAL PERFORMANCE

经济管理出版社
ECONOMY & MANAGEMENT PUBLISHING HOUSE

图书在版编目（CIP）数据

高校教师的工作使命感对周边绩效影响机制的实证研究/杨冰著．—北京：经济管理出版
社，2022.11

ISBN 978-7-5096-8796-3

Ⅰ.①高… Ⅱ.①杨… Ⅲ.①高等学校—教师—工资管理—研究—中国 Ⅳ.①G647.3

中国版本图书馆 CIP 数据核字（2022）第 206469 号

组稿编辑：赵亚荣

责任编辑：赵亚荣

责任印制：黄章平

责任校对：王淑卿

出版发行：经济管理出版社
　　　　　（北京市海淀区北蜂窝 8 号中雅大厦 A 座 11 层　100038）

网　　　址：www.E-mp.com.cn

电　　　话：（010）51915602

印　　　刷：唐山昊达印刷有限公司

经　　　销：新华书店

开　　　本：720mm×1000mm/16

印　　　张：13.5

字　　　数：235 千字

版　　　次：2022 年 12 月第 1 版　　2022 年 12 月第 1 次印刷

书　　　号：ISBN 978-7-5096-8796-3

定　　　价：68.00 元

目　录

1　绪论 ……………………………………………………………… 1

　1.1　研究背景 ………………………………………………………… 1

　1.2　问题的提出 ……………………………………………………… 8

　1.3　研究意义 ………………………………………………………… 9

　　1.3.1　理论意义 …………………………………………………… 10

　　1.3.2　实践意义 …………………………………………………… 10

　1.4　研究内容 ………………………………………………………… 11

　1.5　研究方法及技术路线 …………………………………………… 12

　　1.5.1　研究方法 …………………………………………………… 12

　　1.5.2　技术路线 …………………………………………………… 15

　1.6　本书的创新点 …………………………………………………… 16

　1.7　本章小结 ………………………………………………………… 16

2　文献综述 ………………………………………………………… 17

　2.1　周边绩效的相关研究 …………………………………………… 17

　　2.1.1　绩效的内涵 ………………………………………………… 17

　　2.1.2　对绩效结构的划分 ………………………………………… 20

　　2.1.3　周边绩效的内涵 …………………………………………… 20

　　2.1.4　周边绩效的结构维度 ……………………………………… 22

　　2.1.5　周边绩效与组织公民行为关系辨析 ……………………… 27

　　2.1.6　周边绩效的测量 …………………………………………… 30

　　2.1.7　周边绩效影响因素研究 …………………………………… 31

　　2.1.8　基于学校组织环境的周边绩效相关研究 ………………… 33

2.2 工作使命感的相关研究 ·· 36
  2.2.1 使命感的研究背景 ·· 36
  2.2.2 使命感的概念界定 ·· 37
  2.2.3 使命感的测量 ·· 40
  2.2.4 工作使命感的实证研究 ·· 41
  2.2.5 高校教师工作使命感的研究 ······································ 47
2.3 工作投入的相关研究 ·· 47
  2.3.1 工作投入的概念 ·· 47
  2.3.2 工作投入的测量 ·· 48
  2.3.3 工作投入的实证研究 ·· 49
2.4 人—组织匹配的相关研究 ·· 51
  2.4.1 人—组织匹配的概念 ·· 51
  2.4.2 人—组织匹配的测量 ·· 52
  2.4.3 人—组织匹配的实证研究 ·· 53
2.5 已有研究述评 ·· 54
  2.5.1 周边绩效的研究述评 ·· 54
  2.5.2 工作使命感的研究述评 ·· 56
  2.5.3 工作投入的研究述评 ·· 57
  2.5.4 人—组织匹配的研究述评 ·· 58
2.6 本书相关概念的界定 ·· 58
  2.6.1 高校教师周边绩效的内涵 ·· 59
  2.6.2 高校教师工作使命感的内涵 ······································ 60
  2.6.3 高校教师工作投入的内涵 ·· 61
  2.6.4 人—组织匹配的内涵 ·· 61
2.7 本章小结 ·· 62

3 理论分析模型构建和研究假设 ·· 63

3.1 理论分析模型构建的前期基础——探索性研究 ·························· 63
  3.1.1 访谈提纲的设计 ·· 64
  3.1.2 访谈对象的选择 ·· 64
  3.1.3 访谈资料的分析 ·· 65

3.2　高校教师周边绩效结构的理论框架 ·············· 80

　　3.2.1　高校教师周边绩效的维度分析 ·············· 80

　　3.2.2　高校教师周边绩效结构维度的具体内容 ·············· 83

3.3　高校教师工作使命感对周边绩效影响的理论分析模型 ·············· 84

　　3.3.1　高校教师工作使命感与周边绩效的关系分析 ·············· 84

　　3.3.2　工作投入在高校教师工作使命感与周边绩效之间的
　　　　　作用分析 ·············· 86

　　3.3.3　人—组织匹配在高校教师工作使命感对周边绩效影响中的
　　　　　作用分析 ·············· 90

3.4　研究假设 ·············· 92

　　3.4.1　高校教师的工作使命感与周边绩效关系的研究假设 ·············· 92

　　3.4.2　高校教师的工作使命感与工作投入关系的研究假设 ·············· 92

　　3.4.3　高校教师的工作投入与周边绩效关系的研究假设 ·············· 93

　　3.4.4　工作投入中介作用的研究假设 ·············· 93

　　3.4.5　人—组织匹配调节作用的研究假设 ·············· 94

3.5　本章小结 ·············· 97

4　研究工具的开发 ·············· 98

4.1　高校教师周边绩效问卷开发 ·············· 98

　　4.1.1　形成高校教师周边绩效的原始行为条目 ·············· 98

　　4.1.2　形成高校教师周边绩效测量问卷 ·············· 100

　　4.1.3　高校教师周边绩效结构的检验与验证 ·············· 109

4.2　高校教师工作使命感问卷开发 ·············· 117

　　4.2.1　高校教师工作使命感问卷的内容设计 ·············· 117

　　4.2.2　高校教师工作使命感问卷的信度和效度检验 ·············· 118

4.3　高校教师工作投入问卷开发 ·············· 120

　　4.3.1　高校教师工作投入问卷的内容设计 ·············· 120

　　4.3.2　高校教师工作投入问卷的信度和效度检验 ·············· 121

4.4　高校教师人—组织匹配问卷开发 ·············· 123

　　4.4.1　人—组织匹配问卷的内容设计 ·············· 123

　　4.4.2　人—组织匹配问卷的信度和效度检验 ·············· 124

4.5　本章小结 ·· 126

5　实证分析与假设检验 ···································· 127

5.1　数据的收集过程 ·· 127

5.1.1　数据收集的准备工作 ·························· 127

5.1.2　问卷的发放、收集及处理 ···················· 128

5.1.3　样本的基本情况 ······························· 129

5.2　实证分析和模型检验的步骤与方法设计 ············ 131

5.2.1　实证分析和模型检验的步骤设计 ············· 131

5.2.2　实证分析和模型检验的方法设计 ············· 131

5.3　相关数据分析 ··· 132

5.3.1　变量测量条目的描述性统计 ·················· 132

5.3.2　同源方差检验 ································· 134

5.3.3　问卷的信度和效度分析 ······················· 135

5.3.4　相关性分析 ································· 137

5.3.5　高校教师周边绩效的现状分析 ··············· 138

5.3.6　高校教师工作使命感的现状分析 ············· 143

5.4　整体模型检验 ··· 145

5.4.1　多重共线性检验 ······························· 145

5.4.2　高校教师工作使命感对周边绩效的影响 ····· 146

5.4.3　高校教师工作使命感对工作投入的影响 ····· 151

5.4.4　高校教师工作投入对周边绩效的影响 ········ 151

5.4.5　高校教师工作投入的中介效应检验 ·········· 151

5.4.6　调节效应和有调节的中介效应检验 ·········· 153

5.4.7　假设检验汇总及结果分析 ···················· 163

5.5　本章小结 ·· 169

6　结语 ·· 170

6.1　研究结论 ·· 170

6.2　总体讨论 ·· 171

6.2.1　关于高校教师周边绩效结构维度的讨论 ····· 171

　　　6.2.2　关于高校教师工作使命感对周边绩效影响机制的讨论 ······ 176

　6.3　理论贡献与实践启示 ······ 180

　　　6.3.1　理论贡献 ······ 180

　　　6.3.2　实践启示 ······ 181

　6.4　研究不足与展望 ······ 184

　　　6.4.1　研究不足 ······ 184

　　　6.4.2　研究展望 ······ 185

　6.5　本章小结 ······ 185

参考文献 ······ 186

附　录 ······ 199

　附录1　教师访谈提纲 ······ 199

　附录2　关于高校教师周边绩效关键行为事件的相关调查 ······ 200

　附录3　高校教师周边绩效、工作使命感、工作投入以及人—组织

　　　　　匹配情况的调查问卷 ······ 201

1 绪论

1.1 研究背景

自 1999 年开始，各高校相继扩大招生规模，我国高等教育实现了突破式发展，截至 2019 年，高等学校的毛入学率已经达到 50%左右。根据美国著名学者马丁·特罗教授提出的高等教育发展三阶段理论，中国的高等教育经过快速发展进入普及化阶段（钟秉林和王新凤，2019）。在高等教育规模发生巨大变化后，人们对高等教育数量方面的需求得到了有效满足，在此基础上逐渐将关注的焦点集中转向对高等教育质量的不懈追求。高等教育发展的工作重心由以"扩大数量"为主的规模发展转向以"质量提升"为核心的内涵式发展。在内涵式发展过程中，高校教师作为高校组织绩效产生的最基本单元，发挥着关键作用。高质量的人才培养依赖教师高水平的工作绩效，高水平的工作绩效很大程度上又依赖于科学、合理的管理方式的激励。因此，建立科学、合理的绩效管理体系，充分发挥教师队伍的整体效能，是高等学校为了应对因规模扩张引发的管理方式变化所采取的必要措施，也是高校师资管理实践的重点和难点。

从研究的角度看，针对我国高校教师绩效管理的研究 20 多年来一直占据着教师管理研究领域的重要位置。随着管理学、心理学等多学科交叉融合的发展趋势深入推进，越来越多的研究者不断将社会学、组织行为学、心理学等研究领域的热点问题和重点问题引入教师绩效管理研究中，进一步丰富了教师绩效管理的研究内容，掀起了研究的热潮。回顾国内研究者对高校教师绩效研究的相关情况，分别以"高校教师/大学教师绩效评价/评估/考评/考核"为主题采用精确匹配方式在 CNKI 上进行文献检索（检索时间不限），相关研究论文达 2000 余篇，尽管 2011 年以后论文发表数量有所下降，但年均发表量仍然保持在 160～170 篇，说明高等学校教师的绩效管理问题在学术界仍然是一个被广泛关注的研究热点，值得进一步拓展研究空间。

高校引入绩效管理是高等教育管理方式转型的一种突出表现，这种管理转型与社会经济发展和知识范式的改变密切相关。随着知识经济时代的到来，传统知识范式发生了变化，人们对知识的诉求已经由学科知识扩展到操作性知识。知识范式的转变也导致高等教育与社会之间的基本关系发生了根本变化。高等教育的地位由社会中相对独立的"象牙塔"转变成社会的高等教育。高等教育与社会之间关系的诸多变化必然使高校的发展经历市场化、问责机制等的洗礼（毛亚庆，2013）。这些发展趋势导致高校处于一个竞争越来越激烈的外部环境中，必须要创造出高的办学效益才能满足实际的需求。因此，针对教师建立合理的绩效管理体系就成为高校增强竞争力以及追求质量的重要途径。

高校教师是高等学校基本职能的具体执行者，对教师的工作绩效进行评价是高等学校绩效管理的核心内容。教师围绕着"高深知识"开展的知识传播、创造以及应用等活动都是具有较高复杂程度和创新性的工作，这些工作不同于工商企业组织中相对清晰的流水线作业，也不同于政府部门严格按照科层管理的一系列职责划分，在工作流程和目标上都不够明晰（阎光才，2019），因而高校教师在履行职责时存在着更多的选择空间。如何评价高校教师的工作绩效成为教师绩效管理的难点。

目前，国内大多数研究者都已经认可教师绩效评价涵盖多个维度的测量因素，但是教师的绩效行为到底应该由哪几部分构成，每部分具体包括哪些内涵，不同学者有着各自的理解。从众多的研究成果看，研究者以反映高等学校教师岗位职责所规定的教学、科研和社会服务等方面的任务绩效为主，或者笼统以工作绩效作为一个整体开展研究，缺少对工作绩效的细化分析（李伟，2014）。所谓任务绩效（Task Performance），就是工作规定的行为或者与特定的业务精通程度有关的行为（付亚和许玉林，2005）。在西方国家，用人单位一般都会采用书面说明的形式对每一类工作的职责范围、工作要求以及标准等做出明确的限定，作为规范和评价任职者绩效的主要依据，任务绩效就由此而来，其具有突出的显性特征并且很容易形成量化成果。

但从高校教师的工作内容看，他们的工作更多带有自主性、非结构化以及基于情境等特点。因此，无论从理论还是实践角度出发，教师的工作内容都不可能用固定的时间和岗位职责涵盖，实际上教师岗位并不存在非常清晰的职责边界。大多数教师除完成学校规定的职责外，经常会自愿做出一些有利于学校发展的非硬性规定的行为。例如，教师会主动思考一门课程怎样改革效果会更好，并为之乐此不疲，而不是简单完成学校规定的教学课时；教师在团队建设中主动发挥引领和指导作用，乐于合作助人、分享研究成果；教师主动利用自己的课余时间与学生进行沟通交流、对学生进行学业辅导等。这些行为超出了正式职责描述的范围或处于职责描述比较模糊的地带，具有一定的隐蔽性，与教师在本专业领域的精通程度关系不大，主要是个体自愿采取的能够反映工作主动尽责、合作助人、奉献精神等内涵的行为。在管理学领域，这些行为表现被称为周边绩效（Contextual Performance）①。

任务绩效和周边绩效都是基于"绩效是行为"的观点被提出来的。近十几年绩效管理的研究证明，个体在促进组织目标实现过程中的行为表现，即个体的工作绩效，至少包括两方面内容：任务绩效和周边绩效（蔡永红等，2003）。周边绩效源自工业组织心理学，它的提出体现了以人为本的管理思想，也引发了学术界的广泛关注。西方很多学者基于工商企业、军队等组织做了大量的研究和探索，研究业已表明，周边绩效对于组织来说非常重要，对任务绩效的完成有很大的促进作用（Borman and Motowidlo，1993）。但对于教育组织来说，周边绩效的研究还是一个很新的领域（Somech and Oplatka，2015）。周边绩效在2000年前后引入我国，国内学者基本是借鉴西方学者的相关研究成果，在工商企业、政府机构、医疗单位等组织情境下开展周边绩效管理的相关研究与实践，但专门针对高校教师周边绩效的研究明显滞后，在CNKI上检索2000年以来相关主题的研究论文数量仅有百余篇，研究成果较少，这为本书研究的开展提供了必要性和可行性。

国内学术界对周边绩效的研究成果相对单薄，也导致对具体的管理实践缺少有效的指导。学者井婷和张守臣（2007）在研究我国高等学校教师绩效评价体系现状时认为，高校教师的绩效评价系统存在着绩效结构界定不清晰的问题，尽管系统大多包括教学、科研等方面，但是对于教师持续开展的自我提升、教师对学校的服务与奉献、师生及教师团队之间的交流沟通等工作内容考虑较少。因此，

---

① 国内一些学者也将"Contextual Performance"翻译为关系绩效、关联绩效或情境绩效。本书认为，翻译成为关系绩效或关联绩效容易产生歧义，情境绩效的译法不太常见。周边绩效是围绕任务绩效展现的行为，由此本书将其翻译为周边绩效。

从我国高等学校教师绩效管理的现实情况中就可以发现，大多数学校对于教师的周边绩效缺乏应有的重视。

目前，我国各高校基本实行全员合同聘任制，这种契约关系使高校和教师之间存在着委托代理关系。高校组织作为委托人，以岗位责任书的方式指定教师完成教学、科研和服务等工作任务，并提供相应的报酬；教师则扮演代理人的角色，接受工作任务后可以自主选择努力程度并完成对应的工作绩效。在对教师绩效考核的操作过程中，学校管理层受到工具理性主义和学术绩效主义的影响，将关注的重点放在岗位职责描述中显性、量化的工作行为和结果上，容易忽略教师为了完成工作所自主选择的努力程度，也就是本书所涉及的周边绩效。不可否认，以任务绩效为导向的绩效评价制度在一定程度上发挥了积极作用，有助于形成客观、规范的管理秩序，对高等学校实施现代化管理起到了关键性的促进作用，但是从长远看也存在以下弊端：

首先，任务绩效评价体系主要以明确的职责要求为基准，但高校教师的工作行为不可能完全依靠岗位责任书来规范，若评价只限于狭窄的职责范围，容易导致教师产生明显的功利化倾向，不利于教师整体队伍的可持续发展，进而也会影响到学校的发展。

其次，任务绩效容易将教师的"精神生产"客观化，影响教师的敬业度和奉献精神。大学这类组织的特性及大学教师的工作特点，决定了教师在工作之中和工作之外必须要体现出一些难以量化并蕴含情感特征的周边绩效行为，如与学生的沟通交流、甘于奉献、合作助人等。过分强调任务绩效会使教师的额外付出得不到有效的激励和认可。此外，以任务绩效为主体的评价体系也在无形中向教师传递着一种信息：学术价值有优先次序。根据新制度主义理论，在既定的制度体系下，行动主体会基于理性选择追求利益的最大化效应（牛凤蕊，2014）。

综上所述，易于量化的任务绩效指标会对不易量化的周边绩效产生"挤出效应"，形成的后果就是教师的工作主动性在一定程度上会被削弱，不断降低周边绩效水平，进而对团队和学校整体绩效的提升产生不良影响。可想而知，如果每个教师都仅限于完成岗位职责规定的工作，那么学校就需要耗费更多的资源去维持内部机制的正常运作，如此一来高等教育质量还能够有充分的保障吗？正如著名学者Katz（1964）在研究组织行为动机基础时曾指出，如果一个组织只依靠规定好的行为，那么这个组织显然是脆弱的（Smith et al.，1983）。同时，任务绩效导向的评价体系也使高等学校的管理处于一种尴尬境地：一方面，学校希望教师对工作投入更多的精力和付出；另一方面，评价内容又一边倒，几乎完全依赖课时、论文、项目等量化的任务指标。在这种情况下，教师基于理性选择，会更关注能够显著促进个人业绩增长的任务绩效，忽视显示度比较低而且不能带来较高个人收益的周边绩效。这种现象的存在有一定的合理性，但最终会有损学生和学校的整体利益。

以任务绩效为导向的高校绩效评价体系在实际运用中产生了一系列问题，在一定程度上已经对学校的效能产生了负面影响，高校教师在工作中主动表现出来的一些促进教学改革和学生发展的行为在一定程度上并没有达到国家和人民期望的理想状态。2014年习近平总书记在北京师范大学师生代表座谈会上曾提到，"教师重要，就在于教师的工作是塑造灵魂、塑造生命、塑造人的工作"。由此可见，要充分发挥教师的重要作用就不可能仅靠教师执行学校规定的刚性行为。如何对高校教师的周边绩效进行管理和激励已成为高等学校亟待解决的问题。单纯从任务绩效的角度去考虑高校教师队伍的可持续化发展已经远远不够，必须将充分体现教师周边绩效的主动行为纳入教师绩效管理的范畴，进一步明晰教师工作中不可物化的行为表现，激发教师主体性作用，促使其反思自己所肩负的工作职责内涵和意义，弱化任务绩效的功利取向，引导教师队伍的健康发展，从而促进学生的全面发展和教育质量的有效提升。

总而言之，从绩效管理的理论研究和实践结果看，周边绩效对组织发展的重要性已经毋庸置疑。如何激励教师的周边绩效已经成为高等学校人力资源管理的一个新命题。但是，由于周边绩效更多的是基于个体自愿表现出来的主动行为，仅仅依靠强制性手段或措施等外部诱因的推动不可能达到理想的效果。同时，高校教师是一个强调独立自主、对精神的追求远胜于对物质的追求的职业群体，他们在工作中更加强调自我引导和管理，引发他们产生工作行为的动力主要来自于内部动机的自我决定和自我激励。根据积极组织行为学的观点，组织中的管理者应该突破传统组织行为学的限制，强调对人类心理优势的开发与管理，注重个体动机与积极结果的有效联系，从而促进实现个人与组织的共同目标（冯利伟，2014）。因此，对于高校组织而言，如何挖掘教师的内在动机因素，充分发挥内部动力的持久作用激励教师加大对工作的投入，进而改善和提高周边绩效，主动为学校的发展付出额外的努力，往往意义更为重大。

高校教师这样一个职业群体具有哪些突出的内部动机因素可以挖掘和利用呢？Deci等（1989）在界定内部动机时认为，对个人而言，工作本身的价值和意义就是工作行为产生的内在动机，内在动机源于人们对自主、胜任以及关系等基本心理需求的满足。由此分析，当个体从事某种工作时最看重的不是外部因素，例如经济收入，而是认为通过工作能实现自己的人生价值和意义，并由此受到了内在动机的激励。个体这种对待工作的心理感受与当前西方职业心理学领域中的一个概念——工作使命感紧密相关。所谓工作使命感，是指个体在职业发展中不仅仅是把工作当作谋生的手段，而是充分感受到它的价值和意义所在，将自己的人生目标和人生意义与工作有机融合，在完成工作的过程中达到自我价值的实现（自我价值包括个人价值和对社会的价值）。具有强烈工作使命感的人能够在工作中体验到内在的乐趣和自我实现的意义感（Bellah et al.，1985）[1]。

一般来说，人们普遍认为高校教师这个职业群体的工作使命感相对较强。高校教师之所以具有较强的工作使命感，主要原因包括以下几个方面：

第一，高校是一个使命驱动型组织（Grant and Sumanth，2009）。使命驱动型组织是一个充满社会价值的机构（Perry and Hondeghem，2008）[2]，其核心宗旨是通过追求社会目标、公共服务使命、意识形态事业以及对社区和社会利益的贡献来造福利益相关者（Thompson and Bunderson，2003）[3]。组织的使命在促进组织员工更好地理解工作的意义上发挥着重要的作用（Rosso et al.，2010）。因此，使命驱动型组织通常会吸引具有高度亲社会动机的员工，这些员工会追求公共目标和利益，关心如何造福他人（Grant and Sumanth，2009）。高校教师作为高等教育组织中的主要成员，他们对工作的责任、目的和意义的感知会更加深刻。

第二，高校教师的首要任务就是人才培养。人才培养是有意识地引人向善的育人活动（李菲，2016）。与其他职业相比，"育人"对道德水准有着更高的要求，使教师这个群体必然要具有强烈的使命感和奉献精神，能够从学生全面发展的角度出发，以塑造学生健全人格为终极目标，而不仅仅是完成知识传授的任务。事实上，大部分教师在实际工作中确实都做出了很多额外的贡献。这些行为的动机大多基于教师内心深处对自身工作责任和意义的理解以及对工作的热爱。

第三，高校教师属于学术职业，学术职业有一个突出的特点就是精神性。这种精神劳动需要内心的伦理约束，这种伦理约束代表着教师对社会发展、对大学

① Bellah R N, Madsen R, Sullivan W M, Swidler A, Tipton S M. Habits of the Heart: Individualism and Commitment in American Life [M]. New York: Harper & Row, 1985.

② Perry J L, Hondeghem A. Motivation in Public Management: The Call of Public Service [M]. New York: Oxford University Press, 2008.

③ Thompson J A, Bunderson J S. Violations of Principle: Ideological Currency in the Psychological Contract [J]. Academy of Management Review, 2003 (28): 571-586.

发展以及对学生发展的责任的深刻理解。正如韦伯（2004）所说："学术是一种职业，是奉神的感召去从事的一种职业，具有强烈的精神价值内涵。"

除理论层面的分析外，研究者们在实证过程中也发现了相同的结论。Davidson 和 Caddell（1994）研究发现，在教育领域工作的群体的使命感得分要高于在商业和经济领域工作的职业群体（Hagmaier and Abele，2012）。

总之，高校教师是一个具有较强工作使命感的职业群体。很多学者已经通过研究证明工作使命感与工作态度和行为有着密切关系（Dik and Duffy，2009；Dobrow and Tosti-Kharas，2011；Elangovan，Pinder and McLean，2010）。具有高度使命感的教师必然会对这个职业的意义有着更深刻的认识和体会，这种积极的心理体验自然也会反映在工作状态和行为上，具体表现就是对工作充满热情和责任、敬业度高、乐于奉献，进而会表现出更多的主动付出行为。

由此可见，工作使命感既是高校教师这个职业群体具有的比较优势，又是驱动高校教师行为的内在动力。那么，工作使命感是不是可以作为影响教师周边绩效水平的一个重要因素来研究呢？笔者具有多年从事教学管理和师资管理工作的经历，在工作过程中，作为一名管理者经常被"如何有效激励教师做出更多的周边绩效行为，而不是仅仅完成岗位责任书上要求的定量任务"这个问题所困扰。笔者深知对于高校教师这样一个特殊的职业群体，不管学校有着如何严格、具体、细致的管理制度也很难有效地监管教师在工作过程中的具体行为，通常情况下都要依靠教师的自觉性。因此，单纯依靠外在的物质激励手段或措施激发高校教师产生主动的工作行为，效果不理想也不持久。只有充分调动教师内在的动机潜能以促进组织绩效水平的有效提高才能实现持之以恒。

基于此，笔者脑海中萌生了一条粗略的研究线索：把工作当作"使命"，即一种高层次的精神追求，对高校教师这样的群体而言更容易引起共鸣。那么，能否从"高校教师的工作使命感"这个角度出发，以工作使命感作为周边绩效的影响因素，探求其影响过程，进而为已有的理论研究和当下的管理实践提供有力的支撑？笔者按照这一研究线索初步确定了研究选题和方向，符合一定的逻辑推理，在一定程度上也能够聚焦高校教师管理的实际问题，这对高校在新时代背景下重新理解和把握"立德树人"的深刻内涵具有更强的现实意义。于是，本书决定以此为切入点，开启理论与实践的探索之旅。

1.2 问题的提出

在初步勾勒了一个研究框架后，笔者进一步细化研究问题。在这个过程中，笔者因工作需要有幸与学校一批师德先进教师有了近距离的接触。通过与这些教师的接触，笔者发现他们身上有一个共同点：这些教师内心深处都对"高校教师"这个职业充满着强烈的使命感，这种使命感体现在他们对工作全身心的投入上，并由此产生了积极的结果，不仅任务绩效卓越，而且在周边绩效方面的行为表现上也令人称赞。

正是这次工作使笔者在管理实践中进一步找到了研究的灵感，坚定了研究的信心，明晰了研究重点，即深入探讨高校教师工作使命感如何对教师的工作投入产生作用进而影响教师的周边绩效行为。按照研究框架和研究重点，笔者全面梳理研究思路和研究内容，进一步细化了具体的研究问题。

本书要探讨的第一个主要问题是高校教师的周边绩效结构维度如何构建。根据研究思路，确定高校教师周边绩效的结构是本书研究的起点和基础。但从国内相关的研究现状看，学术界在涉及周边绩效结构维度问题时，要么基于西方国家已有的研究成果，要么以工商企业组织员工为样本，均不太适合高校教师，这为本书研究的开展提供了坚实的立足点。本书首先要在中国文化情境下构建符合高校教师特点的周边绩效结构维度，形成本土化的测量工具。

本书要探讨的第二个主要问题是高校教师的工作使命感对周边绩效产生何种影响。从当前国内外有关工作使命感的研究情况看，西方学者对工作使命感的研究兴起于 2007 年，国内学者的研究起步更晚，到目前为止，关于工作使命感对结果变量的影响研究特别是针对组织结果的影响研究并不丰富。基于已有研究成果，本书重点探讨两方面内容：一是高校教师的工作使命感是否对周边绩效产生显著性的影响；二是进一步拓展工作使命感与周边绩效的关系，思考教师的工作使命感与周边绩效之间的关系是否仅仅是简单的"刺激—反应"，工作使命感作为一种心理体验是否可以通过心理认知过程转化成工作状态进而产生积极的工作行为。由此可能会形成这样的影响过程，即高校教师的工作使命感可能会通过"工作投入"这个中间变量对周边绩效产生影响。

本书要探讨的第三个主要问题是高校教师的工作使命感对周边绩效产生的影响是否受到环境因素的影响。从现实情况看答案是肯定的。从理论层面分析也能得出相同的结论。工作使命感的形成和发展与个体所处的环境密不可分。Hall 和 Chandler（2005）就指出，"使命感是环境因素和个体在特定情境下的能动作用的产物"。同时，周边绩效实质上也反映了人与组织互动的思想。由此可见，这两个变量与组织情境有着紧密的联系。国内外学者的研究表明，组织的工作环境特征与员工的价值取向、工作能力以及需求等因素相互作用可以对员工的态度和行为产生重要影响（赵慧娟，2013）。根据笔者在高校多年的管理经验，影响教师工作态度和行为的最常见的因素有学校的文化氛围、教师对岗位的适应程度、学校提供的支持情况等。这些因素综合起来可以用一个概念来表示，即人—组织匹配。目前在学术界，人—组织匹配经常被研究者作为一个重要变量来理解和阐释情境因素对个体态度和工作行为的影响（Kristof，1996）。那么，它是否能够影响高校教师的工作使命感和周边绩效之间的关系呢？基于此，本书要探讨工作使命感对周边绩效的影响是在怎样的条件因素下发生的，即人—组织匹配对高校教师的工作使命感和周边绩效之间的关系产生何种影响。

综上所述，本书拟通过理论和实证分析对上述问题进行重点研究。细化主要问题的具体内容如下：

（1）高校教师周边绩效的结构维度是什么？

（2）高校教师的工作使命感是否对教师的周边绩效产生显著影响？

（3）高校教师的工作使命感是否通过工作投入对教师的周边绩效产生影响？

（4）人—组织匹配是否在高校教师的工作使命感和周边绩效之间发挥调节作用？

1.3　研究意义

对周边绩效和工作使命感的研究都起源于西方。20世纪末，我国学者借鉴西方学者的研究成果开始涉足周边绩效领域，先从企业组织入手，之后涉及公共服务组织，但对于教育组织特别是高校组织员工的周边绩效研究成果相对匮乏。对工作使命感的研究起步则更晚，我国学者从2007年以后陆续开展了相关研究，有关高校教师工作使命感的研究成果比较零散、单薄。本书构建高校教师周边绩效的结构维度，探索工作使命感对周边绩效的影响过程，无论在理论层面还是实践层面都具有重要意义。

1.3.1 理论意义

从理论层面看，本书进一步弥补和丰富了国内学者对于工作使命感和周边绩效的相关研究，特别是对高校教师周边绩效结构、工作使命感对工作结果或者组织结果的影响、周边绩效的前因变量等研究内容进行了有力补充，同时也进一步完善了高校教师管理和激励理论。

1.3.2 实践意义

从实践层面看，本书的研究意义主要包括三方面内容：

（1）为高校进一步完善教师绩效管理体系提供理论基础。2018年，中共中央、国务院出台了《关于全面深化新时代教师队伍建设与改革的意见》。这个文件的颁布进一步说明了国家对教师的重视，也引导着各高校深入思考如何为教师提供合适的土壤和环境，以促进他们更好地成长和发展。将周边绩效纳入绩效管理体系是为教师营造以人为本的良好氛围的重要措施。明确高校教师周边绩效的结构维度以及相关影响因素，有助于高校管理者全面理解教师工作绩效的内涵，进一步拓展教师绩效管理的工作思路和视角，为建设科学、合理的绩效管理体系提供充分的理论依据。

（2）为高校师资队伍管理提供崭新的工作思路和具有可操作性的指导。纵观我国高校师资管理研究现状，宏观的理论研究和政策分析偏多，缺乏具有可操作性指导意义的实践研究成果。每所高校都在寻求合适的激励方式促进教师产生社会期望的组织绩效。本书致力于探求高校教师的工作使命感对周边绩效的影响过程，为管理者提供一个崭新的管理思路和可行的管理策略：以"工作使命感"为抓手，激发教师内在动机形成自我约束和管理机制，真正实现以人为本的目标，促进学校管理效率的有效提升。

（3）有助于提升高校整体绩效水平，促进学校乃至国家真正实现长远发展目标。《国家中长期教育改革和发展规划纲要（2010—2020年）》明确提出，教育是民族振兴、社会进步的基石。由此可见，高校的发展关系到国家综合实力的提升。从高校发展战略的角度看，教师的周边绩效对学校长远发展目标的实现具有重要意义。诚如 Organ（1988）的观点，没有任何组织管理可以囊括组织成员所有可能的有利于组织发展的行为规范，周边绩效的研究可以在很大程度上弥补制度设计的有限理性。加强对教师周边绩效的理论研究与实践探索，探寻高校教师的工作使命感对周边绩效的影响，不仅能够唤起教师对新时代"立德树人"内涵的重新认识和理解，也能因势利导，充分发挥教师的主观能动性，为高水平人才作用的发挥提供丰沃土壤和良好环境，有效促进教师完成高校的战略使命，对实现学校长远发展乃至国家战略发展目标意义深远。

1.4　研究内容

本书以国内高校一线教师为主要研究对象，以高校教师的工作使命感作为主要影响因素，探讨工作使命感对高校教师周边绩效的影响过程，以期为高校教师绩效管理研究提供新的理论支撑和实证依据。具体的研究内容包括：

（1）高校教师周边绩效结构维度的构建。利用开放式问卷调查收集高校教师周边绩效关键行为事件，并经过专家讨论、小样本试测、大样本调查数据处理等步骤构建形成高校教师的周边绩效结构，开发相应的测量工具。

（2）高校教师的工作使命感与周边绩效关系的理论分析模型构建。在文献综述的基础上，结合探索性研究和相关理论基础，系统分析高校教师工作使命感对周边绩效的影响过程，构建相应的理论分析模型并形成研究假设。

（3）理论分析模型的实证研究。通过封闭式问卷调查采集大样本数据，并利用探索性因子分析、验证性因子分析、层次回归等方法对数据进行相关处理，实证检验本书提出的理论假设。

（4）研究结论的分析和研究启示。对实证结果进行讨论和分析，解释结果产生的原因，并基于实证结果对高校师资队伍管理提出相应的建议。

根据上述研究内容，本书的具体章节安排如下：

第 1 章为绪论。本章主要内容包括研究背景、问题的提出、研究意义、研究内容、研究方法、技术路线以及创新点。

第 2 章为文献综述。本章主要内容包括对周边绩效、工作使命感、工作投入以及人—组织匹配等相关变量的概念、涉及的前因和结果变量以及测量工具等研究现状进行回顾和总结，并分析了现有研究的不足，提出本书涉及的核心概念，为构建本书的理论框架提供有效支撑。

第3章为理论分析模型构建和研究假设。本章主要内容包括开展探索性研究，为理论分析模型的构建提供直接依据；结合探索性研究的结论和相关理论基础构建高校教师周边绩效结构维度的理论框架、高校教师工作使命感对周边绩效影响的理论分析模型，形成相应的理论假设。

第4章为研究工具的开发。本章主要内容包括高校教师周边绩效、高校教师工作使命感、高校教师工作投入和高校教师人—组织匹配等变量的问卷开发，经过小样本预测试以确保所开发的问卷具有良好的信度和效度。同时，通过大样本数据进一步验证高校教师周边绩效的结构维度。

第5章为实证分析与假设检验。本章主要内容包括大样本数据的收集及数据的描述性统计；实证分析和模型检验的步骤和方法设计、相关数据分析、整体模型检验以及结果讨论。

第6章为结语。本章主要内容包括对研究结论的总结并针对研究结论进行总体讨论、研究的理论贡献与实践启示、研究不足与展望。

1.5 研究方法及技术路线

1.5.1 研究方法

目前，社会科学研究方法主要包括量化研究和质性研究两种[1]。这两种方法因其背后的理论基础不同而存在差异。通常情况下，学者们认为量化研究的理论基础是实证主义，质性研究的理论基础为人文主义[2]。基于此，量化研究强调概念的可操作化、陈述的量化（变量之间的关系可以用量化的形式表述），是超越个案的统计推断[3]，因而倾向于采用结构化、理性的工具解释和验证事物之间的关系。质性研究则侧重于对"意义"的追求，注重"情境"和"关联"，从个案

---

① 邱忠霞，胡伟. 我国社会科学定量研究方法问题的反思［J］. 学术论坛，2016（11）：142-148.
②③ 谢立中. 再议社会研究领域量化研究和质化研究的关系［J］. 河北学刊，2019，39（2）：160-170.

的角度针对具体问题进行逻辑分析和推理①，理解和建构事实之间的意义关系。

尽管量化研究和质性研究背后的方法论倾向不同，在具体操作方法上也存在着明显的差异，而且由于学者们的学术偏好不同也导致对这两种方法的争论一直持续不断，但这两种方法并不是非此即彼的二元结构关系，也没有任何一种方法可以在社会科学研究领域独领风骚。理查德·沙沃森和丽萨·汤（2006）指出，研究方法的选择应根据研究问题而定，方法好坏的判定依据是能否恰当、有效地解答特定的问题。一种研究方法很少能够解决某个研究领域的所有问题，对于一系列研究的不同问题，应该选择使用不同的研究方法②。

基于上述分析，本书根据研究问题选择量化研究为主的研究方法。本书主要探讨"高校教师周边绩效的结构维度"和"高校教师工作使命感对周边绩效的影响机制"等问题，选择量化研究方法收集和分析大样本调查数据，可以从普适性的角度了解高校教师周边绩效结构特征，解释高校教师工作使命感对周边绩效影响的一般性规律。

同时，本书在量化研究的基础上，根据研究需要增加了质性研究的访谈法。一方面，构建高校教师周边绩效的结构必须依据教师具体的行为表现；另一方面，在高校组织情境下探讨"教师工作使命感对周边绩效的影响机制"的研究并不多见，需要结合鲜活案例挖掘教师对这些问题和现象的具体看法，为本书后续构建理论分析模型提供直接的实践依据。因此，本书通过访谈法获得高校教师工作实际中的一手信息，在一定程度上弥补了量化研究方法的不足，有助于实现研究目的。

总之，本书在收集和分析资料时采用的具体方法如下：

1.5.1.1 收集资料的方法

（1）问卷调查法。问卷调查是一种最常见的数据收集方法，主要适用于量化研究。本书通过开放式问卷调查收集反映高校教师周边绩效的关键行为事件，为构建形成高校教师周边绩效结构奠定基础；通过封闭式问卷调查收集高校教师周边绩效、工作使命感、工作投入以及人—组织匹配等相关变量信息，为探讨高校教师工作使命感对周边绩效的影响机制提供数据支撑。

本书主要采用线上和线下相结合的方式开展问卷调查。在实施问卷调查之前先经过小范围试测审核问卷是否存在语义模糊或者容易引起歧义的内容，并检验

---

① 风笑天.定性研究：本质特征与方法论意义［J］.东南学术，2017（3）：56-61.

② 理查德·沙沃森，丽萨·汤.教育的科学研究［M］.曹晓南，等译.北京：教育科学出版社，2006：2-3.

问卷的信度和效度，根据检验结果进行修正后实施正式调查。线上调查主要利用问卷星专业调查平台开展；线下调查主要借助各种会议机会开展。利用线下调查回收的问卷，经过无效问卷筛查后进行编码，并由专人进行数据录入和校验。开放式调查问卷开发及调查对象、封闭式调查问卷开发及调查对象在第4章和第5章有详细阐述。

（2）访谈法。访谈法是研究者通过口头交流的方式从被研究者那里收集第一手资料的方法①。本书通过访谈法收集高校教师对周边绩效以及具体行为的理解、高校教师对工作使命感与周边绩效之间关系以及两者影响因素的认识和理解。在访谈前主要对访谈地点的选择和时间安排、访谈对象的选择、与访谈对象的关系建立、访谈记录方式以及研究伦理等问题进行了设计。

1）访谈地点的选择和时间安排：在访谈地点的选择上尽可能遵从受访对象的意愿，每位对象的访谈时间尽量控制在1小时左右，以保证受访对象在熟悉、轻松的氛围下接受访谈。

2）访谈对象的选择：尽可能保持访谈对象的异质性，以便能够全面获取真实信息。

3）与访谈对象的关系建立及访谈记录方式：在正式访谈前，提前与访谈对象就笔者身份、访谈目的及主要内容以及访谈时间和地点等进行1~2次沟通，从而与受访对象建立熟悉关系。在访谈过程中，采用一对一的方式进行，利用录音并辅助笔记的方式记录。

在访谈正式开始前，须再次向受访对象说明研究目的和内容，以及录音的原因及用途，并进一步强调研究伦理。在征得受访对象的同意后进行录音，笔者在访谈过程中会通过笔记的形式记录关键词语以及受访对象的一些动作和表情变化，方便进一步追问，也为后续深入分析资料提供补充。

访谈对象及访谈提纲设计在本书第3章有具体阐述。

1.5.1.2 分析资料的方法

（1）文献分析法。本书通过文献分析法梳理了周边绩效、工作使命感、工作投入和人—组织匹配等相关概念的界定、现有研究成果以及相应的测量工具等。通过文献分析梳理了现有研究的基础和不足，为本书研究视角的选择和理论分析模型的构建奠定了扎实基础。

---

① 陈向明. 质的研究方法与社会科学研究 [M]. 北京：教育科学出版社，2000：165.

（2）质性分析法。陈向明认为，采用质性的方法对相关材料进行分析的关键在于挖掘材料中蕴含的意义①。本书采用质性方法对收集到的资料进行分析，具体步骤包括：第一，不带任何预设整理收集到的原始材料，建立一个可供分析的文本；第二，参考扎根理论研究范式，对文本进行编码，形成编码类属，建立类属体系；第三，在第二步的基础上对资料进行重新归类、提炼和深入分析，挖掘资料中存在的意义关系。

（3）数据统计分析法。本书在数据处理时主要采用了信度分析、探索性因子分析、验证性因子分析、方差分析、独立样本 t 检验、线性回归模型等统计方法对研究量表和研究假设进行验证。其中，利用 SPSS25.0 软件主要进行信度分析、探索性因子分析、方差分析和独立样本 t 检验；利用 AMOS21.0 软件主要进行验证性因子分析；利用 Stata14.0 软件主要进行线性回归分析。

1.5.2　技术路线

根据本书的主要问题、研究内容和研究方法设计，形成技术路线，如图 1-1 所示。

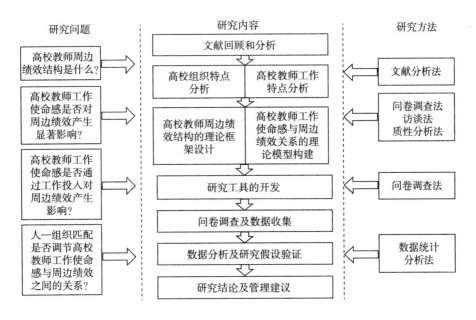

图 1-1　本书的技术路线

---

① 陈向明. 质的研究方法与社会科学研究［M］. 北京：教育科学出版社，2000：267.

1.6   本书的创新点

本书可能的创新点主要体现在以下几个方面：

（1）基于中国文化背景构建形成了高校教师周边绩效结构并开发了相应的研究工具，有效弥补了周边绩效结构维度在高校组织情境下研究的不足，并在一定程度上填补了国内学者在高校教师周边绩效实证测量方面的空白。

（2）建立了"工作使命感—工作投入—周边绩效"的逻辑关系，有效弥补了国内学者对工作使命感的结果变量和周边绩效的前因变量研究的不足，并为高校教师绩效研究开拓了新的研究视角。

（3）引入多类型人—组织匹配作为条件因素，研究其在高校教师工作使命感与周边绩效关系中产生的作用，为国内学者系统理解人与环境匹配对个体和组织产生的影响提供了全新的理论和实证依据。

1.7   本章小结

本章阐述了本书研究的背景，分析了教师周边绩效对高校的重要性以及在当前管理实践领域内高校教师绩效管理存在的主要问题，然后从高校教师这个职业群体所具有的比较优势入手，选择"高校教师的工作使命感对周边绩效的影响过程"作为本书的主要研究内容，进一步细化了研究问题，并对本书的研究意义、研究内容、研究方法、技术路线以及创新点进行了具体阐述。

2　文献综述

本书涉及的核心概念包括周边绩效、工作使命感、工作投入以及人—组织匹配。本章对这些概念的研究现状进行梳理和归纳，为构建本书的理论分析框架奠定扎实的前期基础。

2.1　周边绩效的相关研究

2.1.1　绩效的内涵

随着管理学、心理学、组织行为学等理论研究和实践探索的深入，人们对绩效内涵的理解也处在一个不断发展和变化的过程中。事实上，组织的情境、组织的发展阶段、绩效评价的视角以及评价主体等因素存在差异时，绩效可能会具有不同的含义（许为民和李稳博，2009）。明晰和理解绩效的内涵是本书研究的逻辑起点。

"绩效"源于英文单词"Performance"。在英语中，"Performance"本身就是一个多含义的词汇，可以根据具体情境给出不同的解释。对于绩效的探讨始于研究者们对个体绩效概念的界定。由于研究视角的差异而产生了不同的观点，归纳代表性的观点有以下几种：

（1）结果观。"结果观"的起源要追溯到美国管理学研究领域的著名学者泰勒所创建的科学管理思想。持"结果观"的研究者将绩效视为个人完成工作职责的结果或者产出。Munsterberg 是很早从个体层面对绩效进行研究和探讨的学者之一，他认为绩效就是结果。后续很多学者对此观点表示赞同，如 Bernardin（1984）也认为结果是评估的最终依据。吉雷和梅楚尼奇（2005）明确表示，绩效是完成任务的结果，同时提出用责任、目标、岗位描述和能力来规定绩效要求。国内部分学者也受到科学管理思想的影响，认同"绩效结果观"的观点（彭剑锋，2003①；杨蓉，2002②）。

基于"结果观"的绩效概念在现实中有其存在的合理性。结果导向的绩效评价标准显而易见、便于操作，也能够让组织中的个体非常明确工作目标和组织的工作期望。但是，随着行为科学的不断发展，绩效结果观引发了越来越多的质疑。评价标准过分强调结果会导致忽略工作过程中的其他因素。很多时候，个人在工作中的行为表现并不一定完全反映在结果上。结果只是一种表象，表象的形成原因很复杂，可能会受到个体无法控制的因素的影响。因此，以结果为导向的绩效标准更适用于相对简单、易量化的工作，难以适用于比较复杂的工作。

（2）行为观。由于"绩效结果观"不断地受到质疑，研究者开始重新审视绩效的内涵，将注意力从对结果的关注转向对行为的关注，提出了"绩效是行为"的观点。从 20 世纪 70 年代以来有影响的文献可以看出，对绩效的定义侧重于行为而不是行为的结果（Rotundo，2002）。一部分学者认为，绩效是在个体掌控之下能对组织的目标产生作用的行为（Murphy，1989③；Campbell et al.，1990④；Motowidlo et al.，1997⑤）。作为周边绩效的创始人，Borman 和 Motowidlo（1993）也认为绩效是可以被评估的行为，这些行为对个人或组织目标的实现具有积极或者消极的影响。他们也正是基于"行为观"的视角提出了"任务绩效—周边绩效"的二元结构。国内的一些学者，如张德（2004）也坚持"绩效行为观"的立场，认为绩效是指人们表现出来的与组织发展目标相关联、能够被观测并具有可评价性的行为。

"绩效是行为"的观念在 20 世纪 90 年代以后的绩效管理研究领域里产生了重要影响，使绩效研究的重心由结果逐渐转到个体行为上来，关注过程导向。"绩效是行为"的观点更符合以人为本的思想，充分凸显了组织对个体行为的认

① 彭剑锋. 人力资源管理概论［M］. 上海：复旦大学出版社，2003.

② 杨蓉. 人力资源管理［M］. 大连：东北财经大学出版社，2002.

③ Murphy K R. Dimensions of Job Performance［C］//R Dillon，J Pelligrinl. Testing：Applied and Theoretical Perspectives. New York：Praeger，1989：218-247.

④ Campbell J P，Mc Henry J J，Wise L L. Modeling Job Performance in a Population of Jobs［J］. Personnel Psychology，1990（43）：313-333.

⑤ Motowidlo S J，Borman W C，Schmit M J. A Theory of Individual Difference in Task and Contextual Performance［J］. Human Performance，1997（10）：71-83.

可，能够有效激励员工在工作中的主观能动性，因此得到了学者们的普遍接受。但是，"绩效即行为"也随之导致很多研究者对"如何才能准确评价个体在工作中的行为表现"产生了争论，形成了两种不同的观点：一种观点认为，绩效并不涵盖所有的行为，只有那些与结果、产出发生直接关系的行为才属于绩效范畴。另一种观点则认为，在衡量个体绩效的时候不仅要考虑那些与结果直接相关的行为，对那些与结果、产出不发生直接关联，但是对组织整体效能有促进作用的个体行为也应予以重点关注（陈亮和段兴民，2008）。后者的观点与前者相比，显然拓宽了绩效的范围。

（3）综合观。很多学者认为，在实践领域中将绩效的概念定义为单一维度的结果（产出）或行为（过程）都有失偏颇，无法全面、准确地表述个体绩效的内涵，需要将两者进行综合考虑。如 Brumbrach（1988）认为，绩效包括行为和结果两个方面，行为不仅仅是获取结果的方式，行为本身也代表着一种结果形式，并且能与结果分开进行判断。Otley（1999）、Mwita（2000）等学者也认为绩效是工作过程（行为）和结果的综合体。Cascio（1998）从绩效测量的角度出发，把对个人行为进行评价的绩效定义为判断性测量的绩效；把对行为结果进行评价的绩效定义为非判断性测量的绩效。这种绩效的分类方法充分反映了绩效的内涵是行为和结果的统一。我国学者仲理峰和时勘（2002）也明确指出，在评价个体绩效时要同时关注"做什么"和"如何做"两方面内容。相对"结果观"和"行为观"而言，"综合观"是以一种更为宽泛的视角来界定个体层面的绩效内涵。

（4）潜力观。学者们无论从"结果"的角度还是从"行为"的立场来理解绩效的内涵都是基于"事后判断"的价值取向。随着绩效管理研究的不断深化，部分学者开始从动态发展的角度看待个体绩效，由此形成了"潜力观"的理念。"潜力观"认为，应该把反映个体历史的一些因素和涉及个体未来发展的潜力、素质等因素综合起来一并归入绩效考察的范畴。不过，这种观点相对较新，还没有被学界普遍接受（陈胜军，2007），但它为学者研究绩效结构提供了一个新的思路，显示了绩效不是一个静止不变的概念，不仅关注对当前行为的评判，而且也要关注对未来发展的可能性的判断。

综上所述，尽管学术界对于绩效的内涵没有统一的界定标准，但梳理绩效概念的发展脉络可以看出，"行为观"的论断一直占据重要地位。同时，绩效是一个多维度、动态发展的概念，绩效行为的价值取决于它们为实现个人和组织的目标所做出的贡献（Katz，1964）。基于此，本书以"绩效行为观"作为基本立场，认为个体的周边绩效是个体的行为表现，它具有多维性和动态性，应该根据不同的组织情境和工作特征采取不同的评价和管理方法。

2.1.2 对绩效结构的划分

随着对绩效研究的不断拓展，绩效的多维性得到了普遍认可。学者们对绩效结构的划分也为周边绩效的产生提供了可能性和理论依据。个体绩效结构划分最初依据的理论框架主要来自于密歇根大学教授 Katz（1964）提出的员工行为三维分类法，他认为在一个运行良好的组织中，个体有三类基本的行为是非常必要的：①必须愿意进入组织并留在组织中；②必须以一种值得信任的方式完成具体的岗位职责要求；③必须有超出岗位职责规定的创新性和自发性行为以达到组织目标。

在 Katz 划分的三类行为中，第二和第三种行为更让人感兴趣，重点区分了两类对组织发展都很重要的行为：一类是岗位职责规定的必须要做的行为；而另一类行为也是必要的，却是由员工个体自由决定的，并不属于正式岗位职责规定的范畴。Katz（1964）提出的第三种行为尽管与工作结果没有直接关系，但是对于组织发展非常重要，实际上就属于周边绩效的范畴。

继 Katz 之后，越来越多的研究者开始关注绩效结构的划分，纷纷从不同的视角和目的出发，建构出来的结构多达几十种。虽然不同学者对绩效结构的理解各自不同，但在一点上是达成共识的，即学者们都认为个体绩效并不仅仅局限于正式岗位职责规定的行为，也就是任务绩效。其中，Campbell（1990）提出了一个在组织环境下全方位理解绩效的结构模型。在这个具有代表性的模型中，他对绩效行为进行了区别，一些行为涉及任务熟练程度，主要归属于正式岗位职责范围；一些行为涉及合作、帮助、自发性等有益于促进组织效率提高的因素。尽管这个结构模型过于复杂且缺乏有效的实证测试，却表达了一个基本思想，即绩效的内涵远远超过特定工作任务或技术核心任务，还可能包括对团队合作的贡献、持续的自我发展、对组织规范和惯例的遵守，以及面对逆境时的坚持等。Campbell 提出的模型为后续研究者就周边绩效问题开展广泛的研究提供了有力的支撑。

2.1.3 周边绩效的内涵

对绩效结构的研究使人们发现，在个体的工作绩效中，任务绩效不是对组织目标的实现起到全部作用的因素，还存在其他方面的绩效。这一思想被应用到企业人员甄选的理论研究和实践中，对促进人才选拔的科学化产生了重大影响，也促使学者们更加关注绩效和人的需求的关系（Schmitt，1993）。

Borman 和 Motowidlo（1993）在研究人才选拔标准时指出，个体对组织效能的贡献超过了他们的正式工作职责所包含的内容。他们认为，个体的绩效中可以包括很多与自己的主要工作职责没有直接的关系但却是很重要的工作行为，这些行为能够塑造组织管理的、社会的和心理的良好环境，是任务活动开展的催化剂，有效地促进了组织目标的实现。然而，这些行为在人才选拔的实践中却经常被忽略。因此，Borman 和 Motowidlo（1993）借鉴了 Campbell（1990）的绩效模型，构建了一个二元的绩效结构——任务绩效和周边绩效，正式提出周边绩效的概念。任务绩效（Task Performance）指对组织的技术核心直接产生作用的行为，包括在企业生产过程中从原材料到产品、服务的行为以及对技术需求的维修和维持。周边绩效（Contextual Performance）不能够直接作用于组织的技术核心，但能够确保对技术核心有直接贡献的任务绩效得到有效执行。

Borman 和 Motowidlo（1993）定义了任务绩效和周边绩效之后，又从四个方面详细阐述了两者之间存在的区别，这四个区别实质上也进一步阐明了周边绩效的特征。

第一，任务绩效直接指向组织的技术核心，体现员工完成工作的专业精通程度和能力标准。周边绩效并不与技术核心本身发生直接的联系，但是能够塑造支持技术核心发挥作用的组织、社会和心理的环境氛围。它关注的是员工自愿完成正式职责之外的工作行为，这些行为充分反映了员工对工作的主动性以及额外付出的热情和坚持不懈。

第二，任务绩效是从本质上区别不同工作的关键标准。周边绩效所对应的行为在组织中承担着"塑造软环境，支持任务绩效得以发挥"的功能，具体的维度内涵可能会因不同组织情境而产生差异，但这些行为的本质作用对于所有组织而言基本都相同。

第三，任务绩效的差异源自于个体执行任务活动的专业熟练程度。与技术熟练程度相关的知识、技能和能力等是影响任务绩效的主要因素；周边绩效的差异源自意志和倾向性因素。因而，反映个体动机差异的意志类变量和反映个体特征的个性、心理状态以及态度等变量成为预测周边绩效的主要因素。

第四，任务绩效是组织对员工正式规定的岗位职责要求。员工作为组织中的一员，通过实现任务绩效获得组织给予的报酬。对于周边绩效来说，尽管周边绩效对组织绩效的提升发挥着重要作用，但由于周边绩效主要依赖员工的主动性和自觉性，因此不太可能被明确列入员工正式岗位职责之中，也就意味着周边绩效无法直接被组织正式的奖励系统准确识别。

总之，周边绩效的提出进一步拓展了绩效行为的内涵，它把那些不在正式岗位职责要求范畴内，但对组织成长与发展起着重要作用的工作行为提升至绩效管理的层面。同时，周边绩效的提出也促使绩效评价与情境因素有机结合起来（陈胜军，2007）。由此，周边绩效与任务绩效一样成为个体工作绩效的重要组成内容，引起了学术界的广泛关注，学者们陆续开展了实证研究。

Borman 和 Brush（1993）采用关键事件分析法，从不同类型组织管理人员的实际绩效要求中汇总了 26 组绩效维度（包含 187 个绩效条目），通过因子分析发现管理人员绩效领域中有 30%的内容代表了周边绩效，再一次证明了周边绩效的存在和重要性。Motowidlo 和 Van Scotter（1994）以美国空军机械技工为样本开展实证研究，聘请管理者分别评价每个机械技工的任务绩效、周边绩效和总体绩效。研究发现，总体绩效、任务绩效和周边绩效都存在着显著相关，任务绩效和周边绩效分别独立地对个体总体绩效产生贡献，进而从实证的角度证明了周边绩效的存在。Conway（1996）采用多质—多评定者方法对任务绩效和周边绩效进行效度分析，结果支持"任务绩效和周边绩效分别作为独立的部分构成个体的绩效"的结论。Borman 和 Motowidlo（1997）在研究中也指出，认知能力可以更好地预测任务绩效，而人格变量则可以更好地预测周边绩效。任务绩效和周边绩效可以受不同因素的影响也间接地表明了这两类绩效存在着差异。上述研究进一步证明了周边绩效能够作为绩效结构中的一个组成部分独立存在，为后续周边绩效的维度划分、周边绩效的影响因素等研究提供了实证依据。

2.1.4 周边绩效的结构维度

在提出周边绩效概念的基础上，Borman 和 Motowidlo（1993）又系统分析了组织公民行为、亲社会组织行为和其他相近似的概念，以及一个关于美国陆军士兵工作有效性模型的研究项目，并从这些研究领域中提取相关概念内涵，构建形成了周边绩效的结构维度。

周边绩效借鉴的第一个概念是组织公民行为（Organizational Citizenship Behavior，OCB）。组织公民行为概念的诞生可以溯源到 Barnard（1938）提出的合作意愿。古典管理理论曾认为，组织中的员工一般都缺乏主动合作的意向，组织必须依靠正式的管理系统进行控制（张小林和戚振江，2001）。Barnard 突破了组织管理中"只关注集体"和"员工不愿合作"的基本假设，指出组织成员之间需要有合作的意愿。此后，Katz（1964）关于个体在组织中的三种行为分类也为组织公民行为概念的产生提供了理论根据。

在前人研究的基础上，Bateman 和 Organ（1983）发现，界定为"产出数量或工艺质量"的绩效与工作满意度之间并没有持续或明显的直接作用。借鉴 Barnard 和 Katz 的观点，他们认为在实践中可能还存在着另外一种比较突出的绩效，这种绩效能够润滑组织的社会机制，但是没有直接固化在人们通常说的任务绩效中，由于没有找到更贴切的词汇，就称之为"公民行为"。同时，他们又开发了相应的量表，利用因子分析形成了组织公民行为的二维结构：利他主义（自发地帮助组织内的其他人）和一般服从（自觉遵守组织的规则制度）。

此后，Organ（1988）正式提出组织公民行为的概念，并将其定义为：个人自愿的行为，不能够获得正式奖励体系的直接认可，但从整体上能够促进组织的有效运转。Organ 还根据这个概念构建了组织公民行为的五个维度：① 公民美德；② 利他主义；③ 责任意识（员工要超越组织对该工作角色的最基本要求，把工作做好）；④ 运动员精神（在不利或艰苦的环境中不抱怨，也不斤斤计较）；⑤ 善意行为（员工应尽最大努力防止问题的发生或者提前采取措施减少问题的产生）。

从 Organ（1988）提出的组织公民行为的概念和维度看，组织公民行为重点强调了"个体自愿性""角色外行为"和"有利于组织"三方面内容。这三个方面实际上也反映了周边绩效的特征。Organ 提出的组织公民行为的五维度内涵也成为后续学者引用最多的经典观点。

周边绩效借鉴的第二个概念是亲社会组织行为（Prosocial Organizational Behavior，POB）。亲社会组织行为与组织公民行为密切相关，也包含了周边绩效的基本元素。Brief 和 Motowidlo（1986）提出了一个与组织公民行为类似的概念，即亲社会组织行为。他们认为，亲社会组织行为就是组织中有目的地促进个体和群体福利提升的行为，主要包括在工作中或者个人事务方面帮助同事、为顾客提供服务或产品、帮助顾客处理个人事务、遵从组织的价值观和规则制度、提供组织改进建议、志愿完成额外的工作、在困难时期坚守在组织中以及积极向外界展示组织的良好形象等。

除上述概念外，一个关于美国陆军士兵工作有效性模型的研究项目也为周边绩效维度构建提供了相应的理论支撑。这个项目旨在改善美国陆军初级士兵的选拔和配置问题。Borman 和 Motowidlo（1997）在研究中提出了士兵工作有效性的理论模型，该模型的基本假设是：士兵的绩效不仅包括有效地执行规定职责，还与组织承诺、组织社会化以及士气等因素密切相关。其中，组织承诺反映了个体对组织的忠诚以及成为组织中一员的愿望；组织社会化是个人在组织中能够有效开展工作进而促进组织目标实现的重要保障；士气包括克服障碍的决心，对成功可能性的信心，理想信念的提升，面对严重的逆境保持乐观、勇气、纪律和团队凝聚力等。Borman 等（1985）的研究进一步表明，组织承诺、组织社会化和士气相互作用形成了士兵工作有效性的理论模型，包括决心、团队合作和忠诚三个维度。士气和承诺相结合构建了"决心"维度，反映了士兵绩效结构有关精神、坚韧或者意志方面的因素；士气和社会化相互作用形成"团队合作"维度，体现了在工作中与同事和部门建立有效关系的行为表现；承诺和组织社会化相结合形成了"忠诚"维度，显示了士兵对军队规范的认可，忠实地遵守命令、规章制度和军队生活方式，以及想要继续履行军人职责和留在军队中的程度。这三方面内容又分别包含五个分维度描述士兵绩效的具体行为表现，具体内容如图 2-1 所示。

综合以上三方面的研究，Borman 和 Motowidlo（1997）从中提取了对组织有效性产生重要影响的行为，构建了周边绩效的结构维度及相应内涵，包括五个维度[1]：① 为成功完成必须的工作任务付之以额外的热情和努力［毅力和尽责（Borman et al.，1985）、在工作中的额外付出（Brief and Motomidlo，1986；Katz and Kahn，1978）］。② 主动完成不属于自己工作范围的任务［建议组织改进（Brief and Motomidlo，1986；Katz and Kahn，1978）、积极主动并承担额外责任（Borman et al.，1985；Brief and Motomidlo，1986；Katz and Kahn，1978）、提出建设性意见（George and Brief，1992）、自我发展（George and Brief，1992）］。③帮助和与他人合作［协助/帮助同事（Borman et al.，1985；Brief and Motomidlo，1986；Katz and Kahn，1978）、组织善意行为（Organ，1988）、运动员精神（Organ，1988）、利他行为（Smith，Organ and Near，1983）、帮助同事（George

① 方括号内容显示的是其他学者相近观点。资料来自 Walter C Borman，Stephan J Motowidlo. Task Performance and Contextual Performance：The Meaning for Personnel Selection Research ［J］. Human Performance，1997，10（2）：99-109.

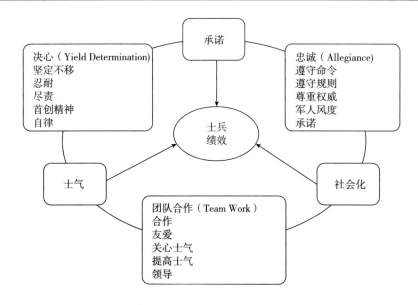

图 2-1 士兵绩效结构

and Brief，1992）］。④ 遵守组织规定和程序［服从命令和规则及尊重权威（Borman et al.，1985）、服从组织的价值观和政策（Brief and Motomidlo，1986）、责任心（Smith，Organ and Near，1983）、按时完成任务（Katz and Kahn，1978）、公民美德（Graham，1986）］。⑤ 支持和捍卫组织目标［组织忠诚（Graham，1986）、关注组织目标（Borman et al.，1985）、在组织艰难时期留在组织中并且对外能够保持组织良好形象（Brief and Motomidlo，1986）、保护组织（George and Brief，1992）］。

除 Borman 和 Motowidlo 提出的上述五维度外，其他西方学者也开展了多方面、多角度的研究，几种代表性的研究如下：

Van Scotter 和 Motowidlo（1996）以美国空军机械师为研究对象，提出了经典的周边绩效二维度：①人际促进，包括协助同事完成工作的利他行为，如合作、关心和帮助他人等；②工作奉献，包括自律和积极主动的行为，如积极工作、主动奉献、服从规则和组织目标。其中，工作奉献与任务绩效有交叉重叠内容，不能对个体总绩效产生独立影响；人际促进对个体总绩效有独立贡献。

Conway（1999）把周边绩效研究范围由组织中的非管理者扩展到管理者，包括工作奉献和人际促进。其中，工作奉献对于整体绩效有着显著的积极作用，而人际促进与任务绩效存在着重叠内容。

Coleman 和 Broman（2000）整合以往学者提出的 27 种周边绩效形成了三个维度：①人际关系公民绩效，即有益于组织的个体层面行为，包括利他、互助、积极参与等；② 组织公民绩效，即有益于组织的行为，包括服从组织规范、认同和支持组织等；③工作—任务责任感，即有益于工作或任务的行为，包括对工作保持持续热情和自觉奉献、主动执行非正式规定的任务等。

西方学术界对周边绩效的研究热度也在影响着国内学者。在吸纳相应研究成果的基础上，国内学者在探讨绩效结构的同时开始关注周边绩效。国内学者有关周边绩效维度划分的代表性成果如表 2-1 所示。

表 2-1　国内典型周边绩效维度及内涵研究

研究者	研究对象	主要观点
孙健敏和焦长泉（2002）	企业管理者	管理者绩效结构中，个体特质和人际绩效类似于周边绩效。个体特质包括创新行为、敬业行为、学习、自律行为、公正行为、维护公司利益、承担责任、容忍行为、勇气行为、追求目标实现；人际绩效包括树立威信、凝聚下属、支持下属、沟通反馈、协调关系、协作维持良好的工作关系
蔡永红和林崇德（2004）；蔡永红等（2003）	中学教师	任务绩效包括教学效能、教学价值、师生互动；周边绩效包括职业道德、职务奉献、助人合作
王二平和沈峥嵘（2005）	某组织职工	中国文化背景下的周边绩效包括工作承诺（对待工作的态度及行为）、人际关系（对待工作中人际关系的态度和行为）
肖玮等（2005）	军事飞行员	任务绩效包括飞行绩效、空中特殊情况下的表现及事故征候的发生率、业务理论水平和体能状况；关系绩效包括遵守纪律表现、工作主动性、责任心、安心服役、钻研精神和协作精神
陈亮和杜欣（2007）	高校教师	周边绩效包括工作热情及责任、助人与团队协作、遵守制度、组织认同、额外付出
韩翼、廖建桥和龙立荣（2007）	企业雇员	任务绩效包括工作职责、技能、知识等；关系绩效包括协助同事、遵守规则、额外努力、个人自律促进社会和组织网络以及增强心理气候的行动；学习绩效包括学习意愿、学习行为和学习结果；创新绩效包括创新意愿、创新行动与创新结果
Luo 等（2008）	中国军队士兵	周边绩效包括帮助他人、热爱学习、提升组织利益、自律。任务绩效与周边绩效分别对总绩效产生独立作用

研究者	研究对象	主要观点
陈胜军（2010）	高科技企业管理人员	周边绩效包括工作责任感和工作热情、企业协同和利他行为、遵守企业规则和程序、企业认同、支持和维护、额外付出
萧鸣政和张满（2014）	基层公务员	任务绩效包括核心业绩、水平表现、卓越发展；周边绩效包括组织促进、自我奋进、人际关系

分析周边绩效的概念和结构维度可知，周边绩效具有四方面的特点：①周边绩效更大程度上依赖于员工的自愿性和主动性，属于角色外绩效范畴，所包含的行为表现基本都是在组织正式绩效评价系统覆盖范围之外。②周边绩效所对应的行为能够帮助组织营造良好的社会、心理环境，为任务绩效的完成和组织目标的实现发挥催化和促进作用。③周边绩效是与组织情境相联系的绩效，其具体维度内涵必然会根据组织情境的不同而变化。例如，对于服务类组织，可能会在与顾客沟通和对外形象展示方面有特殊要求；基于团队导向的组织，成员之间的互助、合作等行为就会显得比较重要；遵从规则制度和命令等行为表现可能更适合政府机构或者军队组织。④周边绩效是从"行为观"的立场出发建立起来的绩效概念，因此更关注行为和过程。

2.1.5 周边绩效与组织公民行为关系辨析

在理解周边绩效内涵和结构维度的同时，本书认为有必要说明一下周边绩效和组织公民行为之间的关系。通过文献梳理发现，周边绩效结构维度的构建主要来源之一就是组织公民行为。因而，组织公民行为是与周边绩效最为相近并且重叠最多的概念。

从概念分析看，两者概念提出的起因都是要延展传统绩效的内涵（杨斌和陈坤，2012）。Organ 在解释一些实证研究显示"工作满意度不能导致高工作绩效"的原因时，认为当前学者对工作绩效的内涵界定过窄，应该把员工角色外有利于组织的行为纳入工作绩效中，进而提出组织公民行为的概念。周边绩效是Borman 和 Motowildo（1993）借鉴了组织公民行为的概念内涵，基于"在员工甄选过程中，管理者可能只关注任务绩效而忽略了其他部分绩效，进而导致对员工考察不全面"的担忧而提出来的，目的也是要扩展传统绩效的内涵。Organ 认为的"过窄的工作绩效"，也就是角色内行为，与 Borman 等提出的"任务绩效"

是实质等效的。因此，组织公民行为概念中强调的"角色外行为"实质上对应的就是周边绩效。由于角色外行为的划分标准比较模糊且容易引发歧义，Organ（1997）对组织公民行为的概念重新进行了界定，认为组织公民行为和周边绩效在概念内涵上是一致的。

Podsakoff 等（2000）全面梳理了 1983~2000 年关于组织公民行为及其相关概念的研究文献，从已有研究中发现的 30 多种形式的公民行为中提炼出共性内容，形成七个维度，包括帮助行为、运动员精神、组织忠诚、组织服从、个人主动性、公民美德以及自我发展。这些行为表现与周边绩效结构维度中所包含的行为范围存在着高度一致性。此后，越来越多的学者在研究中基本上将周边绩效和组织公民行为等同对待，逐渐形成了一种具有代表性的观点。

我国学者也基本沿袭了西方学者的观点。如张小林和戚振江（2001）明确提出组织公民行为就是周边绩效的一种。姜红和刘斌（2015）也指出，组织公民行为和周边绩效的结构在本质上是相同的。陈胜军（2007）也认为，组织公民行为的研究领域是学术界对周边绩效相关研究探讨最多、成果最为丰富的领域。在CNKI 以"周边绩效"为核心词查询 2000 年以来的研究论文发现，以"组织公民行为"为主题的文章占了绝大多数。由此可见，国内学者普遍认可"周边绩效与组织公民行为本质上相同"的观点。

本书也赞同上述观点，认为可以将两者相统一，在后续研究中以组织公民行为作为周边绩效具体的行为表现。一方面，本书认为周边绩效起源于组织公民行为，两者没有本质上的区别，只是从不同的角度进行概念表述。组织公民行为是从组织行为学的研究角度出发界定具体内涵；周边绩效的概念是从绩效结构的角度引出，以"行为观"作为基本研究立场。因此，组织公民行为就相当于周边绩效的具体表现形式。另一方面，周边绩效的内涵相对宽泛和模糊，在实证研究中不容易把握。而组织公民行为的概念表述更聚焦于具体的行为表现，具有可操作性。本书对比分析各研究者提出的周边绩效和组织公民行为典型结构维度后，也确实发现周边绩效维度与组织公民行为维度在内涵上基本重合，周边绩效维度中相对宽泛和模糊的行为描述可以用具体化的组织公民行为来表示。具体内容如表 2-2 所示。

表2-2 周边绩效典型结构维度与组织公民行为典型结构维度对比分析

周边绩效典型结构维度			组织公民行为典型结构维度										
Borman 和 Motowidlo (1993)	Van Scotter 和 Motowidlo (1996)	Coleman 和 Borman (2000)	Smith, Organ 和 Near (1983)	Organ (1988)	Williams 和 Anderson (1991)	Graham (1991); Van Dyne Graham, Dienege 和 Jones (1994)	Moorman 和 Blakely (1994)	George 和 Brief (1992); George 和 Jones (1997)	Padsakoff 等 (2000)	樊景立 等 (2004)	林淑姬 (1992)	樊景立 (1997)	樊景立 等 (2004)
帮助并与他人合作	人际促进	人际关系公民绩效	利他主义	利他主义 友善行为	指向个人的公民行为		人际帮助	帮助同事	帮助行为	利他主义 事先知会	协助同事	利他主义	帮助同事 人际和谐
认同、支持和维护组织目标	工作奉献	组织公民绩效		责任意识		组织忠诚	忠诚拥护	传播良好意愿 提出建设性意见	组织忠诚 提出建议	忠诚 提出建议	认同组织 公私分明	认同公司 保护资源	宣传公司形象 保持工作环境整洁 维护和节约资源 意见表露
遵守组织规则和程序为成功完成工作保持持续的热情和额外的努力		工作—任务责任感	一般性顺从	责任意识	指向组织的公民行为	组织服从	个人主动性 个人勤奋性		组织遵从 运动员精神 个人主动性 自我发展	公民道德	遵纪守法 不生事争利 人际和谐 自我充实	人际和谐 责任意识	自我学习 积极主动
自愿履行不属于职位职责规定的任务	工作奉献			公民美德		组织参与			公民道德 功能参与	拥护参与	责任意识		参与集体活动 参与公益活动

资料来源：笔者根据相关文献整理。

本书进一步分析了中西方各学者提出的组织公民行为的具体维度内涵，以期为后续构建高校教师周边绩效的结构维度提供借鉴。通过分析可以总结出如下观点：

第一，各学者构建的组织公民行为维度存在一些具有文化普适性的共性特征，如在个体层面发生的利他主义或者帮助行为，在组织层面发生的服从组织、忠于组织、主动尽责等促进组织目标达成的自律、忠诚等行为。

第二，国内学者在中国文化情境下提出的组织公民行为维度基本是建立在西方学者研究的基础上，基本是以工商企业组织员工为研究对象。

第三，国内外研究者构建的组织公民行为维度存在着一定差异。例如，"人际和谐""自我学习""维护和节约组织资源""保持工作场所的整洁"等并没有包含在西方学者所构建的组织公民行为维度中，而"运动员精神""善意行为"等也没有体现在中国企业员工的组织公民行为维度中。樊景立等（2004）认为，之所以出现这种情况，与东西方文化差异和当时中国社会经济环境有着密切关系。国内其他一些学者，如徐长江和时勘（2004）、许多和张小林（2007）在开展相关研究时也认为不同的文化环境和管理制度会对组织公民行为研究产生影响。由此可见，尽管周边绩效对于任何组织来说发挥的作用是一样的，但具体的维度内涵却可以随着情境的不同而发生变化，这也为本书重新构建高校教师周边绩效结构维度的必要性提供了相应的依据。

2.1.6　周边绩效的测量

自 Borman 等学者提出周边绩效的概念后，周边绩效的结构维度研究一直是研究者们重点讨论的问题之一，学者们对于周边绩效结构维度内涵的不同理解也导致其在研究中采用不同的研究工具。归纳起来研究者主要使用的研究工具包括以下几种：

（1）Van Scotter 和 Motowidlo（1996）编制的量表。这个量表以美国空军机械师为研究对象，包括工作奉献和人际促进两个维度[①]。

（2）大部分以组织公民行为作为周边绩效代表行为的相关研究中，研究者主要参考 Organ（1988）、Williams 和 Anderson（1991）构建的结构维度形成的量表。这些量表基本都以企业组织员工为对象开发形成。其中，Organ 的量表包括

---

① Van Scotter J R, Motowidlo S J. Interpersonal Facilitation and Job Dedication as Separate Facets of Contextual Performance [J]. Journal of Applied Psychology, 1996, 81（5）：525–531.

了组织公民行为的经典五维度；Williams 和 Anderson 编制的量表包括指向个人的公民行为（OCB-I）和指向组织的公民行为（OCB-O）两个维度[1]。

（3）在针对国内文化背景的组织公民行为相关研究中，研究者多依据 Farh 等（1997）编制的量表[2]。这个量表以中国台湾地区企业员工为对象编制而成，包括五维度内容。

除此以外，还有一些学者结合自身研究需要，根据周边绩效或组织公民行为的定义编制相应的测量量表开展研究，但这些量表基本都是应用于某个具体的实证研究，没有被普通推广使用，不具有代表性。

2.1.7 周边绩效影响因素研究

本书在回顾周边绩效相关研究时将组织公民行为的研究也一并进行梳理和归纳，以便全面反映周边绩效的研究情况。

总结研究文献发现，周边绩效的影响因素研究是研究者对结构维度关注之外的另一个研究重点。与周边绩效密切相关的影响因素可以分为三个层面：个体层面、工作层面和组织层面。

（1）个体层面主要包括个性特征（如人格特征、积极情绪/消极情绪等）、个体心理状态（如心理授权、心理资本、自我效能感等）、对工作或组织的心理认知因素（如工作满意度、工作投入、工作倦怠、工作疏离感、职业承诺、组织承诺、组织认同等）、倾向性因素（如印象管理、亲社会价值、他人取向、成就动机和生命意义等）、个体技能方面（如政治技能、情绪智力等）。

（2）工作层面主要包括与工作特征相联系的因素，如技能的多样性、任务的完整性、重要性、自主性和反馈等。

（3）组织层面分为客观因素和对组织环境氛围主观感知的因素。客观因素包括领导类型和行为方式、组织文化氛围、组织内部关系、组织管理机制等。主观感知因素包括组织公平感、组织支持感、薪酬满意度、人—组织匹配感知、信任感、角色压力感知等。

综上所述，各研究者从多种视角出发探讨了影响周边绩效的因素。其中，个

① Williams L J, Anderson S E. Job Satisfaction and Organizational Commitment as Predictors of Organizational Citizenship and In-Role Behaviors [J]. Journal of Management, 1991, 17 (3): 601-617.

② Farh J L, Earley P C, Lin S. Impetus for Action: A Cultural Analysis of Justice and Extra-role Behavior in Chinese Society [J]. Administrative Science Quarterly, 1997 (42): 421-444.

体层面的成果最为丰富。在个人特征方面，探讨大五人格如何对周边绩效产生影响的研究最多；通过态度变量中的工作满意度和组织承诺、组织氛围感知变量中的组织公平感及组织支持感等因素预测周边绩效或组织公民行为的实证研究最为广泛。在动机性因素方面，学术界对印象管理的问题探讨比较多。有关工作特征方面的研究成果还不够丰富，从目前来看，研究者比较关注工作的自主性对周边绩效的影响。组织层面的研究成果相对较多，不同领导风格、领导行为方式（如授权行为）、组织文化、领导—部属交换关系等因素对周边绩效的影响作用受到很多研究者的关注。总之，从周边绩效影响因素的研究现状看，涉及个体心理状态的因素多是一般意义上的心理因素，针对特定领域的心理因素研究很匮乏。

在对前因因素对周边绩效影响过程的文献梳理中，笔者发现，由于周边绩效涉及的前因因素比较多，各因素之间可能也存在着交叉影响，因此对周边绩效的作用过程比较复杂。本书对此进行总结归纳如下：

（1）人格特征因素对周边绩效或组织公民行为产生影响的结论不太稳定，并且通常需要借助工作态度形成间接效应。

（2）组织层面的因素一般要经过个体的心理认知过程形成态度或积极的心理状态或者产生动机后引发周边绩效行为。

（3）研究者一般会选择组织情境因素或者心理状态/动机性因素来解释一些变量在何种条件下影响周边绩效。孙建群等（2012）在研究组织中个体自愿性工作行为时，构建了"外源变量—心理认知过程—情绪—行为"的自愿性工作行为形成模型，本书借鉴其观点对周边绩效影响因素的作用机制进行了汇总，具体情况如图2-2所示。

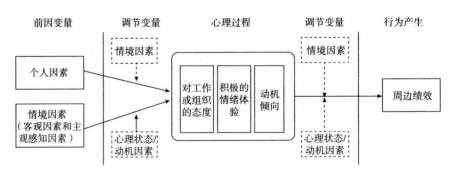

图2-2 周边绩效影响因素的作用机制研究汇总

资料来源：笔者根据文献整理，虚线表示可选择。

2.1.8 基于学校组织环境的周边绩效相关研究

梳理周边绩效和组织公民行为的相关研究发现，学者们在实证研究领域涉及不同组织环境，但大都忽略了学校这类组织。直到 2000 年以后，开始有学者关注学校背景下的周边绩效行为。在这些为数不多的研究中，国内外学者们的研究范围也多集中在中小学组织，并且多以组织公民行为作为周边绩效的主要表现形式开展具体的研究工作，专门针对大学教师的相关研究成果并不多见。

2.1.8.1 国外学者的相关研究

Somech 和 Drach-Zahavy 以及 Dipaola 是较早关注中小学教师的组织公民行为的学者。Somech 和 Drach-Zahavy（2000）将角色外行为的研究引入学校组织，他们针对中小学教师提出的角色外行为类似于组织公民行为，并采取定性分析方法构建了这类行为的三维度理论框架，对应学校系统的三个层次：学生、团队和组织。

指向学生层面的角色外行为是教师积极主动地改善教学质量的行为、帮助学生提高学业成绩的行为等；指向团队层面的角色外行为是教师积极主动地为某些特定的教师提供帮助（如帮助新教师、为工作负荷严重的教师提供支持等）；指向组织层面的角色外行为是指使学校整体受益的主动和创新性的行为。在此基础上，他们以以色列小学教师为研究对象，针对"工作满意度、自我及集体效能感与教师角色外行为的关系"开展实证研究，研究结果显示，教师工作满意度与教师角色外行为存在正相关关系，自我效能感与团队层面和组织层面的角色外行为存在正相关关系，集体效能感只与团队的角色外行为存在正相关关系。

Dipaola（2001）借鉴 Smith 等（1983）关于私营组织情境中员工的组织公民行为的研究成果，开发了针对美国 K-12 学校环境的组织公民行为测量的新方法，研究中学教师的组织公民行为结构维度以及教师组织公民行为与学校环境氛围的关系，这也是比较早的有关教育组织的组织公民行为的研究。

Dipaola 在研究中发现，以往学者在其他类型组织中提炼出来的两维度结构——旨在帮助个人的公民行为（OCB-I）和为组织服务的公民行为（OCB-O），在学校的组织环境中并不适用。Dipaola 认为，学校教师的组织公民行为是一个单因素结构，主要原因在于学校是服务性组织，教师作为为学生服务的专业化群体，他们的工作就是助人，与学校的使命之间存在高度的一致性。因此，体现教师助人的组织公民行为和促进学校发展的组织公民行为在内涵上没有明显差异。同时，该研究也发现，教师的组织公民行为与学校的氛围、教师的专业化水平显著相关。

此后，一批学者陆续开展了相关研究。Dipaola 和 Hoy（2005）提出了一个专门针对学校环境的组织公民行为的定义，他们将教师的组织公民行为内涵界定为教师在教学工作中主动帮助学生、同事以及其他人的行为。Oplatka（2006）采用质性研究的方法构建了四维度的教师组织公民行为结构：指向学生的组织公民行为、指向整个班级或学生群体的组织公民行为、指向团队的组织公民行为、指向学校的组织公民行为。同时，他认为在这四个维度中，教师表现出来的"帮助行为""公民美德""个人主动性"与其他组织员工相应行为的主要维度基本一致，但是指向学生的主动行为是教师特有的行为因素，应在未来的研究中加以关注。

Jimmieson 等（2010）通过演绎的方法重构了教师的组织公民行为结构，包含学生导向、公民美德和专业发展三个维度。Somech 和 Oplatka（2015）在先前研究的基础上，又结合教师的工作特点，把教师在教学工作中蕴含的情感因素融入教师组织公民行为结构维度中，形成了聚焦客观行为和聚焦情感行为两大类组织公民行为结构。

在针对影响教师组织公民行为的因素研究中，研究者们从不同视角出发开展了一系列研究与探索，但基本与其他类型组织类似，主要集中在个体和组织情境因素，而且研究对象仍然以中小学教师为主体。在这些研究中，仅 Somech 和 Oplatka（2015）明确提出教育使命会对教师的组织公民行为产生积极影响。他们指出，"教育使命是指教学是一种永恒的、没有界限的职业，而不是给员工分配一定时间来完成他或她的角色任务的其他职业。在工作中受到这种'教育使命'驱使的教师更有可能帮助他人，在学校待更长的时间，并为学校做出贡献，即参加公民行为"。但这个研究只侧重于理论分析与探讨，并未通过实证研究加以验证。

针对高校教师的研究更是寥寥无几，仅发现 Turnipseed 和 Vande Waa（2012）的一项研究。他们曾以护理学院和商学院的全职教师为研究对象从情绪智力的视角出发，探讨了情绪智力与组织公民行为之间的关系，研究结果支持了教师的情商与组织公民行为具有显著相关性。

2.1.8.2　国内学者的相关研究

国内学者在探讨教师周边绩效的相关问题时也多从组织公民行为的视角出

发。研究者大多以西方学者的研究成果为基础，研究对象主要集中在中小学。其中，我国台湾地区学者的研究成果相对丰富。我国台湾地区的一些学者在 21 世纪初就开始关注到教育组织中的组织公民行为现象，如谢佩鸳（2000）、郑耀男（2002）、李新民（2003）已经在研究中探讨了教师组织公民行为的结构和前因变量的相关问题。

学者们对组织公民行为结构的构建以 Organ（1988）提出的概念为基础，结合学校情境有所调整。多数学者都是从"教师超出角色规定的自愿行为"和"有利于学生、其他教师和学校利益的行为"两个大的方面把握组织公民行为的内涵。经过综合分析发现，"敬业守法""积极助人""认同组织""重视学校效益"以及"尊重体制"是学者们在探讨教师组织公民行为时使用最多的内容（高家斌和苏玲慧，2013）。

有关影响因素的研究主要涉及组织和个体两个层面的因素。组织层面涉及组织公平（郑耀男，2004）、组织信任（李新民等，2007）和领导行为等（谢佩鸳，2000；李佳颖，2012；余惠瑄，2019）；个体层面涉及工作满意度（郑耀男，2004）、心理资本（黄静文，2009；林志钧，2019）、专业承诺（李新民等，2007）和组织承诺（黄淑娟，2012）等。

大陆学者的研究起步稍微晚一些，也主要集中在中小学教师这个职业群体。明确提出中小学教师周边绩效维度的是蔡永红等，他们分别从学生和同事两个视角出发研究中小学教师的工作绩效结构，形成六因子结构。其中，"教学效能""教学价值"和"师生互动"三因子为任务绩效；"职业道德""职务奉献"和"助人合作"三因子为周边绩效[1][2]。其余大多数文献以"组织公民行为"作为关键词开展相关研究。

2005 年以后，国内以"高校教师的组织公民行为"为主题的研究论文才逐渐增多，主要集中在两个方面：

（1）关于教师组织公民行为的结构维度研究。周兆透（2007）、马苓（2009）、廖春华等（2016）基于不同的研究目的分别构建了高校教师组织公民行为的结构维度，尽管在维度上存在一些差异，但与其他类型组织的员工行为表

---

[1] 蔡永红，林崇德，陈学锋. 学生评价教师绩效的结构验证性因素分析 [J]. 心理学报，2003，35（3）：362-369.

[2] 蔡永红，林崇德. 同事评价教师绩效的结构验证性因素分析 [J]. 心理发展与教育，2004（1）：38-42.

现基本一致。周国华（2009）、仇勇（2011）分别从教师自我评价和学生评价的角度构建了高校教师组织公民行为结构维度。从教师自我评价视角看，"热爱学校""帮助同事"和"自我发展"三方面内容构成了高校教师组织公民行为。从学生评价视角看，高校教师组织公民行为包括"职业帮助""榜样树立"和"科研促进"三个方面。然而，周国华提出的结构维度中不包含教师在学生层面产生的主动行为，而仇勇构建的结构维度中仅包含教师对学生指导的主动行为。他们的研究结论都不能全面反映高校教师在工作过程中所展现出来的组织公民行为。

（2）关于教师组织公民行为的影响因素研究。高校教师组织公民行为影响因素涉及的领域与其他组织环境基本一致，多集中在个体层面和组织层面。其中，个体层面常见的前因变量是工作满意度、组织承诺、组织认同、组织支持感、心理契约等；组织层面常见的前因变量是领导行为。同时，研究中所采用的组织公民行为量表也多套用西方学者的相关研究成果。

综上所述，国内外学者关于教师组织公民行为结构维度以及影响因素的研究成果为本书研究的开展提供了依据。第一，现有研究再次证明了组织情境因素会影响到组织公民行为结构维度的具体内涵，即使同属于教师这个职业群体，在不同层次的教育组织中因教师的工作特点和能力要求不同也会产生差异。因此，有必要专门针对高校教师开展相关研究。第二，在教师组织公民行为相关研究中，研究者使用的组织公民行为的测量工具基本套用企业组织员工的相应结构，所得结论的可靠性和适用性有待商榷。第三，尽管对于教师而言，角色内外行为的划分更加模糊，但是现有中小学教师的相关研究成果为本书在高校组织情境下探讨教师的周边绩效问题提供了可行性和前期基础。

2.2　工作使命感的相关研究

2.2.1　使命感的研究背景

"使命"（英文为 Calling）的概念在西方宗教传统中有着很深的根源。新教改革运动之前，"使命感"一词仅限于宗教职务，专指对传道的特殊召唤或对福音的普遍召唤（Weber，1930）。随着16世纪新教改革运动的兴起，新教改革家

Martin Luther 将使命感的含义世俗化，认为世俗的职业也可以具有精神上的意义，从而将"使命感"从神职推广到人们在这个世界中可能担任的所有职位。随着"使命感"世俗化内涵的推广，使命感对工作态度的影响也引起了职业、工作和组织管理等研究领域学者的重点关注。

社会学家 Bellah 及其同事（1985）将使命感作为人们对待工作的一种价值导向。他们将人们对待工作的价值导向分为三类：工作导向、事业导向和使命导向。每一类价值导向都代表了人们可以从工作中找到的不同意义。对于那些工作导向的人而言，工作的价值就体现在外在报酬上（如工资），而不是一种身份的认同。对于以事业为导向的人们而言，工作就是获得权力、声望和地位的途径。相比之下，具有使命导向的人们则认为工作在精神上与生活上是不可分割的，是内在的自我满足和个人价值的实现，是身份的认同。

此后，学者们不断拓展 Bellah 等的研究成果，促进对使命感的研究进一步深化。进入 21 世纪后，随着学术界对工作价值取向和工作意义的重视，关于使命感的研究变得越来越重要。正如研究者们所指出的，随着人们寻找更人性化、更有意义的方式来理解他们的工作和生活，人们对职业和职业使命感这一概念产生了新的兴趣（Weiss et al.，2003）。尤其是 2007 年以后，学者们对工作使命感的研究有了长足的发展。

2.2.2 使命感的概念界定

梳理研究使命感的西方文献可以发现，学术界对使命感的概念缺乏统一的界定，对于使命感是什么以及它存在于何处有着不同的看法。概括西方学者的研究成果，主要有以下几种比较经典的观点：

Wrzesniewski 等（1997）从工作价值导向的角度出发定义使命感。他将使命感看作一种为实现个人价值的工作定位。他认可 Bellah 等学者的观点，认为人与工作之间存在着三种不同的关系：工作、事业和使命。工作导向的人，仅仅把工作当作生存的手段，只关注工作所带来的物质利益，不会体现个人的兴趣和抱负；将工作看作事业的人，则对工作有着更深层次的投入。他们不仅通过工作满足经济需要，而且可以通过工作获得成就感，提升权力、自尊以及社会地位等。当人们与工作之间是一种使命关系时，工作通常被看作具有社会价值，即可以有助于世界变得更加美好，人们不再为了经济利益或者职业发展工作，而是为了达到一个更高的境界，即实现个人的自我价值。

Hall 和 Chandler（2005）从工作本身出发定义使命感。他们在研究个人职业成功时指出，当个体把工作作为一种使命时，内心就会获得最高水平的满足感和心理成功。因而，他们将使命感定义为：个体把工作看成一种对人生目标的感知。

上述学者关于使命感的定义强调了使命感源自个体内在的追求，突出自我意识、自我认同和自我实现。也有学者同时关注到使命感的外在来源，从这一角度出发定义工作使命感。

Bunderson 和 Thompson（2009）从社会职业分工的角度出发提出新古典主义的工作使命感。他们认为每个人都拥有上帝赐予的特定天赋和才能，这些天赋和才能让人们在社会的职业分工中处于特定的位置并肩负特定的责任。使命感就是个体感知自己注定要凭借上帝赋予的天赋和才能来填补某个位置，为了人类社会的福祉去履行相应的责任。用新古典主义使命感的观点看待一个人的工作，既是一种职业身份，也是一种道德责任。新古典主义使命感的概念内涵也是一种世俗化表达，只不过其中包含的"命中注定"的思想与使命最初的定义比较接近。

Dik 和 Duffy（2009）认为，使命感是一种超然的召唤，源于超越自我的体验，以一种能够获得目的感和意义感的方式去实现特定的生命角色，并以利他取向的价值观和目标作为动力的主要来源。这个定义包括四层含义：①使命感的产生源自于外部的驱动力，这些动力来源是多样的，可能来自上帝、社会的需要或者偶然发现的宿命。②使命感中蕴含着强烈的目的感和意义感。③使命感所包含的目的感和意义感是指超越自我的利他、服务公共利益和社会福祉的意愿。④使命感可以产生在生活的各个领域中，包括任何合法的工作领域。

Dobrow 和 Tosti-Kharas（2011）总结了前人的研究成果，综合考虑工作的个人价值（自我的内在追求）和社会价值（为社会服务的意义），将使命感界定为"个体在某个领域体验到的一种强烈、充满意义感的激情"。具有强烈使命感的个体可能会忘我地投入到使命感所指向的领域，不能想象还可以去做其他事情。Dobrow 对"意义感"的界定比较宽泛，认为其是由个人主观决定的，可以包括使自己、家人或社会受益（Hall and Chandler，2005）。Dobrow 等学者对使命感的界定不再强调它是命中注定的，而是出于个人一种激情或承诺的选择，既可以是为了个人的自我实现，也可以是为了履行社会责任。Dobrow 等提出的使命感内涵是现代学者对使命感最有影响的观点之一（Xie et al.，2016），具有以下几方面特征：第一，使命感针对具体的领域而不是泛指工作。第二，使命感是个体主观的心理建构，是一个从弱到强的连续体，而不是"有"或"没有"的二元结构。第三，使命感不仅仅局限于工作领域，还可以包括志愿活动、家庭或更多的领域，如可持续发展的事业或社会正义等（Dobrow and Tosti-Kharas，2011）。

国内学者对工作使命感的研究成果还比较少，对使命感概念的界定大多引用西方学者的观点，只不过对"Calling"的翻译存在着不同的版本：赵小云和郭成等（2011）将其翻译为"感召"；田喜洲等（2012）将其翻译为"呼唤"；林纯洁（2010）、王默凡（2014）将其翻译为"天职"；李云苹（2011）、张春雨（2012）、赵海霞（2013）、胡湜（2014）、谢宝国（2015）等学者将其翻译为"使命"；也有学者如裴宇晶等（2015）将其翻译为"召唤"。

本书采用"使命"一词，一方面是赞同张春雨等学者的观点，认为"使命"与"Calling"的含义和发展轨迹接近，且更适合中国的文化传统；另一方面也遵从大多数学者的翻译习惯。

从现有研究看，只有个别学者如张丽敏（2012）和张春雨（2015）基于中国文化背景对工作使命感的内涵进行了相关阐述。张丽敏（2012）借鉴荷兰学者Korthagen（2004）提出的一个反映好教师特征的洋葱模型，构建了教师使命感内涵。她认为教师的使命感包括两个层次：职业使命感和超越使命感。在第一层次上，职业使命感还未形成自觉意识，教师需要通过心理认知过程体会教师工作的目的、意义和价值所在，形成工作动力，促进自我价值的实现。当职业使命感提升到第二层次后，使命感已经完全内化，与自我意识融合为一个整体，渗透到教师日常工作行为表现的方方面面。张春雨（2015）以中国大学生为研究对象开展定性研究，构建了使命感的四个维度：导向力、意义和目的、利他主义和主动倾向。导向力表达了使命感的作用，代表一种为家庭、社会或者国家履行义务的责任；意义和目的是指人们对工作和生活的意义、目的、价值、归属感、自我实现感的感知和内化；利他主义是指帮助他人、服务社会和国家；主动倾向反映了与一个人使命相关的努力和积极行为。

综上所述，国内外学者从不同角度解释了使命感的内涵，尽管出发点存在着差异，但是在内涵上达成了一定的共识：第一，各学者对于使命感的理解都已经世俗化，拓展至社会各个职业领域。第二，使命感反映的是个体对工作意义或价值深刻理解的心理知觉，可以源自个体内在的对自我实现的追求，也可以来自外在的社会责任或需求。第三，使命感中蕴含着强烈的目的感和意义感。有强烈工作使命感的人会将自己的人生目标和意义与工作有机融合，在履行职责的过程中实现自我价值。第四，使命感中包含着利他、服务社会的意愿。

2.2.3　使命感的测量

如前所述，学者们对使命感的内涵有着不同的理解，因此也导致对使命感的测量有多种方法，总体可以划分为单维度测量和多维度测量。

工作使命感单维度测量主要以 Wrzesniewski 等（1997）、Bunderson 和 Thompson（2009）及 Dobrow 和 Tosti-Kharas（2011）开发的工具为代表。

Wrzesniewski 等（1997）针对一般工作领域开发出一套测量工具（University of Pennsylvania Work-Life Questionnaire，WLQ），包括情境测验①和 18 个问题（与工作、事业和使命三种取向有关的真假问题），主要测量个人工作价值导向（工作、事业和使命导向）。

Bunderson 和 Thompson（2009）以动物饲养员为研究对象，在分析实地访谈资料的基础上开发了一套工作使命感量表。这套量表用来评估某一特定职业领域背景下的新古典主义使命感（Neoclassical Calling，NC），但量表没有包含个人对工作意义的感知。此外，Bunderson 和 Thompson 对 NC 进行了适度改编，在 104 名公共管理硕士中进行了无特定情境的验证。但是，上述学者开发的量表都缺乏可靠的信度和效度检验（Dobrow，2011）。正如 Dik（2009）指出，"在为数不多的几项评估使命感的实证研究中，没有一项研究使用的测量工具能够获得强有力的信度和效度支持"②。

Dobrow 和 Tosti-Kharas（2011）严格遵循问卷编制程序开发出包含 12 个条目的使命感量表（12-CS）并进行了规范的心理测量学检验。这个量表具有单维度因子结构和较强的内部一致性，虽然是面向特定的职业群体开发而成（研究样本来自音乐、艺术、商业和管理四个职业领域），但具有一定的灵活性，可以有效推广到不同的职业环境。该量表是一种可靠、有效的测量工具，对使命感相关的理论和实证研究具有重要贡献。

在工作使命感多维测量工具中，以 Dik 等（2012）、Hagmaier 和 Abele（2012）、Creed 和 Hood（2015）开发的量表为代表。

Dik 等（2012）开发的使命与事业问卷（Calling and Vocation Questionnaire，

---

① 情境测验描述了三种工作取向的人物，要求回答者对自己与这些典型人物的相似程度进行判断。

② Bryan J Dik. Calling and Vocation at Work［J］. The Counseling Psychologist，2009，37（3）：424-450.

CVQ）是第一个更细化的多维测量方法。CVQ 面向泛指的工作领域，由六个子量表组成，包括了三方面内容：① 超然的召唤，源于超越自我的体验；② 具有目的性和意义感；③ 亲社会性的价值导向。CVQ 从 CVQ- Presence（感知当前存在的使命）和 CVQ-Search（积极寻找和识别使命）两个角度去测量。CVQ 量表清晰地体现了使命感的内涵，很好地区分了不同个体的差异。但是，CVQ 重点关注的是就业群体。此外，Dik 等（2012）对应 CVQ 还开发了一个简版的使命感量表（Brief Calling Scale，BCS）。BCS 也区分了"使命存在"和"使命寻找"，主要评估人们对自己现有的使命或者正在寻找的使命的感知，但它采用了单维度测量策略，共四个条目，对于研究人员而言测量效率相对较高。但 BCS 允许参与者按照自己在生活和工作中对使命感的理解来回答问题，其测量的有效性需要慎重考虑。

Hagmaier 和 Abele（2012）开发出一种新的工作使命感多维度测量方法（MMC）。他们采用定性方法提出了使命感的五个核心范畴，在此基础上编制了包括"认同与人环境匹配""超然导向力""价值与意义驱动行为"三个维度的量表，并选择美国和德国实际在职人员为样本进行了定量研究验证，具有很好的信度和效度。

Creed 和 Hood（2015）基于"工作使命感是一个发展的概念"，针对准备要正式工作的成年人（18～25 岁的群体）研制了职业使命感量表（Career Calling Scale，CCS）。CCS 包括"他人取向的意义"（Other-oriented Meaning）、"个人意义"（Personal Meaning）和"积极投入"（Active Engagement）三个维度。CCS 符合心理测量学的要求，具有良好的信度和效度。当然，该量表检验时使用的是横截面数据，还应进行纵向研究，证明量表的稳定性。

上述量表开发都基于西方文化背景，国内学者张春雨（2015）以中国大学生为研究对象，探索了在中国文化背景下使命感的意义和维度，提出了包括"引导力""意义和目的""利他主义"和"积极倾向"四个维度的量表。这个量表反映的使命感维度与西方学者的研究结果具有很大程度的收敛性。

总之，各研究者开发的工作使命感测量工具各有特点，其中 12-CS、CVQ 和 BCS 得到了较为广泛的关注和引用。

2.2.4 工作使命感的实证研究

随着"使命"一词在心理学、管理学和社会学领域的广泛使用，学者们不断拓展使命感的研究领域，但自 2007 年以后研究成果才逐渐增多。分析国外的相关文献可以发现，主要分为两条研究主线：一条主线以大学生群体为主要研究对象，重点研究工作使命感与职业成熟度所涉及的因素之间的关系。职业成熟度代表个人职业发展阶段相关的职业发展水平（Crites，1976）。另一条主线以在职员工为主体，侧重研究工作使命感与工作相关因素（工作态度和行为）和生活态度相关因素（生活满意度和人生意义）之间的关系。

（1）工作使命感与职业成熟度相关因素的关系。Duffy 和 Sedlacek（2007）调查了 3000 多名大学一年级学生发现，大学生对工作使命的感知与职业决策、职业选择的舒适度和自我清晰度有着显著的相关性。Dik、Sargent 和 Steger（2008）及 Steger 等（2010）使用与上述研究相同的测量工具研究工作使命感与职业选择的关系也得出一致的结论。Dik 等（2008）和 Woitowicz Domene（2011）在研究工作使命感与大学生职业预期的关系时发现两者之间存在着显著的正向相关关系。

Domene（2012）通过研究也得出结论，认为工作使命感通过影响大学生的职业自我效能感间接影响着学生对未来职业成功的期望。Hirschi 和 Hermann（2012，2013）以德国大学生为样本研究发现，职业规划和职业自我效能感在不同时点都与工作使命感知相关，并且工作使命感知与职业认同之间也存在显著相关性。这些研究结果都表明，那些对工作有着较强使命感的大学生在职业选择方面的目标更清晰、态度更自信，更有可能在未来特定的职业发展道路上取得更加积极的结果。

（2）工作使命感与工作相关因素的关系。一些学者也关注了工作使命感与工作相关因素之间的关系。Bunderson 和 Thompson（2009）针对动物饲养人员的一项研究显示，工作使命感与职业认同、职业重要性、工作意义、职业责任感知之间存在着中度相关；其他一些针对成年职业人群的研究也进一步证实了工作使命感与职业承诺（Duffy et al.，2012；Duffy et al.，2013）、离职意愿和组织承诺（Cardador，Dane & Pratt，2011）的关系；Hirschi（2012）分析了 529 名德国员工的调查数据发现，工作使命感与工作意义、强烈的职业认同感、职业自我效能感、工作投入和人—工作契合度密切相关。工作使命感与工作意义之间的积极关系在针对美国成年工作群体的研究中也得到证实（Duffy et al.，2013）。还有学者从另外的角度研究发现，工作使命感能够带来更低的缺勤率（Wrzesniewski et al.，1997）。

员工的工作使命感和工作满意度以及组织承诺等变量之间的关系也是经常被研究者关注的领域。Davidson 和 Caddell（1994）、Wrzesniewski 等（1997）研究了不同职业环境下的成年人群对待工作的看法，发现有工作使命感的人会对工作和生活感到更加满意。

此后，研究者们选择不同测量工具和研究对象，开展了一系列实证研究，证明使命感知和工作满意度之间存在着中等到较强水平的相关关系（Duffy et al.，2011；Duffy et al.，2013；Hagmaier & Abele，2012；Harzer & Ruch，2012；Peterson et al.，2009）。Duffy、Dik 和 Steger（2011）以西方高校 370 名教师为样本研究了工作使命感与职业承诺、工作满意度和组织承诺的关系，研究结果显示，工作使命感与职业承诺、工作满意度和组织承诺之间存在着中度相关关系，并且职业承诺完全中介了使命感与工作满意度之间的关系，部分中介了使命感与组织承诺的关系。Cardadora、Daneb 和 Pratt（2011）就卫生保健专业人员的工作使命感与组织依附之间的关系进行研究，结果发现组织工具性（员工对组织有助于实现自己目标的感知）在工作使命感与组织依附（包括组织认同和离职意愿两方面）之间起到中介作用；同时发现，组织文化调节了两者之间的关系，以安全为导向的组织文化将增强工作使命感水平较低的员工与组织之间的依恋程度，弱化与离职倾向的负相关关系。

部分学者着重探讨了工作使命感对工作绩效的影响。Serow（1992，1994）等对教师的研究结果表明，价值定位为事业型取向的教师对工作的目的和意义有着更深层次的心理认知，在工作中更有意愿做出个人牺牲，也更愿意承担额外的责任，并愿意从教更长的时间。Elangovan 等（2010）及 Hall 和 Chandler（2005）从理论角度分析了组织情境下的使命感研究模型，阐述了工作使命感强的人愿意为工作付出更多的努力，取得更好的绩效。

随后，研究者们从不同角度开展相关研究，有力地支持了上述观点。Lobene 和 Meade（2013）研究发现，使命感对工作绩效（自评）有着显著影响。Rawat 和 Nadavulakere（2014）以美国儿童早期教育中心的教师和教辅人员为研究对象，探讨了工作使命感与组织承诺、情感耗竭以及周边绩效的关系，研究结果表明，工作使命感与周边绩效之间存在着积极的关系，进一步说明具有高使命感的人并不认为他们的工作就是一组明确的任务，而是把工作看作为他人的共同利益做出贡献的一种方式（Bellah et al.，1985）。因此，他们更愿意全身心投入到工作中，产生更多的主动奉献行为，以满足自己内心的需求。该项研究还显示，工作使命感与组织承诺具有积极关系，具有强烈工作使命感的人把组织看作实现生命意义的一种手段，从而表现出更高的组织承诺。同时，工作自主决定权和参与决策作为两个情境因素发挥了调节作用。Park 等（2016）以韩国营销从业人员为研究对象，研究了员工的使命感与工作绩效、组织公民行为之间的关系以及职业自我效能感在这些变量之间发挥的作用。结果表明，营销人员的使命感水平与他们的组织公民行为存在一定的相关性，但与工作绩效无关；同时，个体的职业自我效能感部分中介了工作使命感对组织公民行为的影响作用。

（3）工作使命感与生活态度的关系。有使命感的人会对自己的生活更为满意吗？随着对使命感的研究不断扩展，很多学者探索了工作使命感与生活满意度之间的关系（Peterson et al.，2009；Torrey & Duffy，2012；Duffy et al.，2013，2014；Hagmaier et al.，2015；Praskova et al.，2015）。这些研究为"工作使命感能够对员工的生活满意度产生显著影响"这一假设提供了有力的证据。

同时，学者们进一步探讨了工作使命感对个体生活满意度的作用机制。Torrey 和 Duffy（2012）研究发现，核心自我评价在工作使命感与员工生活满意度之间发挥着中介作用，并受到个体雇佣状态的调节。Duffy 等（2013）研究得出，工作使命感通过员工感知到的工作意义和生活意义对生活满意度产生正向影响。Hagmaier 和 Abele（2015）基于自我差异理论和职业成功模型研究了工作使命感与生活满意度的关系，结果表明个体的工作使命感对个体生活满意度产生持续性影响，在这个影响过程中，自我和谐（Self-congruence）和投入定向（Engagement Orientation）分别发挥了中介作用。Praskova 等（2015）研究发现，使命感能够通过工作努力、情绪调节和职业策略对员工的生活满意度产生作用。

当然，也有研究者以大学生为例，研究了工作使命感与生活满意度和人生意义的关系。Sedlacek（2010）对5000多名本科生进行了抽样调查，发现使命感知与生活满意度和人生意义都存在着相关关系（与前者存在着弱相关，与后者存在着中度相关）。Duffy 等（2012）以大学生为研究对象对工作使命感和生活满意度之间的三个调节变量——宗教信仰、使命实现和核心自我评价进行了研究。研究结果显示，大学生对特定职业领域的使命感与生活满意度有着中度相关关系；两者之间的关系并没有因为宗教信仰和使命实现的体验不同而存在差异，但对于自我核心评价较低的学生，使命感与生活满意度的关系更强；同时，研究人员也发现在职人员工作使命感与生活满意度之间的联系比大学生群体更明显。

国内学者对工作使命感的研究主要受西方学者的影响，还属于起步阶段，研究成果比较零散，尚未形成体系，主要内容包括两个方面：一是对工作使命感研究现状的综述（赵小云等，2011；张春雨等，2012；赵云霞，2013；田喜洲等，2014；谢宝国，2015）；二是研究使命感与相关因素之间的联系及作用机制。这些研究变量的选择基本与国外学者类似，主要包括职业选择方面的变量、与工作以及生活相关的变量等。

部分学者以高校学生为研究对象，探究了大学生的工作使命感与职业选择相关变量的关系。如沈雪萍等（2015）研究发现，大学生的求职清晰度与主动性人格及工作使命感密切相关，并且工作使命感在主动性人格与求职清晰度之间起到部分中介作用。叶宝娟（2016）的研究显示，工作使命感、求职效能感和情绪调节会正向预测大学生的求职行为。其中，工作使命感通过求职效能感间接影响了大学生的求职行为，情绪调节这一变量调节了这种间接效应。此外，该研究者在2017年又探索了大学生工作使命感与可就业能力的关系，发现工作使命感不仅能够直接影响大学生的可就业能力，还会通过求职清晰度与求职效能感间接影响大学生的可就业能力。

一些学者重点关注了员工工作使命感与工作态度变量的关系。工作态度变量包括工作满意度、组织承诺、职业承诺、离职意图、敬业度（即工作投入）等。于春杰（2014）对在职人员的工作使命感与离职倾向和敬业度的作用机制进行研究，发现两条作用路径：一条是工作使命感通过组织认同（部分中介）负向影响员工的离职倾向；另一条是工作使命感通过自我效能感（部分中介）正向作用于员工的敬业度。个人—组织价值一致性对这两条路径都具有调节作用。姚军梅（2017）探讨了企业职工工作使命感、工作投入对职业成功的影响作用，研究结果显示，使命感强的个人在工作中表现出更高的热情，并在主观上具有较高的职业成功感。同时，工作使命感通过工作投入对主观职业成功感产生中介效应。自我效能感和社会支持在工作使命感与工作投入、工作使命感与职业成功之间发挥着积极的调节作用。胡湜（2014）研究发现，工作使命感通过职业弹性对职业满意度产生影响，同时工作资源调节了工作使命感和职业弹性之间的关系。裴晶宇（2014）针对知识型员工探讨了工作使命感、职业承诺和工作态度（包括工作满意度、组织承诺和离职意愿）的关系，研究结果显示，职业承诺在工作使命感与工作态度之间起到了中介作用。其中，职业承诺在工作使命感对离职意愿的影响中起到完全中介作用，在工作使命感与工作满意度、组织承诺的关系中起到部分中介作用，同时发现，组织支持感在工作使命感和职业承诺对离职意愿的影响中起到调节作用。叶龙等（2018）同样以知识型员工为例开展研究，研究表明，知识型员工的工作使命感、职业承诺和工作幸福感三个变量之间显著正相关，职业承诺在工作使命感和工作幸福感之间承担着部分中介作用，并且薪酬在这个中介效应中发挥着显著的负向调节作用。赵小云（2019）以特殊教育学校教师为例，研究了工作使命感与学校支持感和工作满意度的关系，研究结果表明，工作使命感不仅能正向影响特殊教育学校教师的工作满意度，而且在学校支持感与工作满意度之间承担部分中介效应。

部分研究者探讨了工作使命感与工作态度、工作绩效之间的关系。王默凡（2014）研究了知识型员工天职取向（即工作使命感）与敬业度（即工作投入）、工作绩效的关系。其中，工作绩效包括任务绩效和周边绩效（人际促进和献身精神）。结果显示，天职取向与敬业度和工作绩效呈正相关关系，且这种关系在任务绩效和献身精神上表现更为明显。此外，敬业度在天职取向与工作绩效之间起到部分中介作用。谢宝国（2015）将 OCB 划分为 OCB-O 和 OCB-I 两个层面的行为，并研究了工作使命感与 OCB 之间的关系，研究发现，工作使命感对 OCB-O、OCB-I 都能产生积极的影响作用，但工作使命感对 OCB-O 的影响必须依靠组织工具性才能实现。赵小云（2016）研究发现，幼儿教师的工作使命感能正向影响组织承诺与工作绩效，工作使命感对工作绩效的影响需要组织承诺承担部分中介效应。

还有学者论证了工作使命感与生活态度的关系。张春雨（2013）以师范类大学生为研究对象，研究了工作使命感与学业满意度及生活满意度的关系，研究显示，工作使命感能够积极影响师范生的人生意义感知、学业满意度和生活满意度，并且人生意义感知部分中介了工作使命感对学业满意度和生活满意度的影响作用。张春雨（2015）编制了基于中国文化背景的工作使命感测量工具，并以此为基础分别选取了在校大学生和企业员工为研究对象，探索了工作使命感与人生意义感知、幸福感之间的关系。对于在校大学生而言，研究发现，工作使命感能够有效提升人生意义感知水平，人生意义感知水平的提高又能进一步促进工作使命感的提升；对于在职人员而言，工作使命感对个人获得主观职业成功感和幸福感的影响要借助工作重塑的力量。

总之，从国内外学者关于工作使命感的研究中可以发现，目前学者们对于工作使命感的研究主要集中在结果变量上，并且以代表个体层面的结果为主，研究结论都证实了工作使命感能够对个人和组织产生重要影响。

2.2.5　高校教师工作使命感的研究

从教师的工作特点看，教师这个职业群体所具有的特征与工作使命感自身所蕴含的目的感、意义感、激情等丰富内涵具有高度吻合性。但通过上述文献综述发现，国内外学者针对高校教师的工作使命感研究屈指可数。从总体上说，西方学者对教师使命感的研究仍处于起步阶段（张丽敏，2012）。在国内，由于工作使命感的概念引入时间比较短，有关高校教师使命感的研究成果更是少之又少。目前，国内有关高校教师精神内核的研究多集中在师德师风方面，而且很多学者对于师德问题的研究主要还停留在宏观层面的定性分析或中观层面的经验总结阶段，缺乏具体的落脚点和创新的研究视角。

本书以工作使命感为切入点，探讨高校教师工作使命感对周边绩效的影响过程，不仅能有效弥补国内在高校教师工作使命感相关研究上的空白，还可以促进师德问题研究更加具象化。相关研究成果能够为高校教师精神内核的建设提供更加丰富的理论基础和具有可操作性的管理策略。

2.3　工作投入的相关研究

2.3.1　工作投入的概念

21世纪初以来，积极心理学所产生的重要作用得到了学术界和企业界越来越多的重视。积极心理学派主张挖掘人类积极向上的品质和心理能力，并对这些因素进行评估和管理以提高组织的绩效。其中一种积极的状态就是工作投入（Schaufeli，2006）。由此，工作投入（Work/Job Engagement，也有学者翻译为敬业度）成为人力资源管理专业的重点研究领域之一，很多学者都给予了高度关注，他们从不同视角提出了工作投入的具体内涵，比较有代表性的定义如下：

Kahn是最早提出工作投入这一概念的学者（Shuck，2010）。Kahn（1992）从心理状态的角度定义工作投入，把它描述成个体在工作中充分展示自我的一种体验，这种体验促进个体在履行工作职责的过程中把自我投入到生理、认知和情感三个层面的活动中。这个定义认为，工作投入是员工自我与所承担角色之间建立的一种互动关系，当个体将充沛的精力、饱满的热情和高度的专注力都投入到工作时就能充分展示自我。相反，当员工对工作的投入程度较低时，自我就从工作中脱离出来，表现出精力不足和消极的精神状态。

Maslach 等（2001）在研究工作倦怠时，认为人们对待工作的心理状态是一个持续的统一体，工作倦怠和工作投入分别处于连续体的两个相对的极端，两者之间可以进行相互转化。工作投入作为积极的一端，是一种持久、积极的精神状态，主要特征表现为活力、参与和高效能；工作倦怠作为消极的另一端，表现为精力耗竭、愤世嫉俗和效率低下。

后续很多研究者提出的工作投入的概念都是在 Kahn（1992）和 Maslach 等（2001）研究的基础上发展形成的（Shuck，2010）。Schaufeli 等（2002）同样以工作投入和工作倦怠两个概念之间的关系为出发点定义工作投入的内涵，但与Maslach 等（2001）的观点不完全相同，他们认为工作倦怠和工作投入并不是完全对立的两个极端，它们之间既相互联系又相对独立。他们将工作投入定义为"一种积极、充实、与工作相关的精神状态"①，其特征是活力、奉献和专注。其中，活力是指个体在工作时精神饱满，富有韧性的激活状态；奉献是指个体以一种热情、充满自豪、深受鼓舞以及愿意接受挑战的状态投入到工作中；专注是指个体专心而又愉快地完成工作，很难从工作中脱离出来。同时，Schaufeli 等（2002）进一步指出，工作投入并不聚焦于特定的目的、个人或者具体行为，因而它不是一种临时的、有专门指向的精神状态，而是一种更持久、具有普遍意义的情感认知状态。

总之，各学者尽管定义工作投入的出发点不同，但总体上都是想要表达同一种观点，即工作投入实质上是个体对工作所保持的一种积极、持久的精神状态，反映了个体对规定职责的认同以及精力和情感投入的程度（Saks，2008）。目前，国内学术界最广泛采用的定义是 Schaufeli 等（2002）提出的概念，这个概念内涵也得到了相关实证研究的支持。

2.3.2　工作投入的测量

工作投入最早在商业咨询领域里备受重视，后被拓展到学术界。普遍应用于

---

① Schaufeli W B, Salanova M, Gonzalez-Roma V, Bakker A B. The Measurement of Engagement and Burnout: A Two-sample Confirmatory Factor Analytic Approach［J］. Journal of Happiness Studies, 2002（3）: 71-92.

商业咨询领域的测量工具是 GWA 调查问卷（盖洛普工作场所调查）。该问卷是在上百万名员工访谈结果的基础上编制形成，主要分为两大类问题：一类问题用于测量员工态度性结果；另一类问题则用于识别管理者可控的影响态度变量的因素。这个问卷具有跨文化的稳定性，但李锐等（2007）对该问卷究竟测量什么表示质疑，他们认为问卷测量的内容更像是工作满意度，而非工作投入。

在学术界，研究者们也设计了多种工作投入的研究工具。Maslach 等（2001）基于"工作倦怠和工作投入相对立"的观点，开发了"Maslach 工作倦怠问卷"，从精疲力竭、愤世嫉俗、效率低下三个维度反向测量工作投入，即"精疲力竭"对应"精力充沛"，"愤世嫉俗"对应"工作奉献"，"效率低下"对应"高效率"。Schaufeli 等（2002）根据"工作投入相对独立"的观点开发了单独测量工作投入的量表（The Utrecht Work Engagement Scale，UWES）。这个量表包括活力（6 个题目）、奉献（5 个题目）和专注（6 个题目）三维度内容，共 17 个题目。UWES 测量的信度和效度得到了较好的验证，在国外实证研究中已经成为应用最为广泛的测量工具之一，在中国情境下也被研究者应用到不同的工作领域中，如中学教师（张轶文等，2005）、政府机构员工（王桢等，2015）。

2006 年，Schaufeli 等基于测量便利的考虑对 UWES 量表进行了精简，将 17 个条目缩减为 9 个条目（UWES-9），并选取了 10 个国家的在职人员进行检验。经验证性因子分析证实，UWES-9 的效度和内部一致性信度指标良好。同时，考虑到工作投入中活力、奉献和专注三个维度具有较高的相关性，Schaufeli 等（2006）建议可以采用单维度指标衡量工作投入的程度。总之，UWES-9 量表以尽可能少的条目涵盖了工作投入的核心要素，又进一步降低了问卷冗长导致被调查者流失的可能性，同样得到了广泛应用。

2.3.3　工作投入的实证研究

梳理已有研究文献发现，学者们对于工作投入的研究主要从两个角度出发：

第一，以"工作投入形成机制和影响作用"为切入点开展相关研究。在工作投入形成机制和影响作用的研究中，学者们主要依据两个经典理论，即人—工作匹配理论和工作要求—资源模型（以下简称 JD-R 模型）（Schaufeli，2006）。

Maslach 等（2001）根据人—职匹配理论分析工作投入/倦怠过程中的个体与环境因素的相互作用，阐释工作投入的形成机理。当个体与工作/组织情境形成持续匹配时，就会促进工作投入，而存在不匹配时则会形成工作倦怠。

Schaufeli（2004）将工作要求、工作资源和工作投入之间的关系纳入 JD-R 模型来解释。该模型的核心观点是工作要求和工作资源激发了两种相对独立的心理过程：过高的工作要求会耗尽个人的精力，形成工作倦怠，从而产生消极后果（如有损健康等）；丰富的工作资源能够促进外部诱因内化形成个体的自主性动机，提高工作投入，进而引发积极的结果（如高绩效等）。在此基础上，Schaufeli（2004）选择了保险公司、大型职业健康和安全服务公司的分支机构、养老基金公司以及家庭护理公司四类组织员工为研究对象进行验证，结果显示，工作资源可以提高个体对工作投入的程度进而降低离职意愿。

此后，多名学者都以不同的职业群体为研究对象通过实证研究印证了工作资源对工作投入产生的重要影响，并且发现工作资源在高工作要求的条件下最有利于保持工作投入（Bakker，2010）。Xanthopoulou 等（2007）将个体的心理资本因素作为个人资源引入 JD-R 模型，利用拓展后的模型解释了"个人资源—工作投入—积极结果"的逻辑关系，并以荷兰电气公司六部门的技术人员（具有较高死亡率的工作）为研究对象开展了实证研究，研究结果显示个人资源可以对工作投入产生积极影响。

第二，从"前因变量或结果变量"的角度开展研究。Saks（2006）是最早针对工作投入前因因素和结果因素开展实证研究的学者。Saks（2006）基于社会交换理论建立了工作投入前因变量和结果变量的关系模型，并以 102 名在各类工作和组织中工作的员工为研究对象进行了实证检验，结果发现：工作特征和组织支持感对工作投入产生积极影响；工作投入对工作或组织结果如工作满意度、组织承诺、组织公民行为等有显著的促进作用。同时，Saks（2006）的研究也进一步印证了 Schaufeli（2004）等的研究结果，即工作投入在一定程度上中介了前因变量和结果变量之间的关系。

此外，学者们也选取不同的因素作为工作投入的前因变量或者结果变量进行实证研究。从前因变量看，主要包括人口统计学变量、个性特征因素、工作特征以及组织因素。

（1）人口统计学变量。Schaufeli 等（2006）分析了全世界 3 万多个数据后得出结论：性别不会对工作投入产生显著作用；年龄与工作投入存在一定的相关关系（相关系数在 0.05~0.17）；职业环境的差异与工作投入存在着显著相关。

（2）个性特征因素。May 等（2004）基于 Kahn（1992）的工作投入内涵实施了实证检验，研究发现心理意义、心理安全和心理可获得性等因素对工作投入有着积极影响。Xanthopoulou 等（2007）研究表明，自我效能感、乐观等心理资本对工作投入有着积极影响。此外，也有学者发现具有外倾性、高灵活性和低神经质等特征的员工工作投入比较高（Langelaan，2006）。

（3）工作特征以及组织因素。研究者们一般都是将工作特征或组织因素作为不同类型的工作资源纳入 JD－R 模型中来解释这些因素对工作投入产生的作用。

对工作投入的结果变量的研究主要集中在工作态度（工作满意度、组织承诺、离职意愿）和工作行为方面。Demerouti 等（2001）的研究结论说明，个体的组织承诺会因工作投入的提高而升级，两者之间存在着显著的积极关系。Schaufeli 等（2004）研究显示，个体的工作投入与离职意愿之间存在着较为明显的负向关系，高的工作投入会显著降低员工的离职意愿。工作投入能够对工作行为产生积极影响也得到了一些学者在不同群体中的研究验证。Bakker 等（2004）、Gierveld 等（2005）和 Bakker 等（2006）分别针对一般意义上的在职人员、秘书以及学校校长等职业群体，研究了工作投入对工作绩效的作用关系，研究结果都表明工作投入高的个体角色内外绩效都很高。不过，Salanova 等（2005）通过对酒店员工进行研究，发现工作投入不能直接对工作绩效产生影响，需要通过服务环境对后者产生间接的影响作用。

随着国外学者对工作投入的关注度越来越高，这种研究趋势也影响着国内的研究者。在 CNKI 上以工作投入或敬业度为主题搜索发现，国内学者自 2007 年以后逐渐聚焦于这个领域的研究，但从整体上看大多借鉴国外学者的研究成果进行跨文化的实证研究。

2.4　人—组织匹配的相关研究

2.4.1　人—组织匹配的概念

人—组织匹配理论来源于 Argyris（1957）的工作扩大化和参与式管理等理论。Argyris（1957）认为，个体的组织行为是个体与组织互动的结果，个体和组织之间存在不协调是固有的，一定数量的不协调可能是激励因素。但太多的不和谐会导致个体缺乏活力和动力。Argyris 的理论与 Lewin（1983）的场动力理论是一致的，即行为是人与环境的函数。行为既取决于个体需要或目标，也取决于个体认为环境有能力满足这些需求或实现这些目标（Murray，1981；Pervin，1968，1989）。

20 世纪末期，各学者对人—组织匹配的内涵开展了深入的探讨。大多数研究人员将人—组织匹配广义地界定为个人与组织之间的兼容性（Kristof，1996），兼容性可以有多种方式呈现。

Muchinsky 和 Monahan（1987）提出了一致性匹配和互补性匹配。他们认为，当一个人在一个环境中"补充、修饰或具有与其他的个体相似的特征时，就会发生一致性匹配"。互补性匹配是指"一个人的特征构成了整个环境，或者为环境增添了缺失的东西"[①]。

Caplan（1987）、Edwards（1991）等从个体和组织两个视角出发提出了"需要—供给"和"需求—能力"来体现人和组织之间的兼容性。从"需要—供给"角度看，当组织为满足个体需求提供了支持时，就会实现匹配；从"需求—能力"的角度看，当一个人在努力、承诺、知识、技能和能力等方面满足了组织对角色的要求时，就能达成匹配。"需要—供给"匹配和"需求—能力"匹配进一步拓展了互补性匹配的概念。

Kristof（1996）综合了上述两种匹配的观点，形成了一个整体性的概念。他认为，"当至少一个实体提供了其他实体所需要的东西或者它们具有相似的基本特征，或者两者兼而有之时，人们与组织之间就产生了兼容性"[②]。这个定义同时关注了人和组织之间可能存在的两种匹配关系：一种关系是组织和个体能够实现另一方的需求满足（互补性匹配）；另一种关系是组织与个体具有相似的特征（一致性匹配）。在实证研究中，"一致性匹配"最典型的研究就是个人与组织之间的"价值匹配"的问题。"需要—供给"和"需求—能力"两种类型的匹配经常被用来研究人与工作的匹配关系（Resick，2007）。

2.4.2　人—组织匹配的测量

学术界对人—组织匹配程度的衡量主要包括主观匹配度测量、感知匹配度测

————————

①②　Kristof A L. Person-Organization Fit：An Integrative Review of Its Conceptualization，Measurement，and Implications［J］. Personnel Psychology，1996（49）：1-47.

量和客观匹配度测量。其中，主观匹配度测量是通过检查个体特征与他们对组织概况感知之间的一致性来测量个体与用人单位的匹配程度（Edwards，1991）。感知匹配的测量方法要求个体分别描述自己的特征以及自己对组织特征的感知情况，然后利用两者之间的差异分析计算匹配程度。从具体内容上看，主观匹配度的测量和感知匹配度的测量基本相近，都是评估个体自我形象与他们对组织形象感知之间的差异，反映的是个人的主观感受。客观匹配度的测量主要通过分析个体对自我特征的客观描述与他人对组织氛围的客观描述之间的一致性来实现（Chatman，1989）。目前，多数研究者在实证研究中使用的测量方法是主观匹配或者感知匹配，一方面是因为操作相对简便，另一方面从有效性上讲，主观匹配或感知匹配的影响效力更大，只要个体主观感知到良好的匹配存在，匹配度就会存在，即使客观情况并非如此（Cable & Judge，1995；Frenchet，1974）。

西方各学者从不同的角度开发了多种研究工具来测量人—组织匹配。Cable和 Judge（1996）开发了包含 3 个题目的人—组织价值一致性测量量表。Cable 和 DeRue（2002）开发了一个人—组织匹配测量问卷，其中包括价值一致性匹配（3 个题目）、需要—供给匹配（3 个题目）和需求—能力匹配（3 个题目）三个维度共 9 个题目。Resick、Baltes 和 Shantz（2007）也编制了一套 13 个题目的人—组织匹配测量工具，主要包括价值匹配（5 个题目）、需要—供给匹配（4 个题目）、需求—能力匹配（4 个题目）。人—组织匹配三维度的量表实际上是基于 Kristof（1996）提出的综合概念，同时又对人与工作匹配类型做了进一步的细化，这种测量方式已经成为学者们主要采取的方式（孙健敏等，2009）。

我国学者在开展人—组织匹配实证研究时主要基于西方学者开发的测量量表，在翻译的基础上进行适当改编。如黄莉等（2008）在翻译 Cable 和 Judge（1996）、Saks 和 Ashforth（1997）等学者开发的问卷基础上形成了 7 个项目的测量量表，应用于员工人—组织匹配的实证研究。

2.4.3 人—组织匹配的实证研究

工作态度（工作满意和组织承诺）以及离职意愿是人—组织匹配研究中出现最为普遍的变量（Verquer，2003）。研究者们基于人—组织匹配的不同视角开展实证研究，有力地支持了人—组织匹配和工作态度、组织承诺、工作投入、离职率以及组织公民行为等因素之间的积极关系。Kristof（1996）研究指出，人—组织匹配中的价值匹配是工作满意度和组织承诺的决定因素。这个结论在针对不同样本的研究中得到证实，如初级会计师（Chatman，1991）、公共部门主管（Boxx，Odom & Dunn，1991）、MBA 学生、高级会计师和中层管理人员（O'Reilly et al.，1991）。Vancouver 和 Schmitt（1991）对中学校长和教师的研究发现，校长和教师之间、教师和其他教师之间的目标一致性与工作满意度和组织承诺等工作态度呈正相关。Witt 和他的同事也报告了类似的研究结果（Witt & Nye，1992；Witt，Hilton & Hellman，1993；Witt & Voss，1995）。Saks 和 Ashforth（1997）通过对商科专业毕业生的纵向研究数据分析发现，人—工作匹配度感知对工作满意度、组织承诺、组织认同产生正向作用，对压力症状和离职意愿产生负向作用，人—组织价值匹配与工作倦怠具有显著相关性（Leiter，Jackson & Shaughnessy，2009；Siegall & McDonald，2004）。

人—组织匹配不仅能够预测工作态度变量，还能预测工作行为变量，包括增加亲社会行为，如组织公民行为（O'Reilly & Chatman，1986）、团队合作（Posner，1992）和道德行为倾向（Posner et al.，1985）。Goodman 和 Svyantek（1999）研究了人—组织匹配对员工工作绩效（任务绩效和关系绩效）的影响，结果发现个体的价值匹配对任务绩效和关系绩效具有重要意义。Lauver 和 Kristof（2001）通过研究发现，员工的价值匹配和工作匹配对工作绩效都有显著影响，且价值匹配更能提升个体的关系绩效。Hoffman 和 Woehr（2006）的荟萃分析结果表明，人—组织匹配与人员流动、任务绩效和组织公民行为等多种行为结果变量之间存在从弱到中度的相关关系，进一步表明人—组织匹配是行为变量的关键性影响因素。此外，从调节作用的角度看，人—组织匹配被认为是团队政治和凝聚力之间关系的调节因子（Witt & Silver，1995）。

2.5　已有研究述评

2.5.1　周边绩效的研究述评

中西方学者对周边绩效和组织公民行为的探讨已有三十余年的历史，研究成果也比较丰富。周边绩效基于"绩效是行为"的概念起源为本书提供了基本的研究立场。同时，周边绩效的结构维度以及影响因素的研究成果也为本书重新构建中国文化背景下的高校教师周边绩效结构框架和相关变量之间的关系模型提供了理论借鉴。但梳理已有研究成果发现，现有研究还存在着一定程度的不足。

（1）关于周边绩效结构维度的本土化研究还存在着局限性。从现有文献看，国内学者对"周边绩效"这个概念并没有明确的定义，基本引用西方学者已有的成果。因此，在实证研究中学者们大多把研究重点集中在周边绩效或者组织公民行为与其他因素之间的关系检验上，涉及结构维度或测量的问题时基本采用"拿来主义"，并没有结合中国文化背景和所研究组织的具体情境特征对周边绩效的结构维度开展本土化研究。

目前，国内研究者引用最多的是 Borman 等（1993）创建的周边绩效概念，这个概念诞生于西方社会文化背景下。西方国家的文化价值以个人主义为导向，社会管理以契约为基础。基于这种文化背景，组织中员工的岗位职责内外界限相对清晰。而中国社会文化的价值基础是集体主义，崇尚"大公无私"，这种价值导向在一定程度上弱化了个人和组织的边界，在组织运作的过程中存在着很多模糊了职责界限的行为，这些行为蕴含着组织或职业规范对员工的隐性期望，却很难以明确的岗位职责描述来表示。这些行为处于岗位职责内外之间的模糊地带，不能被组织正式的评价系统客观、有效地识别，但对促进组织绩效提升发挥着积极作用。因此，在中国文化背景下探讨周边绩效行为就不能仅局限于西方学者明确提出的角色外行为，也要拓展到一些处于角色内外边界地带的行为。

由此可见，文化背景的不同会导致人们对周边绩效到底包括哪些维度的理解存在着一定差异。简单套用西方学者界定的结构维度研究我国绩效管理的现实问题，理论依据不足以令人完全信服。

（2）已有的周边绩效结构维度不能充分考虑到高校组织的特性。从周边绩效的概念内涵分析，传统周边绩效概念适用于工作流程和技术路线都相对清晰的生产、经营组织。也正因为如此，周边绩效（包括组织公民行为）的相关研究大多集中在工商企业组织，少数涉及教育组织的研究也主要集中在工作复杂性低于高校的中小学范围。

相比工商企业组织，高等学校内部的组织结构比较复杂，存在着行政权力和学术权力两种截然不同的运作方式。同时，大学组织的学术属性使教师的工作任务都紧紧围绕知识的特性展开（伯顿·克拉克，1994）。按照周边绩效的传统定义，周边绩效能够为任务绩效的顺利完成提供良好的"软环境"。因此，基于高校组织环境和教师工作特点，教师的周边绩效中不仅要包括一些与其他组织员工类似的利他、奉献、尽责等具有情境普适性的组织公民行为，还应包括一些特定的组织公民行为以保证"知识生产、传播以及应用"这个知识操作体系的有效运作。

基于此，本书认为机械地将基于非高等教育组织背景开发的周边绩效结构维度作为衡量标准来研究高校教师的周边绩效，并不能准确把握高校组织情境下的教师周边绩效的主要特征。因此，基于知识经济的时代发展和高校教师工作特性的考虑，笔者认为需要重新审视经典概念，并探索符合中国文化背景的高校教师周边绩效新的结构维度。

（3）有关周边绩效的实证研究需要进一步强化和拓展。总结周边绩效的相关研究可以发现，一方面，基于高校组织情境的教师周边绩效相关研究成果不够丰富，需要进一步拓展；另一方面，有关周边绩效前因因素的研究还需要深入挖掘。尽管个体层面的变量对周边绩效的影响研究最为广泛，但研究者们的关注点主要集中在态度因素（如工作满意度、组织承诺）和组织氛围感知因素（如组织公平感、组织支持感）等内容，涉及与动机、心理状态相关的因素研究主要以印象管理、一般意义上的心理因素等为主，缺乏更深层面的挖掘。工作使命感作为一种特定的心理状态因素，又兼具强大的内在动机功能，研究其对高校教师周边绩效的影响，为进一步拓展周边绩效前因变量的研究提供了新的方向，有效弥补了现有研究的不足。

2.5.2 工作使命感的研究述评

尽管国内外学者围绕工作使命感的概念内涵、测量以及工作使命感的前因变量和结果变量开展了一系列研究，但从总体上看，目前关于工作使命感的研究仍然是一个相对崭新的领域，还有广阔的空间供研究者进行不断开拓。

（1）从研究内容上看需要拓展新的研究领域。首先，学者们的研究领域主要集中在工作使命感对个体结果的影响上（如工作满意度、生活意义、幸福感）。站在组织结果的角度去探讨工作使命感的结果变量（如工作绩效、周边绩效或组织公民行为等）的研究比较少见。从组织管理角度看，关注工作使命感对组织的影响更具有价值和现实意义。基于此，工作使命感对组织结果的作用机制研究还需要进一步丰富。其次，现有的研究聚焦于工作使命感对结果变量产生何种影响，但是对于这些影响的条件因素的研究却经常被忽略。因此，本书进行跨层次的研究设计，将个体层次的因素和组织层面的情境因素有机结合，深入探讨在不同条件下工作使命感对周边绩效的影响过程，不仅在理论层面进一步丰富了工作使命感的研究内容，而且获得的实证结果也对组织管理实践具有重要的指导意义。

（2）在研究对象上缺乏进一步细分。目前，很多关于工作使命感的研究都指向一般工作领域，即使有些研究指向特定领域，如知识型员工，但总的来说范围还是比较宽泛。如前所述，工作使命感的形成和发展与个体所处的情境是密不可分的。以教师为例，中小学教师与大学教师所处的组织环境不同，对个体的工作使命感可能就会产生不同的影响，进而对工作使命感的结果变量也会产生不同的影响。从目前研究文献看，国外学者对于大学教师工作使命感的相关研究相对匮乏，对国内学者的借鉴意义不大。在国内，工作使命感本身就是一个崭新的研究领域，总体成果都不够丰富，更遑论细分研究对象的问题。由此可见，进一步细化职业环境，针对高校教师这个特定群体开展工作使命感的相关研究需要进一步加强和深化。

2.5.3　工作投入的研究述评

学术界关于工作投入的研究成果已经比较丰富，但还是存在着可以深入拓展的研究空间。

（1）工作投入前因变量的研究成果还需要进一步充实。已有研究发现，个体特征、工作特征和组织因素三大方面构成了工作投入前因变量研究的主要内容。但个体特征方面的研究成果多集中在一些客观因素，如人口统计学变量或者带有天生色彩的变量如人格等，对于心理状态因素的研究也多选取一般意义上的变量，对体现特定心理状态的变量探讨较少。本书将工作投入引入工作使命感对周边绩效的影响机制中，以工作使命感作为工作投入的前因变量，进一步拓展了个体特征因素方面的研究内容。

（2）工作投入作为中介变量的研究成果尚不充足。通过文献梳理可以发现，有学者以工作投入为结果变量，探讨了工作使命感与工作投入之间的关系，也有学者以工作投入为前因变量，探讨了工作投入与工作行为，如周边绩效或组织公民行为的关系。但是很少有学者关注工作投入如何在工作使命感与周边绩效之间发挥作用。此外，目前对工作投入的经典研究就是利用 JD-R 模型来阐述工作投入的前因变量和结果变量。但研究者们重点关注的是各类工作资源对工作投入的作用。虽然 Xanthopoulou（2007）将一般意义上的心理因素（自我效能感、基于组织的自尊和乐观）作为典型的个人资源引入 JD-R 模型中，拓宽了模型中资源的类型和范围，为后续的研究者提供了新的研究视角，但总体上关于"个人资源对工作投入发生作用进而产生积极结果"的研究还很不充分，对于其他类型的个人资源很少涉及。这些研究局限性为本书构建"工作使命感—工作投入—周边绩效"的关系链条提供了新的思路和基础。

2.5.4 人—组织匹配的研究述评

从目前研究现状看，人—组织匹配对组织成员的工作态度和工作行为具有积极的影响作用，并能够有效减少工作倦怠和离职意愿等。这些结论已经得到了广泛的验证，为本书的问题探讨提供了借鉴。但目前的研究还需要在以下方面不断拓展。

（1）人—组织匹配作为条件因素如何对工作态度或行为产生影响的机制研究还需要深入探讨。目前，人—组织匹配对工作态度或工作行为产生直接的影响作用已经得到了很多实证研究的支持。但人—组织匹配作为一种重要的组织情境因素，对工作态度或行为的影响可能不只局限于单调的相关关系，是否存在着调节作用以及这些作用如何发挥还需要进一步揭示和实证研究佐证。

（2）探讨不同匹配如何发挥作用的研究成果需要进一步丰富。人—组织匹配是一个包含多种匹配内涵的综合概念，但是目前的研究更多以人—组织匹配作为一个整体或者从某一具体匹配类型，如"价值一致性匹配"等角度出发，探讨其对工作态度和行为的作用关系，但在研究不同类型的匹配是否发挥不同作用方面的成果需要不断补充和丰富。因此，进一步细化人—组织匹配的类型，分析它们对工作态度和行为的差异化影响作用，可以帮助研究者更为清晰地理解人与环境的互动关系。

2.6 本书相关概念的界定

通过上述文献的梳理，本书已经阐明了周边绩效、工作使命感、工作投入和人—组织匹配的概念以及相关研究情况。基于此，笔者构建了本书对这些概念的理解。

2.6.1 高校教师周边绩效的内涵

高校教师的周边绩效是本书的核心概念之一。本书在综合组织公民行为和周边绩效经典定义的基础上，以高校组织特性和教师的工作特点分析为立足点，构建高校教师周边绩效的内涵。

2.6.1.1 高校组织特性和教师工作特点分析

根据伯顿·克拉克（1994）的观点，高深知识处于高等教育系统的核心地位，是高校赖以生存和运行的工作材料。因此，知识就成为高校组织特性的标志。知识的分化和聚集、学科的规训和知识的自主性为高校形成松散耦合的组织结构提供了前提基础和必由之路（樊平军等，2006）。这种松散耦合的系统导致高校组织的技术核心呈现出多元化和分散化状态，给高校教师任务绩效和周边绩效的划分增加了难度。

高校组织的知识性也让教师的工作具有特殊性。对高深知识进行不同方式的操作就构成了教师的主要工作职责，即教学、科研和服务（伯顿·克拉克，1994）。基于此，教师的工作主要有四方面的特点：①教师以"操作高深知识"为主要工作，在工作过程中包含着教师主体的投入成本（张文修，2006），教师的主体投入成本因人而异，不能用刚性的标准来衡量；②教师的主要工作对象是具有主观能动性的人，这让教师的劳动产出具有不确定性和不可掌控性，工作行为与结果之间是松散联结关系；③知识的专门化和自主性让教师按照各自的学科专业归属保持着一种相对独立、低度联结的工作状态，工作过程不存在统一、规范的技术路线，非结构化特征突出；④知识的发现与创新也让教师的工作变成一种开放的、无止境的任务。

综上所述，高校组织和教师工作的特殊性导致准确规定教师的正式角色行为成为一个难题，教师岗位职责内外的划分标准不可能是一种客观、固定的标准，而应该是一种主观、动态的标准。因此，传统的周边绩效或组织公民行为在高校组织情境下就变成了一个不够明确的概念，可能会引起歧义。本书需要从高校组织特性的角度出发，重新构建高校教师周边绩效的内涵。

2.6.1.2 高校教师周边绩效的内涵

本书在已有周边绩效和组织公民行为研究的基础上，综合高校组织特性和教师工作特点，基于以下几个立场来界定高校教师周边绩效的内涵：

第一，从"绩效是行为"的立场出发定义高校教师的周边绩效，即高校教师的周边绩效是教师在工作中表现出来的组织公民行为。

第二，高校教师的周边绩效所涵盖的行为必须是基于教师自愿的主动行为，即教师对行为执行的程度有一定的自主空间，这些行为履行的好坏程度基本依靠主观判断。在中国文化背景下理解"教师的自愿性"包括两层含义：①周边绩效的行为范围不仅涵盖了 Organ（1988）定义的传统组织公民行为（超出岗位职责规定的行为），也包括处于岗位职责内外界限相对模糊的地带，虽然未给予明示但属于学校对教师隐性期望的主动行为；②周边绩效属于工作绩效中的柔性指标，与学校正式奖励系统存在着间接的或者不确定的关系，这些行为的产生不以获得直接的利益回报为目的。但从长远的角度看，教师周边绩效行为的积累在一定程度上也可以潜在地影响教师绩效评价结果。

第三，高校教师的周边绩效必须是对学校组织发展有利的行为。高校作为一种社会组织，与其他类型的组织一样需要教师提供常规性的利他、合作和奉献等组织公民行为来维护组织运行的良好状态。同时，高校又具有独特的知识属性，它是围绕着"知识"展开和拓展组织活动的，教师还应该提供有利于知识活动持续、稳定运作的主动行为，才能真正促进高校发展目标的实现。从高校的主要活动看，学生的全面发展是知识有效传播的具体体现；教师的专业发展影响着知识操作的整体质量，对学校整体办学水平的提升至关重要。由此可见，有利于知识活动的主动行为必然与学生全面发展和教师专业发展密切相关。因此，高校教师的周边绩效中既包括与其他组织类似的利他、奉献、尽责等常规性的有利行为，也要包括一些促进学生成长和教师专业发展的特定的有利行为。

第四，高校教师的周边绩效应该是多维度的结构，主要发生在学生、教师、学校管理等多个层面的子系统中。

基于上述立场，本书界定高校教师周边绩效的具体内涵为：教师围绕着知识操作活动，即教学、科研和服务等工作，自觉表现出来的一系列有益于学生成长、教师发展和学校顺利运作的主动行为。从这个定义看，主动行为的范围不局限于传统意义上的组织公民行为，在此基础上又拓展了传统概念的外延，将介于岗位职责内外界限模糊地带的行为也包括在内。

2.6.2 高校教师工作使命感的内涵

本书使用的使命感指向高校教师这个特定的职业领域，并聚焦于教师个体层面，主要借鉴 Dobrow 等（2011）的观点来理解高校教师工作使命感的内涵。

本书认为，高校教师的工作使命感是指个体在心中对从事高校教师这个职业所体验到的一种蕴含着强烈的激情、满足感、成就感以及实现人生价值的意义感的主观感受。工作使命感充分反映了高校教师如何看待自己职业的一种心理体验，这种心理体验让教师把人生目标和生命意义与所从事的职业联系起来，从而形成一种具有强烈的意义感和目的感的主观感知。

2.6.3　高校教师工作投入的内涵

本书主要借鉴 Schaufeli 等（2002）对工作投入的经典定义来理解高校教师工作投入的内涵。高校教师的工作投入是指教师在工作中展现出来的一种积极、充实、持久的精神状态，反映了教师将身心，包括精力、热情和专注力等投入到工作角色中的程度，具有比身份认同更深层次的含义。

2.6.4　人—组织匹配的内涵

本书中将"人—组织匹配"作为一个重要的组织情境变量，对其内涵的界定采用 Kristof（1996）关于"人—组织匹配"的综合观点，即人—组织匹配包括三方面内容：价值匹配、需求—能力匹配和需要—供给匹配。价值匹配反映的是高校教师与学校的价值观，也就是组织文化相契合的程度；需求—能力匹配反映的是高校教师自身所具备的能力与学校对岗位要求的能力相契合的程度；需要—供给匹配反映的是学校满足教师个体需求、偏好、欲望等的程度。

本书之所以采用 Kristof（1996）的观点主要有两方面的原因：一方面从管理实践看，教师比较关注这三方面的因素；另一方面与高校教师这个群体的特点密不可分。首先，高校教师更重视精神层面的认同和自尊的需求。价值观的契合比较符合高校教师的精神境界。其次，高校教师是一个具有高自尊感的群体，他们更期望得到同行、学生以及社会的认可和尊重，也非常看重来自外界的评价。当个体能力与任务要求匹配时，会在很大程度上满足教师的心理需求。最后，高校教师的工作具有复杂性和创新性的特点，既需要教师个人的主观能动性，也需要学校提供有力的支持。因此，"需要—供给匹配"也是影响大学教师工作绩效的重要变量。

2.7 本章小结

　　本章主要对周边绩效、工作使命感、工作投入、人—组织匹配等相关概念内涵、测量工具和已有研究成果进行了回顾和总结。总而言之，本书总结当前工作使命感和周边绩效之间关系的研究中存在三个方面的局限：第一，缺乏在中国高校组织情境下的周边绩效维度内涵研究。第二，有关工作使命感对工作结果或者组织结果的影响研究关注力度不足，工作使命感与周边绩效之间的内在联系和作用机制研究需要深入拓展。第三，跨层面研究周边绩效，即个体层面的因素与组织情境因素如何有机结合对周边绩效产生影响的研究还需要进一步拓展和丰富。

　　由此可见，本书的选题具有重要的研究意义。在文献综述的基础上，本书结合研究目的和内容界定了相关变量的概念内涵，为后续构建工作使命感和周边绩效之间关系的理论分析框架奠定了良好的前提基础。

3 理论分析模型构建和研究假设

根据研究问题和研究内容的设计，本书需要从理论层面设计高校教师周边绩效的结构框架，并建立高校教师工作使命感对周边绩效影响机制的理论分析模型，形成研究假设，为后续的实证分析和假设检验提供理论基础。

高校教师的周边绩效是基于"绩效是行为"的立场提出的概念。构建高校教师周边绩效的结构必须依据教师在工作中的具体行为表现，这些行为表现不能凭空想象，应该结合具体个案情况进行分析，挖掘研究线索。同时，本书重点探讨高校教师工作使命感对周边绩效的影响机制，这部分研究在现阶段缺乏成熟的研究成果可以借鉴。

基于上述两点考虑，本章首先通过探索性研究掌握高校教师在实际工作中对"周边绩效"以及"工作使命感与周边绩效之间关系"等内容认识和理解的情况，获取真实信息，为合理构建相应的理论模型提供坚实基础。

3.1 理论分析模型构建的前期基础——探索性研究

Churchill（1995）曾指出，对于很少有学者探讨过的研究内容或者需要研究的内容关乎到本质辨析，可以采用个案研究。通常意义上，个案研究以某个或者某些个体为研究对象，通过观察、面谈、收集文字及影像资料等为研究判断提供依据。通过个案研究可以挖掘一些观点和看法，帮助研究者发现在现实中相关研究变量之间存在的关系，为构建清晰的理论分析模型提供基础。此外，个案研究也有利于研究者了解研究问题与现实存在问题的符合程度，以保证研究结果更加具有现实意义。

根据文献梳理可知，本书涉及的主要内容在现阶段存在着明显的研究不足，无法为研究的开展提供有力的借鉴。因此，本章首先采用个案研究的方法开展了探索性研究，收集丰富的定性材料，对研究所涉及的变量在现实中是否存在以及变量之间存在何种关系进行分析，为后续设计高校教师周边绩效结构维度的框架、构建高校教师工作使命感与周边绩效的关系模型提供直接的实证依据。

3.1.1 访谈提纲的设计

笔者围绕探索性研究的目的设计了访谈提纲，访谈提纲的具体内容参见附录1。访谈提纲的设计主要基于以下几方面的考虑：

第一，了解高校教师工作使命感的实际情况。主要从"选择教师这个职业的目的以及对从事这份职业的心理感受"等角度设计相关问题。

第二，了解高校教师对周边绩效的理解以及具体的行为表现，为从理论层面构建高校教师周边绩效结构维度提供一定的依据。主要从"教师对岗位职责的理解以及在工作中的具体行为表现"等角度设计相关问题。

第三，了解驱动高校教师产生周边绩效的因素，以期为本书构建理论分析模型提供现实佐证。主要从"影响教师产生周边绩效的原因"的角度设计相关问题。

第四，了解组织情境因素对高校教师周边绩效、工作使命感和工作态度等产生影响的情况。主要从"存在哪些外部因素促进或阻碍教师执行周边绩效以及对教师使命感和工作态度产生的具体影响"等角度设计相关问题。

3.1.2 访谈对象的选择

由于本次访谈的目的不是构建量表，而是发现和了解相关变量在高校教师实际工作中存在的具体关系，以期能为理论分析模型的构建提供实证依据，也为未来的高校教师管理策略提供建议，因此，在访谈对象的选择上确定了两个原则：

（1）选择学校中不同岗位的教师作为访谈对象。如前所述，周边绩效实际上是一种情境绩效，不同群体对它所包括的行为范围在认知和理解方面可能会存在着一定差异。选择处在不同岗位的教师作为访谈对象可以全面了解教师周边绩效的实际情况。基于此，笔者选择的访谈对象既包括普通教师，也包括"双肩挑"教师，即既从事一线教学科研工作，又担任一定的行政或学术职务。

（2）考虑到人口统计学因素可能会对相关变量产生影响，选择访谈对象时尽可能照顾到年龄、学历、学科、职称、工作年限等分布情况。

根据上述原则，随机选择了 16 名访谈对象，具体情况如表 3-1 所示。确定每位受访对象的访谈时间为 1 个小时左右。在正式开始访谈前，笔者与每个访谈教师仔细说明了访谈的目的、主要内容、所涉及变量的具体内涵，以帮助受访对象对于访谈问题的正确理解，并就研究伦理等问题与被访对象进行沟通。

表 3-1　访谈对象基本情况

序号	访谈人	性别	年龄（岁）	职称	学历	学科	岗位职务	工作年限（年）
1	张＊＊1	男	50	讲师	硕士	经管类	普通教师	25
2	董＊	男	55	教授	博士	理工类	系主任	30
3	张＊＊2	女	45	副教授	博士	文史类	普通教师	15
4	韩＊＊	女	46	副教授	硕士	经管类	普通教师	24
5	何＊	女	40	副教授	硕士	文学艺术	二级单位主管科研负责人	20
6	李＊＊1	男	51	副教授	本科	文史类	二级单位师资管理负责人	37
7	王＊＊	女	35	讲师	博士	理工类	普通教师	5
8	高＊	女	40	讲师	硕士	文学艺术	普通教师	15
9	都＊＊	女	47	副教授	硕士	文史类	普通教师	22
10	张＊	女	46	副教授	硕士	理工类	二级单位主管教学负责人	20
11	鲍＊＊	男	51	教授	博士	经管类	二级单位负责人	18
12	徐＊	女	38	副教授	博士	经管类	专业负责人	13
13	孙＊	女	35	讲师	博士	经管类	普通教师	10
14	朱＊＊	男	37	讲师	博士	理工类	普通教师	6
15	袁＊＊	男	41	副教授	博士	理工类	二级单位主管教学负责人	15
16	李＊＊2	男	48	副教授	硕士	经管类	系党支部书记	15

3.1.3　访谈资料的分析

3.1.3.1　高校教师工作使命感和周边绩效的现状分析

3.1.3.1.1　高校教师工作使命感的分析

在访谈过程中，受访教师对"为什么选择高校教师这一职业"的回答中，有 7 名教师因兴趣和喜爱选择了这个职业；有 2 名教师认为最初选择高校教师这份工作是因为工作时间灵活，跟年轻人在一起有朝气，生活状态会很好；有 3 名教师受家庭传承的影响；有 2 名教师因原来的工作单调没有意思选择了教师岗位；2 名教师为解决就业问题进入高校。尽管各位老师最初选择进入高校的想法不尽相同，但是在谈到"从事高校教师这份职业的总体感受"时，大多数老师的观点都基本一致，在谈话中出现最多的字眼是"成就感""满足感"和"有价值、有意义"。

从访谈资料中可以看出，绝大多数受访对象选择高校教师这个职业都不是基于"工作导向"的价值定位，为工作使命感的形成奠定了良好的基础。同时，大多数受访教师都以自身为例证明了高校教师这个职业群体是具有较高的工作使命感的。如下所示：

张老师在访谈时提到自己对高校教师这份职业从"不喜欢"到"喜欢"的心理变化，主要的原因就是觉得教师这个工作很有意义。"我的父母都是高校教师，我受家人的影响也成为了一名高校教师。坦率地说，我其实在最开始的时候并不喜欢这个职业，因为跟父母接触的时间最多，感觉知识分子都比较严厉、较真和古板。但随着在高校工作的时间越长，自己接触到教学和科研工作越久，越来越觉得这份工作很有意义，自己能够做学术研究并将成果传播分享出去，对社会非常有价值，教书育人就更不必说了。我自己很清楚教师的工作很辛苦，工资也不高，如果找其他工作的话可能薪酬还挺高的，但我能够体验到这份工作的意义和价值，所以再让我做一次选择的话，我还是愿意从事这个职业。"（资料来源：张＊＊2，女）

另外一位张老师的谈话内容让笔者深深感受到她内心充满了对教师这份职业的满足感和责任感。"我觉得教师是一个很神圣的职业，所以核心问题就是责任感和使命感在起作用。对学生的关心和指导让我提升了自信，找到了一个能够很好帮助他人的渠道，学生对我付出的认可和回报能够让我充分体会到当教师的最大的乐趣和满足，这些都不是拿多少工资或者晋升多高的职务所能替代的。还有，我在工作中也积累了一些经验，把这些经验和心得跟刚入校的青年教师分享一下，带头开展课程改革等，我都觉得挺有意义的，这可能就是工作使然吧。"（资料来源：张＊，女）

韩老师也说到工作中的成就感让自己对高校教师这份工作的认识发生了转变。"我在高校工作了这么长时间，当初选择成为高校教师的理由已经有所改变。最初选择当教师是因为可以不用坐班又能跟年轻人在一起，应该会是一份很轻松愉悦的工作。但现在看来，高校教师的辛苦和压力真的不像外人表面上看到的那样，但是随着工作的时间越来越长，我越来越喜欢这份工作，我喜欢跟学生在一起，看到学生能从我这里获得成长和发展，心中就充满了成就感，我觉得高校教师的意义就在于此吧。高校教师的工作是一份良心活儿，教师必须要有使命感。"（资料来源：韩＊＊，女）

王老师从兴趣和成就感的角度谈到了自己内心对高校教师的感受。"我就是喜欢教师这个职业。教师很辛苦，白天上课、处理一些行政上的杂事，晚上要进实验室做实验、写项目文本，我周围的年轻教师目前都是这种状态，但是工作轻松对我来说是没有吸引力的，我就喜欢做教学和科研，当你发现经过自己的努力后，在你的课堂上原来看手机的学生不看了，开始听你讲课了，就会特别开心，觉得多少付出都是值得的。当你做项目时，在某个时间突然有了突破，就会有成就感和价值感，工作成就感对我来说还是很重要的。"（资料来源：王＊＊，女）

都老师上大学报考的就是师范专业，对教师这份职业也很认同，认为很有价值。她说："高校教师的辛苦是比较隐性的，工作和休息的时间界限比较模糊。尽管很累，但是不后悔，如果重新选择还是要选择当教师。教师这个职业更多是有益于人和社会，对社会是非常有益的，是其他职业不能比的。当看到学生有很好的发展，能够顺利进入工作岗位，能够取得一定成绩时就会感到很欣慰，这种成就感和价值感不是用物质所能替代的，内心感到非常充实。"（资料来源：都＊＊，女）

从鲍老师的谈话中，笔者能够体会到他在内心深处已经将兴趣与工作完美结合了。"大家都说高校教师的工作很辛苦，但是我个人觉得并不辛苦，因为我能从中感受到乐趣。这份工作源于我的兴趣，我自己也觉得很有意义，能从中得到满足感。对待工作实际上和我们对待生活的态度是一致的，生活的过程就是寻找乐趣，而且一个人生活一辈子总要过得有点意义。我在当教师的过程中就找到了乐趣和价值，也获得了满足，这就是我生活的一部分，就无所谓辛苦不辛苦了。"（资料来源：鲍＊＊，男）

徐老师也明确表示在工作中体会到的满足感和成就感让她无悔于教师这个职业的选择。"高校教师确实很辛苦，压力也很大，但自己不后悔选择教师这个职业。这个职业带给了我很多满足感和成就感。比如，我有时候会看学生对我的评价，看到评语时特别感动，说热泪盈眶有点夸张，但我能感觉到我的努力和付出，学生们都看到了，也很认可。对工作的责任感和使命感就因此而生吧。"（资料来源：徐＊，女）

3.1.3.1.2 高校教师的周边绩效现状分析

在访谈过程中，笔者也发现受访教师对于高校教师周边绩效的认识和理解基本一致。受访教师认为依据岗位职责内、外的标准来划分周边绩效比较模糊，主要原因在于高校教师的工作时间和休闲时间的界限不清晰，很多工作也不是岗位职责一纸说明书能描述清楚的，而且教师也不应该完全借助制度的约束来履行职责，一些工作的完成需要依赖教师的主动性和自觉性。所以，用"教师的自愿行为"来说明周边绩效的内涵比较贴切。同时他们也明确表示，这些自愿行为是无法用学校现行的绩效评价标准来衡量，但在日常工作中是普遍存在的现象，绝大多数的教师或多或少都在做，只不过有的人表现得很突出，而有的人表现得不太突出或者说做的不多而已。

王老师认为反映教师周边绩效的行为在日常工作中很普遍。"对教师来说，这些行为太多了，比如课余时间指导学生做项目、与学生沟通交流就是我们的常态，不只是学业方面的，更要关心他们的心理和发展问题；还有很多工作，比如我们专业招生不太理想，老师都自觉地去校外做宣传。再有就是，系里的老教师们也都会主动跟我们青年教师分享经验、指导我们教学等，没有谁计较哪些是文件规定的，哪些不是文件规定的。在考核的时候学院也不太关注这些事情，但是我们周围的教师还是自愿做这些事情，大家都觉得这样做无论对学生还是对系里的工作都很有帮助。"（资料来源：王＊＊，女）

董老师从管理的角度谈到了对周边绩效的看法。"对于企业来说，产出是物，可以进行标准化控制，但是高校的'产品'是学生，是人，所以高校教师的工作产出是不可控的，投入多未必能够收获多，教师有很多自主性的隐性投入，这些投入无法用物质或者数值的标准来量化。从具体的行为表现形式上看，比如教师主动进行课程改革、创新教学方法、主动与其他教师进行学术交流和分享、主动参与团队建设工作、主动参与学校的各项活动、有意识地维护学校形象等。这些隐性投入是必不可少的，而且教师们或多或少都在做，教师的这些主动付出实际上也是教师成长发展的一部分。"（资料来源：董＊，男）

两位张老师以自己和同事的真实案例证明了教师周边绩效行为的存在。

一位张老师说："岗位职责上规定的任务是不能完全涵盖教师全部的工作的。例如，我每天的午餐和晚餐时间大多数都是和学生在一起的，要跟学生沟通他们成长过程中的问题，有学业方面的、生活方面的和心理方面的等，这些在岗位职责中没有明确的规定，也不可能或者说没有必要做这么详细的规定。我还有一个同事，一直是讲师，他可能也不会再有晋升高级职称的想法了，但是这位老师每周都要组织本科生开读书会。现在很多学生也是比较功利的，他们不愿意开读书会，我的这个同事就一个一个地动员学生来参加读书会，这个工作很费劲，但是他觉得多读书多分享这件事情对学生很有好处，无论考核不考核，他都想这么做。实际上，我们的很多老师平常都做了很多这样不在岗位职责里也没有利益回报的事情。"（资料来源：张**2，女）。

另外一位张老师提到自己曾经当班主任的经历时说到："我给每个学生都打印了成绩单，跟学生一个一个地谈学业问题，每个学生至少谈两轮，有的学生可能还不只两轮，跟每个学生确定自己的学习目标，每学期都会给每个学生写一封信，定期给学生买小礼物，鼓励学生。这些事情都是我自己主动做的，学院对班主任的要求不会这么细，自然也就不会考核了。但我当时就觉得这样做能够对学生有帮助，就应该这样做。"（资料来源：张*，女）

何老师和韩老师结合自己的体会谈到了教师周边绩效存在的重要性。

何老师说："我自己主动进行教学改革，做慕课建设，很多人都劝我别做这些了，因为建慕课的工作量还是比较大的，但是我自己坚持完成了，我从来没有做过一项工作是半途而废的，我自己觉得学校要发展就需要教师主动去做一些额外的事情。"（资料来源：何*，女）

韩老师也谈到："我就喜欢琢磨教学改革的事情，我自己也尝试了很多改革，比如案例教学、翻转课堂等。这些事情也不是强迫我必须做，系里也有一些老师认为没有必要这么辛苦，但我就觉得这样做教学效果好，学生会愿意上我的课，而且能从我的课堂上获得很大的收获，甚至可以影响到学生未来的职业选择。如果大家都是把该完成的课时上完就了事了，对学生和学校带来的影响都不会好。"（资料来源：韩**，女）

徐老师从自己成长经历的角度谈到对周边绩效的认识："我自己从进入学校开始就做了很多额外的工作，包括学生方面、专业建设和课程改革方面等。这些工作都是我自愿去做的，比如，我的课程设计了学生小组学习的方式，小组学习效果评价的难点是如何预防'搭便车'的现象。我自己主动利用课余时间参加学生们的交流讨论活动，每个小组至少参加一次，了解学生的学习情况。这件事情不仅让我充分了解了学生的学习状态，也发现了学生很多的闪光点，对我的教学也有很大启发和促进。所以，尽管很费精力和时间，但我不后悔，我虽然付出很多，但我认为也收获了很多，我的成长与做这些工作密不可分，我的付出无论是学生还是我周围的教师都看在眼里，我自己的努力和奉献让周边的小生态环境变得很好，对我自己的本职工作也非常有利。"（资料来源：徐＊，女）

当然，笔者在访谈中也了解到，目前在高校教师群体中确实也存在着一些周边绩效水平较低的教师。在涉及"您觉得您周围有没有只按照学校规定的岗位职责做事情，对其他工作都不太关心的教师？"这个问题时，只有1名教师明确表示没有，其余教师都认为存在着一定数量的这样的教师。如：

孙老师根据自己在日常工作中的感受谈到这个问题："我们学院这样的教师还不是少数，所以学院就尽可能将教学、科研和社会服务工作量化，折算成绩效点数对教师进行评价。有些工作没法量化，做的人就比较少。"（资料来源：孙＊，女）

李老师从师资管理的角度谈到这个问题："确实存在着一批教师只盯着学校规定的一些硬性指标，当然这些硬性指标跟职称晋升有着密切的关系，所以有的教师目标就很明确，就是写论文和做项目。教学完成课时就行了，对学生不太负责，至于其他的工作，如教学改革还有系里或者学校里的一些服务工作都和自己关系不大。"（资料来源：李＊＊1，男）

都老师明确表示身边确实有周边绩效水平相对较低的教师存在，但也表示理解："大多数教师都是愿意额外付出的，从职业道德上讲，教师是自带责任感和使命感的，同时社会上也普遍认为教师就是一个奉献的职业，但是教师也是人，也要生存和发展，因为确实无法获得直接的利益回报，尤其是对一些青年教师来说，学校规定的科研任务很繁重，他们不做也是能够理解的。"（资料来源：都＊＊，女）

朱老师结合自己的实际情况很无奈地表示："像我这样的年轻男老师，自己的压力很大，不仅是工作上的压力，还有生活上的压力，我的精力也有限。目前学校考核或者评职称主要就看发表了多少论文、主持了什么级别的项目、获得了多少经费。所以我也只能优先完成这些看得见、摸得着的工作，才能早点评上高级职称。"（资料来源：朱＊＊，男）

综上所述，高校教师的工作使命感和周边绩效不只是理论层面的概念，也的确存在于现实生活中。通过访谈也发现，从整体角度上看，高校教师确实是一个具有较高工作使命感的职业群体。同时，大多数受访教师都认可周边绩效对学校、学生的重要作用，也一致认为教师的周边绩效总体水平相对良好，但也确实有一些表现不够理想的教师，高校教师的周边绩效还存在着进一步提升的空间。由此可见，受访教师的观点为本书研究的必要性和合理性提供了有力支撑。

从上述访谈资料中，笔者也提取了受访教师在日常工作中表现出来的周边绩效具体行为的展现方式，主要包括以下四个方面：

（1）牺牲业余时间对学生提供关怀和指导行为，如利用课余时间对学生进行项目研究、小组学习、召开读书会等学习活动进行指导，主动关心学生的心理状况、成长发展情况，给予疏导和鼓励。这些行为表现主要围绕着育人的工作。

（2）教师之间主动进行学术交流和分享活动，如老教师对青年教师的指导和经验交流、团队之间的学术分享等。从高校组织和教师工作所具有的学术特征看，知识共享行为应该是教师工作的一个基础，是促进学术创新的基本保障。

（3）教师积极开展教学改革和教学创新的行为，如教师主动开展教学模式和教学方法的改革与创新等。

（4）教师主动参与学校活动、维护学校形象的行为。这些行为充分体现了教师以"主人翁"的心态对待学校的一种责任意识，也反映了教师对学校的认同。

由此可见，教师是围绕着教学、研究和社会服务三大基本工作职责展现周边绩效的，这也进一步验证了周边绩效确实对教师的任务绩效起着积极的促进作用。

3.1.3.2　工作使命感和周边绩效之间的关系分析

本书以"哪些原因促进您去完成岗位职责不能涵盖或者在岗位职责里没有明确说明的工作""根据观察，您认为导致某些教师仅限于完成岗位职责的原因"等内容为切入点，了解受访教师的看法，以寻找高校教师工作使命感与周边绩效之间的关系线索。在总结受访教师对"影响高校教师周边绩效的因素"的看法时发现，大多数受访教师对"工作使命感能够影响周边绩效"这个观点表示赞同，有些教师更是非常明确地表示驱动教师周边绩效的动力就源自内在的使命和责任。教师的这些观点为本书建立工作使命感与周边绩效的关系路径提供了实证依据。

张老师和李老师从相对宏观的角度表达了工作使命感对周边绩效的促进作用。

张老师认为，"高校教师的职业与企业和行政单位都不一样，教师主要面对的是学生的成长和发展，而企业面对的是事、物和领导。所以，企业员工提供周边绩效的背后可能有利益的驱动，但是高校教师周边绩效的主要驱动力更多的是使命、责任，没有过多的利益驱动"。（资料来源：张＊＊1，男）

李老师也谈到,"作为一名高校教师,对自己要有要求,应该做什么和不应该做什么要非常明确,很多工作可能都是隐性付出,表面上看不到,但是学生需要、学校需要,老师就应该做,是教师的责任感和使命感驱动你去做"。(资料来源:李**2,男)

韩老师、徐老师和袁老师都结合自己的体会表达了工作使命感对自身工作行为的影响。

韩老师表示,"我看到学生有收获就特别有成就感和满足感。这些成就感和满足感又进一步激励自己更愿意琢磨教学改革的事情并为此付出努力。这个过程确实挺辛苦的,但是我心里是很自豪的,一想到能够惠及更多的学生,我就想去做这些事情,这种想法是发自内心的,即使考核不认可也没有关系"。(资料来源:韩**,女)

徐老师也谈到,"要说动力的话,我从未从功利的角度想过这些工作(周边绩效)能给我带来什么,我做这些就是工作使然。如果非要说能有什么好处,那就是在很大程度上对学生好、对学校好。比如,我关心学生、我做教学改革都是觉得学生能够受益。教师的最高境界不就是成就学生嘛。所以,就是一种责任感或者说使命感驱动我做这些,没有奖励和激励也照样会做"。(资料来源:徐*,女)

袁老师说:"我之所以要做这些(周边绩效),是因为我觉得只是个人强是不行的,我更希望我所在的团队、所在的学校也能取得很好的成绩,我希望得到学生的认可,看到学生或者青年教师是在我的指导下成长我更有成就感,我觉得这就是我的事业。"(资料来源:袁**,男)

根据本书的研究思路,高校教师的工作使命感可能会通过工作投入影响周边绩效。尽管受访教师在访谈过程中并没有明确提及工作使命感和工作投入的关系,但从他们的谈话内容中可以梳理出一条隐性线索:教师对工作目的和意义的不同理解,会反映在对待工作的精神状态上,进而影响到教师的周边绩效。受访教师普遍认为,如果教师在心中能够充分感受到工作的意义和价值,把工作与使命联系起来,而不是把工作仅仅看成一种谋生或者打发时间的手段,他们就会把更多的精力和心思放在工作上,对自己岗位职责的理解就会更宽泛,把很多学校没有明确规定的工作都纳入自己的职责范围内,从而产生较高的周边绩效。

董老师、何老师和两位张老师都表示,如何看待工作的意义和价值是影响教师工作状态进而影响周边绩效的一个重要因素。

董老师认为,教师对工作的认识程度不同会影响到其工作投入和周边绩效行为表现。他从管理的角度谈到这个问题："对于任何组织来说，都需要员工的主动付出行为，对于教师这个职业来说更是如此，教师的主动付出对学生、对学校都是非常重要的。但是目前教师们对工作的认识不同会产生不同的结果。我们发现，但凡周边绩效比较高的教师，他们对工作有着更高的追求，将工作与个人的成长发展和自我实现联系起来，所以能够全身心地投入到工作中去。这种情况下，他们就会把一些岗位职责中没有明确要求的工作都看作自己分内的事情，而不是额外的负担和麻烦，自然就会主动去做。"（资料来源：董＊，男）

一位张老师结合自己在管理工作中的体会说："我认为有些教师整天混日子（没有周边绩效），根本原因就是把工作当成打发时间的手段或者就是把学校当成一个跳板。像我们信息类专业的一些女老师，丈夫都已经很有成就了，自己来工作就是为了不当家庭主妇，高校教师不用坐班，说出去也比较体面，所以整个人的心都不放在工作上，对学院规定的任务都觉得是负担，就更不可能期望她们能够有额外的奉献。"（资料来源：张＊，女）

另外一名张老师也根据周围一些教师的工作表现说："教师有责任多奉献、多付出，即使这些工作没有纳入学校现有的考核体系中。高校教师作为典型的知识分子，是一个有很强自尊的群体，当他们把工作看作一件很有意义的事情时，他们自然而然地觉得这些额外付出都是他们应该做的事情。当然也有些教师，在他们的主观意愿中就认为工作是为了谋生，没有那么多的责任感和使命感，也不可能把更多的精力和心思放在工作上，所以也就不可能要求他们产生更多的周边绩效。不过，这种现象也是可以理解的，毕竟现在的青年教师压力还是很大的。"（资料来源：张＊＊2，女）

何老师也深有感触地说："就是上进心和责任心影响了我愿意多做一些事情。那些人和心都不在工作上的教师从本质上就是把工作仅当作一种谋生的手段，拿多少钱，干多少活，没有把太多的精力放在工作上，这种状态怎么可能让他们多付出呢？"（资料来源：何＊，女）

鲍老师、高老师和韩老师从自身的角度出发，谈及工作的意义对自己的工作状态和工作行为的影响。

鲍老师说："我自己很喜欢高校教师的工作，正是源于这种喜欢，我把工作融入我的生活中，生活不就是要寻找乐趣嘛。所以我对待工作是一种积极向上的态度，这种态度让我自己愿意多做一些事情，实际上我也不觉得做这些事情是额外的奉献，也不觉得很辛苦，因为对我来说是乐趣，对他人和学校又有帮助，就

是我应该做的。"（资料来源：鲍＊＊，男）

高老师在谈到工作目的对自己的影响时说："驱动我做这些（周边绩效）的原因只有一个：我就想做一名好老师，这就是我的事业。岗位职责要求的那些可能只是作为一名教师的基本要求，好老师是没有标准的，全在于你自己怎么理解'好老师'的含义。每个人的理解不同，自我努力的程度也会不同。我愿意将全部的精力放在工作上，我主动进行若干次的改革尝试，与学生进行无数次的沟通，都不是为了应对学校的考核，实际上是为了实现我心中的这个理想，这个初心一直不变。所以，对我来说任何标准都没有影响，那些标准都是量化的，但我自愿做的这些工作本身就不可量化，对学生时间、精力和情感的付出都是不可量化的。"（资料来源：高＊，女）

韩老师说："我知道教师的工作对学生有多重要，所以我就喜欢琢磨教学方面的事情。比如，我自己给金融学实验班的学生上全英文授课的国际金融，为了讲好这门课，我那个学期每天除吃饭和睡觉外，所有的心思都在琢磨课程内容怎么安排、采用什么教学方法能调动学生在课堂上主动交流等，我在教学过程中设计了各种活动吸引学生参与。那个学期下来感觉特别累，但是在当时备课的时候我自己完全沉浸进去了，不觉得这是额外的事情，反而觉得就应该这样做。"（资料来源：韩＊＊，女）

3.1.3.3 组织情境因素的影响作用分析

本书以"您认为目前外部因素会不会影响您对教师这份职业的使命感以及对待工作的态度""您觉得目前在学校里存在哪些因素能够促进或阻碍教师主动提升周边绩效"等问题为切入点，探索组织情境因素可能会对高校教师工作使命感、工作投入和周边绩效产生的影响。

在回答"外部因素是否会对教师的工作使命感以及对待工作的态度产生影响"这个问题时，大部分教师普遍认为外部因素对教师工作使命感的影响不会太大。其中，鲍老师和徐老师的观点比较有代表性。

鲍老师认为制度无法影响价值观的问题，他说："我觉得工作使命感或者对待工作的态度实际上是价值观的问题。制度的问题是客观存在的，无法改变，若因为制度存在问题就不努力，就没有责任感了。这些不是制度影响的，从本质上是受价值观的影响，关键在于自己如何看待这份工作、如何看待生活。所以，制度不能影响价值观的问题。"（资料来源：鲍＊＊，男）

徐老师则表示，与使命感相比，制度的影响很有限。她认为，"外部的制度导向有时候可能会起作用，但我觉得制度更多是一种形式，不是主要的影响因素，这些可能还是与自己对职业的理解、期望和认同有关系。对自己工作有使命感的人，外部环境好与不好可能都不会影响他们的敬业和奉献。制度可以规范或者量化外显行为，但是不可能规范或者量化教师对工作的责任心，而且从工作中获得那种成就感和满足感也不是物质奖励所能给予的"。（资料来源：徐＊，女）

也有教师从"如何促进工作使命感或工作投入偏低的教师改善周边绩效"的角度出发提出了自己的看法，为本书思考"组织情境因素如何在高校教师工作使命感和周边绩效之间关系中发挥作用"这个问题开辟了一个新思路。

高老师认为，"对于工作使命感比较强的教师，他们也能全身心投入到工作中，对于外部环境是否有利并不太关注。但是如果外部政策环境很好，可能会对工作使命感偏低或者工作投入不高的教师产生一点激励作用，就类似于企业的文化建设一样"。（资料来源：高＊，女）

在回答"您觉得目前在学校里存在哪些因素能够促进或阻碍教师主动提升周边绩效？"这个问题时，受访教师分别从阻碍和促进两个角度谈到了外部因素对周边绩效的影响。

有四位教师明确提到外部的评价制度也会对高校教师周边绩效的提升产生一定的不良影响。

袁老师结合工作中的实例说道："目前的评价制度导向使一些教师比较功利，例如，我们部门要求教师要主动给学生答疑，还应对学生提出质疑，但是质疑的标准就不好衡量，效果也不可能有明确的要求，所以一些老师就不做，他们觉得反正也没办法考核，做了也得不到相应的回报，与自己评职称也没什么关系，反而浪费了不少精力，不太划算，所以就不干。"（资料来源：袁＊＊，男）

李老师也认为制度就是指挥棒，他说："有的老师目的性很强，就根据考核指标完成任务，多做一点奉献都认为是一种负担。"（资料来源：李＊＊2，男）

另外一位李老师在管理实践中深刻体会到硬性的考核标准对教师周边绩效产生的影响。他说："有些工作教师本来不愿意做，但是要求必须做，就像评职称一样，老师就得做一些，硬性指标对教师有影响，这样让他们先能做，可能在做的过程中也能体验到一些乐趣，慢慢地也就都做了。"（资料来源：李＊＊1，男）

韩老师从自己的亲身经历谈到现行的评价标准对教师的周边绩效产生了不利影响。她说："我们的评价标准过于单一，虽然在顶层设计上也强调评价标准要多元化，但真正落实评价多元化好像很难。现在很多高校的考核标准都是论文、项目、经费等，教师主动参与的专业改革和课程改革都不算数，教学质量评价也只是一个学生评教，其他就没有了，我在上一个聘期做的各种质量工程项目都不算，考核差点不合格。因为我自己本身就愿意琢磨教学的事情，所以我一直坚持做，但是对于其他很多教师来说，不计入考核指标，可能会影响他们对这些工作的主动付出和努力。"（资料来源：韩＊＊，女）

还有一部分教师从正面的角度出发谈到一些外部因素会对教师的周边绩效产生促进作用。这些外部因素主要涉及文化氛围、岗位能力匹配以及学校对教师的需求满足等内容。

有一部分受访教师从组织文化氛围建设、榜样的价值引领等角度谈到外部因素对周边绩效的促进作用。

张老师、董老师和何老师都直接从学校或教师团队文化氛围建设的角度谈到这个问题。

张老师表示，"教师团队文化也是一个重要因素，如果团队领导是一个工作很有责任感、工作很投入的人，与成员之间能够形成良性互动，团队成员之间的价值观比较匹配，让大家对成就、价值实现的理解有一个共识，这样的氛围可能对周边绩效有很大的积极影响"。（资料来源：张＊＊1，男）

董老师也提到类似的观点，"良好的文化氛围会对教师的周边绩效产生影响，如果大家都积极向上，都不太计较利益得失，周边绩效水平自然提高"。同时，他也指出，"学校要考虑教师的不同发展需求，营造环境让他们能够体验到尊重、认可、精神上的愉悦感等，这些都可以激励教师的额外付出行为的产生"。（资料来源：董＊，男）

何老师也赞同组织文化的积极作用，"学院内部就要营造积极向上的氛围，帮助老师将工作目标和个人发展目标有机地结合起来，激励教师多努力、多付出"。（资料来源：何＊，女）

徐老师和李老师从更深层次的角度谈到学校应该从激发高校教师精神层面的动力入手去改善教师的周边绩效。

徐老师认为，"从精神层面对教师进行洗礼，把'立德树人''课程思政'等观念真正落到实处，让教师能够有精神认同，教师的价值观与学校提倡的'立德树人'一致或者教师团队成员都积极向上，自然会影响到教师的周边绩效"。（资料来源：徐＊，女）

李老师也说："在精神层面激励教师，要让教师认可这个职业，让教师真正

感受到成就感和意义，教师自然就会多付出。"（资料来源：李＊＊1，男）

有三位受访教师认为可以树立典型榜样，通过示范引领，让教师在情感和价值观上对周边绩效产生强烈的认可度，进而促进其增加这些行为表现。

李老师强调了榜样示范的作用，他说："我觉得学校应该做一些价值观方面的改变，要营造师德的氛围，树立一些典型榜样，师德传承很重要，榜样的人格魅力对教师的影响是很大的。"（资料来源：李＊＊1，男）

袁老师也认为树立榜样很有必要，"学校应该营造良好的氛围，树立一些榜样，让教师都能感受到学校对这些行为（周边绩效）的认可"。（资料来源：袁＊＊，男）

张老师结合切身体会说到榜样示范的重要性，"另外，可以多树立一些榜样教师，让大家学习，起到引导作用，时间长了应该会有改善。我自己就有体会，我刚从日本留学回来的时候参加教研室组织的学生毕业论文答辩，开始感觉不太好，教师对学生批评得多、指导得少，这和我在日本学习时的体验感觉不一样（在日本，教师少批评、多鼓励，并且会给学生提出更多的具体建议），所以我每次发言就有意识地去给学生更多的指导，我发现几个学期下来，其他老师也在逐渐向这个方向转变，这就说明有人引导还是有效的"。（资料来源：张＊＊2，女）

另外一部分受访教师提到了岗位与能力的良好匹配也是一个能够激励教师周边绩效的有效手段。

有两位张老师都表示，如果让教师去做与其更匹配的工作，会促进他们对学校的额外付出。

一位张老师说："分工也很重要，让每个人都有合适的工作量和工作要求也能促进教师的周边绩效。"（资料来源：张＊＊1，男）

另一位张老师也认为："我感觉组织环境对我相对远一些，没有考虑的特别多，但是我觉得如果让教师去做和他们更匹配的工作，不让过多的行政工作或过高的工作要求干扰他们，这些有可能会促进教师进一步提高对组织额外付出的意愿。"（资料来源：张＊＊2，女）

有三位受访教师从推动教师分类发展的角度出发谈到岗位与能力匹配的激励作用。

袁老师说："学校应该分类指导，让不同的教师与岗位充分地匹配，促进教师的多样化发展，在一定程度上可以改善周边绩效。"（资料来源：袁＊＊，男）

李老师也赞同这种观点，他认为，"要考虑教师的分类发展，将教师个人能力与岗位要求更好地匹配起来，充分发挥教师的优势，合作互补，形成团队，让教师都能有余力并且心情愉悦地为学校做贡献"。（资料来源：李＊＊2，男）

都老师也提到岗位匹配的问题，她说："希望学校在职责标准设计上更科学一些，与教师现有基础和能力更契合。本来教师的人性假设就是愿意奉献的，即使没有激励，绝大多数教师也都是在奉献，如果学校能够多提供一些有利条件，可以更好地激励教师，对那些不太想奉献的教师也可能有促进作用。"（资料来源：都＊＊，女）

此外，一部分受访教师认为学校可以通过满足教师的需求激发教师的主动行为。

董老师、何老师以及张老师从相对宏观的角度提出建议。

董老师说："当然，目前教师的工作很多，压力也很大，特别是青年教师，感觉到自己的精力、能力和繁多的工作之间有矛盾，单是科研方面的压力就让他们很难腾出时间去做其他事情。学校应该考虑教师的需求，分析不同教师的关注点是什么，结合这些关注点制定一些政策和措施，应该能够起到比较好的激励（周边绩效）效果。"（资料来源：董＊，男）

何老师认为目前教师的个性化需求得不到充分满足，进而影响了教师的主动行为意愿。"我认为目前的管理还不够精细化，我们更多考虑到的是普适性的东西，对于教师个性化的需求考虑的还不多，在一定程度上会影响到教师的工作积极性。"（资料来源：何＊，女）

张老师从评价的角度提出建议，"其实，教师更看重的是学校对其额外付出的认可，不一定是物质奖励，可以是多种形式。所以，学校在制定政策和措施的时候，应该多考虑一下。比如对教师的工作评价，不仅要看结果，也应该适当看一下过程，有些工作的过程变化可以衡量教师的努力程度，可以建立横向和纵向比较相结合的办法来综合考察教师。再比如，可以设立专项机制为那些一直在努力奉献的老师提供更多的发展机会或者奖励措施等"。（资料来源：张＊，女）

韩老师、王老师和高老师都是结合自身的体会，从微观的角度谈到具体建议。

韩老师认为，"目前我感觉组织的政策和环境没有满足我的需求，比如，我自己很愿意琢磨教学的事情，在教学改革方面也投入了很多精力，但我自己主持或者参与的一些课程改革或者质量工程项目在学院考核时都不承认。我想，如果学校能够给老师提供更多的支持，我相信教师们不会不投入的"。（资料来源：

韩**，女）

王老师建议，"目前学校给我的感觉就是很多东西变化太快，我们天天都在忙着适应变化，希望学校能够营造一个相对稳定的环境，让我们把更多的精力都投入到教学和科研工作上，我们都乐于奉献"。（资料来源：王**，女）

高老师也谈道，"如果学校能够满足教师更多的需要，例如，很多教学改革都需要尝试，如果学校能够为教师提供更大的自主权，为教师提供更充足的经费和一些宽松的政策等支持，这些都能激励教师增加周边绩效"。（资料来源：高*，女）

通过对访谈资料的分析可以看出，教师在谈到外部环境对周边绩效的影响时，主要涉及三方面的因素：组织文化氛围［价值观是组织文化中最基本和最持久的元素（O'Reilly，1991）］、能力与岗位匹配程度以及学校对教师需要的满足程度。由此可以说明教师在实际工作中对这三方面因素比较关注，它们对教师的周边绩效、工作投入等变量确实产生了一定的影响。教师对组织情境因素的关注点符合本书对人—组织匹配概念内涵的理解。因此，这些访谈资料可以进一步说明本书引入人—组织匹配变量具有一定的合理性。

不过，本书通过访谈获得的更多证据是关于组织情境因素对周边绩效的直接作用。关于组织情境因素如何对工作使命感、工作投入与周边绩效之间关系产生具体的影响没有获得充足的证据，还需要寻找进一步的理论依据，主要原因可能是，本次访谈的主要内容与工作导向的价值定位、日常工作状态和行为表现紧密相关，所以很遗憾不能充分挖掘到一些反例。

在访谈过程中，笔者能够感受到绝大多数受访教师都具有比较强烈的工作使命感，对工作也很敬业，所以无论外部环境是否有利，可能都不会影响他们的行为表现，这也是大多数受访教师都认为工作使命感不会受到外界因素太多影响的主要原因。陈胜军和全娜（2015）曾在研究企业知识员工的周边绩效时得出一个结论，即组织支持感对高尽责性员工的周边绩效没有显著影响，但是对于低尽责性员工的周边绩效却有明确的补偿效应。结合本书的访谈情况分析，笔者设想有可能存在这样一种推断：工作使命感不高的教师缺乏表现周边绩效的内在动力。那么，良好的外部环境有可能在一定程度上补偿缺失的工作使命感的作用，促进教师增加周边绩效。

总之，本书通过探索性研究了解了目前高校教师工作使命感和周边绩效的现状，对工作使命感和周边绩效之间的关系线索进行了初步的梳理。访谈资料的分析结果可以为本书的理论分析模型的构建提供如下启示：

第一，高校教师在实际工作中表现出来的周边绩效行为既有与其他组织的员工类似的行为，如维护学校形象等，也有一些特定行为，如促进学生成长发展、积极开展教育教学改革等主动行为。这些特定的行为主要是围绕"知识操作"，即教学、研究等工作延展出来的行为。因此，在构建高校教师周边绩效的结构维度时应充分考虑高校组织的特殊属性。

第二，高校教师的工作使命感对教师的工作投入和周边绩效确实存在着影响，但这个影响作用的路径以及大小还需要借助相应理论及后续的定量研究给予支持。

第三，本书引入人—组织匹配变量具有一定的合理性，但对于人—组织匹配在"工作使命感—工作投入—周边绩效"这个逻辑关系中产生何种作用并没有获得足够的证据，需要借助后续的理论分析提供相应的依据。

3.2 高校教师周边绩效结构的理论框架

3.2.1 高校教师周边绩效的维度分析

根据本书的主要内容，构建高校教师周边绩效的结构维度是研究开展的立足点。本书以西方学者已有研究为基础，结合对高校教师周边绩效的理解以及探索性研究结果，认为高校教师的周边绩效结构维度中既包括与其他组织员工类似的共性行为，本书称之为常规性的组织公民行为，也包括反映高校组织独特性的特定行为，称之为特定的组织公民行为。

3.2.1.1 高校教师常规性的组织公民行为分析

在当今这个时代，所有社会组织都深受市场规律和竞争法则的影响，追求利益和效率的最大化是组织的重要目标（罗伯特·彼恩鲍姆，2008），即使对高校这类具有公益性质的组织而言也同样适用。我国高等教育进入大众化以及普及化发展阶段以后，高校的管理效率问题得到了社会各界的广泛关注。但高校组织的一些独特性，如松散耦合的组织结构、教师更忠诚于学科专业的归属、教师之间低联结度的工作关系等，在一定程度上影响了高校的整体协调运作能力。

为了适应瞬息万变的社会环境，高校与其他社会组织一样，必须依靠高校教师提供更多的助人、合作、尽责、奉献等组织公民行为来促进学校整体绩效的提升。学校的管理者一方面希望教师之间能够打破学科专业的界限，在工作和生活中相互帮助，形成和谐的环境氛围，以提高团队整体的凝聚力；另一方面更希望教师进一步增强对组织的认同感，以一种"主人翁"的心态对待学校，尽最大可能发挥自己的主观能动性和创造性，为学校的发展做出更多的贡献。基于此，高校教师在工作中主动表现出来的合作助人、维护和服从学校规范以及主动尽责和积极参与等行为都应该是教师周边绩效结构中重要的行为表现。这类行为实际上是一类超越具体情境的组织公民行为，在国内各类组织员工的行为表现中都有所体现，旨在维护学校组织现状，营造和谐、进取的文化氛围，进而为学校内部形成高效、有序的运行模式提供基础保障，以促进学校整体协调发展。

3.2.1.2 高校教师特定的组织公民行为分析

如前所述，高校与其他企业组织相比，具有一定的特殊性。在高校组织中，知识不仅仅是教师主要依赖的工作材料，也能作为一种"观念"影响着教师的行为选择。因而，在高校组织情境下教师会表现出一些特定的组织公民行为，这些特定的行为与高校组织的知识特性有着密切的联系。

3.2.1.2.1 有利于学生成长发展的组织公民行为分析

随着社会的发展，知识范式经历着"从形而上的知识到科学知识再到后现代知识"的演变。在这个过程中，人们对知识的认识也发生了根本性的变化，由确定性的知识观向着不确定性的知识观转变（吴立保，2019）。

确定性知识观认为知识是客观性的真理，具有正确性、一元性和不变性等特征（罗祖兵，2012）。受这种知识观的影响，在教学过程中，教师是主体，知识是核心，学生作为客体要被动接受教师所传递的固定知识和绝对真理，教师的行为主要固化在课堂上。从这个角度上看，学校对教师任务绩效的规定在很大程度上是基于确定性知识观形成的。

不确定性知识观认为知识是主观的、相对的，具有多元性和情境性。不确定性知识观让人们对知识的认识不再局限于不变的客观真理，知识可以源自主体与客体的相互作用。根据这种知识观理解教学过程，教师的行为不能只停留在"把知识正确地传递给学生"这个层面，学生由"知识接受的客体"变成"知识主动发现和建构的主体"，教师和学生之间形成平等、尊重的关系。因此，教师的行为也要随之发生质的改变，关注点由以"教"为中心转向以"学"为中心，行为发生的领域由固定的课堂延展到课外空间。

知识范式和知识观的变化对大学的发展产生了重要影响，也为教师提出了潜在的期望。教师除了传授知识外，更需要主动关注学生的学习过程和成长发展变化，通过师生之间的交流互动促进学生对科学知识、人文素养、精神道德等多元化的知识进行积极建构，产生有意义的学习。因此，在构建高校教师周边绩效结构时应充分考虑教师在工作中自愿表现出来的为学生学习提供的支持行为、引导学生成长发展的精神关怀行为等。这些行为能够有效促进高校根本目标的实现。

3.2.1.2.2 有利于高校人才培养整体改革的组织公民行为分析

如前所述，知识范式的转变对知识的传授内容和方式产生了变革性的影响。作为知识型组织的高校必须要对这些影响做出及时的回应才能够满足社会的精神诉求。知识范式的转变要求高校应该积极推进人才培养模式整体改革，在知识传授目标上由"工具性"的培养目标转向"全人"的培养目标，在知识传授内容上由单一化的课程体系转向综合性和跨学科的知识体系，在知识传授方式上由学生的被动接受转为主动建构（毛亚庆等，2008）。

教师作为高校主要职责的承担者和实施者，全体教师的主动参与意愿和行为是学校人才培养模式改革整体推进和深化的前提条件以及质量保障，也是学校能否有效适应高等教育改革发展趋势的决定性因素。因此，高校教师的周边绩效结构中，教师在工作中主动展现出来的改革创新行为应该是一种重要的表现形式，这类行为能够满足高校在知识转型下的发展需要，有效促进学校整体办学质量的显著提升，而且行为直接的受益对象是整个学生群体，对实现教育公平也起着积极的推动作用。

3.2.1.2.3 有利于高校教师专业发展的组织公民行为分析

知识生产也是高校组织的主要职责之一。知识范式的演变影响着知识生产的模式。随着经济全球化和高等教育普及化的发展，知识生产的模式由"学科"模式转向"应用"模式，表现出情境性、跨学科、协同式以及主体多元化的特征。同时，知识生产模式的转变也促使知识交流的方式由学科模式下的"论文发表"方式转变为主要依赖人际交流的方式（李志峰等，2014）。基于这样的知识生产模式，知识产生的速度和创新的复杂程度对高校教师队伍整体专业化水平提出了更高的标准，要求教师应该主动适应知识生产模式的变化，突破学科壁垒的限制，实现交叉融合、协同发展，促进自身专业素质和综合应用能力的提升。基于此，教师之间的知识共享行为就成为促进教师专业发展的重要手段。

教师的知识共享可以促进知识由个体层面的拥有向群体层面的拥有转化，能够有效增加知识的利用率和溢出效应。一方面，教师可以通过知识共享快速丰富和拓展自身的知识和资源储备，提高个人层面的学术研究能力；另一方面，教师通过知识共享的方式对学校整体知识和资源总量的增长做出贡献，提升学校教师整体队伍的竞争力（陈世平，2011）。同时，教师之间的知识共享不只发生在显性知识层面，也包括思维、方法、经验、情感、态度等隐性知识的相互交流，对促进教师的内外兼修至关重要。由此可见，教师之间的知识共享行为并不完全等同于信息共享，对教师专业发展起着非常重要的促进作用，也体现了团队之间的理解和尊重，有助于良好的学术生态和团队文化的建立。

然而，知识也是一种资源，人与人之间的知识共享实质上是将个人独有的知识转化成为他人能够借鉴、吸收和使用的资源的过程（Ipe，2016）。对于个体来说，知识共享可以产生资源收益，但也有可能造成资源消耗。根据 Bock 等（2005）的观点，知识共享是需要个人选择和权衡的投资行为，这就意味着知识共享行为应该以共享主体的自愿参与意愿为前提。因此，高校组织中教师之间共享经验和资源、引导发展以及榜样示范等是教师组织公民行为的重要表现形式之一，有助于教师专业发展水平的显著提高，也是高校"知识操作"的组织活动顺利开展的重要保障。这些行为能够促进学校研究和服务功能的有效实现。

3.2.2 高校教师周边绩效结构维度的具体内容

综上所述，本书围绕着高校组织特性分析了教师在工作中表现出来的组织公民行为，构建形成高校教师周边绩效结构维度，从类型上划分为两大类：常规性组织公民行为和特定的组织公民行为。

常规性组织公民行为主要包括三类：①教师日常帮助行为，即教师之间日常互助的主动行为，例如为解决同事在工作和生活中遇到的具体问题提供的直接、可见的客观帮助行为；②工作主动尽责行为，即教师以学校为中心的主动尽责、乐于奉献的情感激励行为；③学校形象维护行为，即为学校整体利益服务的客观志愿行为，包括保护和促进行为。

特定的组织公民行为也包括三类：①学生关怀指导行为，即教师主动促进学生成长发展的组织公民行为，主要包括教师主动关注学生的学习过程并提供具体指导的行为、教师为促进学生成长发展主动提供的关怀行为，这类行为蕴含更多的关爱、理解和重视等情感因素，引导学生情感态度、价值观或综合素质发生变化；②教师发展促进行为，即教师之间的专业促进行为，主要包括主动为促进同事的成长发展提供经验、资源或引导示范等；③工作改革创新行为，即教师为了满足高校改革发展趋势主动做出的改革创新行为。

上述六类行为按照具体发生领域可以细化为四个层面：学生、教师、学科专业和学校。

在高校教师周边绩效结构维度框架中，本书并没有将"爱国守法""言行雅正""遵守学术规范"等属于教师职业道德规范的行为纳入周边绩效范畴，主要有两个原因：第一，教师的职业道德规范行为是从职业资格的角度要求教师遵守的底线规范，是教师从事这个职业的前提，是必须遵守的基本工作标准，而不是基于教师的自觉自愿行为。第二，从我国高校管理实践的角度看，对于教师职业道德规范行为的评价大多实行负面清单制度，一旦违反必然受到惩罚，具有很强的他律性。基于这两方面的考虑，本书认为教师的职业道德规范行为更适合纳入任务绩效的范畴。

3.3 高校教师工作使命感对周边绩效影响的理论分析模型

前面开展的探索性研究为本书构建理论分析模型提供了一定的实证依据，在此基础上，本书从理论层面进一步分析了高校教师的工作使命感对周边绩效的作用机制，具体内容包括高校教师工作使命感与周边绩效的关系分析、工作投入在高校教师工作使命感与周边绩效之间的作用分析、人—组织匹配在高校教师工作使命感对周边绩效影响中的作用分析。

3.3.1 高校教师工作使命感与周边绩效的关系分析

根据探索性研究发现，在实际工作中，高校教师的工作使命感确实能够对教师的周边绩效产生影响。从理论层面上分析，它们之间的逻辑关系可以依据自我决定理论进行阐述。

自我决定理论是由 Deci 和 Ryan 等学者提出的人本主义动机理论。它关注的是个人行为产生的自我激励与自我决定的程度。自我决定理论重点阐述了内部动机和外部动机的区别。内部动机是指，驱动个人执行任务的原因是任务本身能够满足个体的需要（White，1959）。如果个体能够从任务中获得积极的情绪体验，他完成任务的动力就来自内部动机（杰弗里·A. 迈尔斯，2017）。外部动机则是指行为的动力是由外界因素所引发的。

自我决定理论认为个体行为受自我激励和自主决定程度的影响，也反映了动机发展的一个连续过程，即从无动机到外部动机再到内部动机。无动机是指没有人为的调节作用，外部动机经过调节作用可以不断内化形成自主性动机。学者们根据外部动机内化的程度将其分为四种类型：外部调节、内摄调节、认同调节和整合调节。外部调节是指个体产生行为的原因完全由外在的因素导致，如为了获得外部的奖励或者逃避处罚；内摄调节是指个体并没有完全认同某种行为的价值，但是受到内心感受的影响，如惭愧内疚或者避免焦虑不安等而采取行动；认同调节是指个体认识到某种行为的价值和意义，因而采取行动；整合调节是指个体将对行为的认同完全内化成自我意识，从而使行为变成一种自觉性（赵燕梅等，2016）。其中，内部动机、整合调节和认同调节属于自主性动机，内摄调节和外部调节属于控制动机。基于自主性动机的自我决定程度最高，由自主性动机引发的行为是在个人自我意愿的驱动下产生的，因此这类行为也最持久。动机的发展过程如图 3-1 所示。

同时，自我决定理论从需求满足的角度出发假定个体在一生中会持续要求满足三个基本心理需求：自主需求、胜任需求和关系需求。这些需求的满足能够让个体充分体验到成长的快乐和幸福感，是促进外部动机不断内化形成自主性动机的主要驱动力（孙岚等，2008）。自主需求是指个体渴望能够依据自我意愿选择行动的心理需求；胜任需求是指个体希望能够掌控任务、获得成就感的需求；关系需求是指个体渴望与他人建立平等、尊重关系的需求。

自我决定理论为本书构建高校教师的工作使命感与周边绩效之间的关系提供了理论基础。根据自我决定理论，自我认同与自我有机融合能让个人产生心理满足，进而有效激发自主性动机。从工作使命感的内涵看，具有强烈工作使命感的人会在主观自觉上把自己的人生目标和生命意义有机融入工作。当一个人视工作为使命的时候，他才会认为工作具有了真正的个人和社会意义。因此，对于工作使命感高的教师来说，在他们的内心已经将自己的人生价值与工作建立有效联结，激发出强烈、持久的自主性动机，进而对工作行为产生积极的作用。同时，工作使命感中包含着利他、服务社会的意愿，与周边绩效行为的出发点相契合，

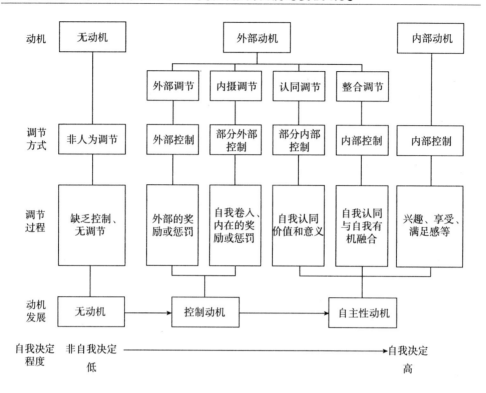

图3-1 自我决定理论的动机发展过程

由工作使命感激发形成的自主性动机能够促进教师在工作中产生更多的周边绩效。已有实证研究结果显示，具有较强工作使命感的人有更大的牺牲意愿和组织责任感，会在工作中展现出更多的利他行为（Bunderson & Thompson，2009）[①]，关心他人的福利，并致力于完成超出角色规定的工作（Elangovan et al.，2010）[②]。

3.3.2 工作投入在高校教师工作使命感与周边绩效之间的作用分析

从探索性研究中发现，教师对工作目的和意义的不同理解会转化成对待工作的不同状态，进而影响到教师周边绩效的产生。探索性研究带来启示是：高校教师的工作使命感与周边绩效之间的关系可能不只是简单的"刺激—反应"过程，

---

① Bunderson J S, Thompson J A. The Call of the Wild: Zookeepers, Callings, and the Double-edged Sword of Deeply Meaningful Work [J]. Administrative Science Quarterly, 2009（54）：32-57.

② Elangovan A R, Pindera C C, McLean M. Callings and Organizational Behavior [J]. Journal of Vocational Behavior, 2010（76）：428-440.

还会存在着中介变量，即教师在内心对工作目的和意义的深刻理解会反映到他们对工作的积极状态上，这种对待工作的积极状态又影响着工作行为。由此可见，工作投入可能会在教师的工作使命感与周边绩效之间发挥着中介效应。

以探索性研究为基础，本书又从理论层面寻找相应的依据，进一步解释工作使命感对周边绩效产生的实质性影响，主要的理论依据来自以下两个方面：

第一，已有的研究成果为形成"工作使命感通过工作投入对周边绩效产生作用"的逻辑关系提供了支撑。

根据周边绩效影响因素研究的文献分析可知，个体因素可以通过心理认知过程形成对待工作的状态进而产生周边绩效（武欣等，2005）。从工作使命感结果变量的研究文献中可以发现，工作使命感实质上是个体如何看待自己工作价值和意义的一种心理体验，可以影响个体对待工作的状态或对待组织的态度。从工作投入的概念内涵角度分析，工作投入实质上反映的就是个体将身心投入工作上的程度，体现出个体对待工作的积极状态。已有研究证明，工作投入对员工的角色外绩效或周边绩效都有着积极的正向影响（Bakker & Demerouti，2008；方来坛等，2011）。综合这些文献分析，已有研究为本书构建"工作使命感依赖工作投入对周边绩效产生影响作用"的逻辑关系奠定了扎实的前期基础。

第二，工作要求—资源模型为工作投入在工作使命感与周边绩效之间发挥中介效应提供了理论依据。

通过文献梳理可知，揭示工作投入中介机制形成的经典理论之一就是工作要求—资源模型（以下简称 JD-R 模型）。JD-R 模型最早产生于工作倦怠研究领域，由 Demerouti 等（2001）提出。工作要求是指工作中那些需要持续体力和脑力的劳动在身体、社会或组织方面的需求，会产生一定的生理和心理上的代价（如精疲力竭）（Demerouti，2001）。简单地说，工作要求就是指工作中消耗精力的负向因素。工作资源是指工作的生理、心理、社会或组织方面，可能具有下列任何一项或多项功能的因素：能够促进工作目标实现、减少工作要求和与之相关的生理和心理成本、促进个人成长和发展。

早期的 JD-R 模型从理论层面阐述了工作需求和工作资源之间的相互作用对职业倦怠的影响过程。在这个模型中，Demerouti 对工作资源关注的重点是外部资源，即组织和社会资源等。当外部环境缺乏资源时，个体无法应对高的工作要求所带来的负面影响，降低工作积极性和退出工作可能是重要的自我保护机制。Schaufeli 等（2004）对早期的 JD-R 模型进行了拓展，将工作投入纳入 JD-R 模型中，作为中介变量①，后又经过 Schaufeli（2017）进一步概括形成了一个综合性概念框架，用于指导工作场所中如何提高工作投入、防止工作倦怠②。

拓展后的 JD-R 模型是一个"双路径"假设，如图 3-2 所示。一条路径表示为损耗路径，过高的工作要求和匮乏的工作资源会引发个体的工作倦怠，进而产生消极的组织结果；另一条路径表示为增益路径，即动机过程，充裕的工作资源会提高个体的工作投入和组织承诺，进而产生积极结果，如卓越的工作绩效等。在这个模型中，研究者们揭示了工作投入的中介机制形成过程，但是对工作资源的关注点仍然在外部资源上，包括组织层面的资源（如薪酬、发展机会等）、人际关系和社会关系（如领导和团队支持等）、组织管理（如参与决策）、任务层面的资源（如绩效反馈、自主性等）。

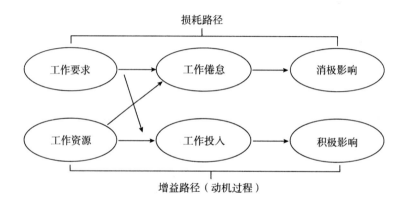

图 3-2 Schaufeli（2004，2017）提出的 JD-R 模型

由于 JD-R 模型的研究一直局限于工作特征，因此员工的个人资源经常被忽略。个人资源可能是他们适应工作环境的重要决定因素（Hobfoll，1989；Judge，Locke & Durham，1997）。根据资源保存理论，资源不仅包括各种有形的客观资源，一些能够反映个体积极心理状态和情绪的因素也被纳入资源的范畴，称之为个人资源（顾江洪等，2018）。Xanthopoulou 等（2007）将资源的关注点由工作

① Schaufeli W B，Bakker A B. Job Demands，Job Resources，and Their Relationship with Burnout and Engagement：A Multi-sample Study ［J］. Journal of Organizational Behavior，2004（25）：293-315.

② Schaufeli W B. Applying the Job Demands-Resources Model：A "how to" Guide to Measuring and Tackling Workengagement and Burnout ［J］. Organizational Dynamics，2017（46）：120-132.

层面转向个体层面，将个人资源纳入 JD-R 模型中，再一次拓展了该模型。他们选取了组成个体适应性的三个基本要素——自我效能感、基于组织的自尊和乐观主义作为三种典型的个人资源进行实证研究，这些个人资源属于一般意义上的个人资源，并非聚焦特定的情境。通过研究发现，个人资源可以独立影响工作投入，同时个体资源与工作资源也可以发生交互作用，进而影响工作投入，最终产生积极的效果。具体模型如图 3-3 所示。

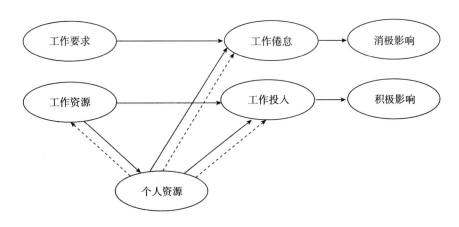

图 3-3 Xanthopoulou 等（2007）拓展的 JD-R 模型

Xanthopoulou 等（2007）将个人资源引入 JD-R 模型，从理论层面为本书构建工作投入在高校教师工作使命感与周边绩效之间的中介作用模型提供了重要依据。

根据个人资源的定义，本书认为可以将高校教师工作使命感视为一种基于特定工作的个人心理资源。由此，可以参考 Xanthopoulou 等（2007）拓展的 JD-R 模型，解释高校教师工作使命感、工作投入与周边绩效之间的关系。具有强烈工作使命感的教师对工作目的和意义有着很深刻的认识和理解，由此促进其基本的心理需求得到充分满足。Broeck 等（2008）曾指出，个人会依据内心基本需求的满足情况来决定其将精力、认知和情感投入到工作的程度。Hall 和 Chandler（2005）也认为，当一个人把工作看作一种使命时，就会强烈关注能够体现他实现工作价值和意义的目标，并尽力投入到工作中去完成他的使命。因此，较高的工作使命感作为一种丰富的个人资源，可以独立地对教师的工作投入产生积极作用，进而促进他们主动提升周边绩效水平。

3.3.3 人—组织匹配在高校教师工作使命感对周边绩效影响中的作用分析

通过探索性研究可知，在实践中教师比较关注的情境因素与本书所理解的人—组织匹配内涵相符合，在一定程度上为人—组织匹配变量的引入提供了合理依据。但有关人—组织匹配在高校教师工作使命感对周边绩效影响中的作用在探索性研究中并未获得充足的证据，需要借助理论加以分析。本书认为，可以通过勒温场理论和社会交换理论来阐释人—组织匹配的作用机理。

美国社会心理学家 Lewin 借助物理学中的场动力理论表述个体行为动力产生的心理机制。该理论认为，个人在某个时间内所处的空间为"场"，在同一个"场"内各部分要素会发生相互作用。Lewin 借鉴场动力理论，提出了一个基本公式来解释个人的心理和行为，即 B = f（P，E），其中，B 表示行为，P 表示个体，E 表示环境。这个公式阐释了行为是个体和环境互动的结果。其中，环境就是 Lewin 所说的"场"，既包括客观情境，也包括个人对情境的主观看法。由这个公式可以看出，行为是个体和环境的函数。一个人的绩效不仅与反映个体特征的要素有关，如能力和素质，而且与他所处的"场"，也就是他所在的环境也有着紧密的关联。个人所在的环境会影响到个体绩效，当然个体在一定程度上也能影响和改变环境（陈胜军，2007）。

根据 Lewin 的理论，个体和环境不是完全独立的，环境会对个体的心理、需求和态度等产生作用，进而影响到个体的行为。场理论为本书在构建工作使命感、工作投入和周边绩效之间关系模型过程中引入组织情境因素——人—组织匹配提供了理论支撑。

人—组织匹配代表一种环境因素，可以与教师的工作使命感或工作投入产生交互作用，进而影响教师的周边绩效行为。但人—组织匹配是产生增强效应（提高高校教师工作使命感和工作投入的强度，进而对周边绩效产生作用）还是形成补偿效应（弥补工作使命感和工作投入的缺失对周边绩效产生的影响）需要进一步分析。

如前所述，工作使命感能够有力地激发个体形成自主性动机，由此可以表明工作使命感具有强大的动机功能。已有研究（Bunderson，2009）也发现，具有较强工作使命感的员工会在艰苦的工作条件和环境下坚持努力工作，甚至不惜牺牲自己个人的利益。因而，对于具有较强使命感的教师而言，无论外部环境是否有利都会愿意付出更多的努力，表现出更高的周边绩效。从前面开展的探索性研究中也能得出这样的结论。对于工作使命感相对较低的教师，可能在内心中缺乏产生周边绩效的自主性动机，但如果他能够在工作中感觉到较高的价值匹配、需求能力匹配和需要供给匹配，也会有助于满足其心理需求。当个体认为环境因素能够支持其满足内心的基本需求时，就能驱动外部动机的不断内化（杰弗里·A. 迈尔斯，2017），进而激发其对工作的热情和自觉性，主动增加周边绩效。

基于上述分析，本书认为人—组织匹配在教师的工作使命感与周边绩效之间发挥的是补偿作用。

解释人—组织匹配在工作投入与周边绩效之间的作用时，社会交换理论也是一个有力的理论依据。社会交换理论是以 Banard（1938）以及 March 和 Simon（1958）的"诱因—贡献"理论为基础提出来的，其主要观点认为个体在工作中的付出与组织提供的回报之间存在着交换关系。Blau（1964）在此基础上将这种交换行为划分为经济交换和社会交换两种类型。

经济交换行为是以明确的契约为基础，个人与组织以"有形的交换物"为标准达成交换协议。社会交换行为是建立在人际信任的基础上，与经济交换相比，具有三方面的特点：①社会交换的客体既包括物质利益（如薪酬、职位等），也包括非物质的内在利益（如忠诚、奉献）；②社会交换更多体现的是个体的自愿性，个人与组织双方在责任和义务方面的强制程度都明显低于经济交换，其回报是一种模糊的义务行为，不受具体的方式和特定的时间限制；③社会交换随着个人与组织之间关系的发展而呈现出动态变化的趋势。

根据社会交换理论，个体可以将"对工作投入的程度"作为回报组织的一种方式（Saks，2006）。工作投入是个体对待工作的一种积极、持久的状态。从管理实践看，能够全身心投入工作中的教师受到外部环境的影响程度相对较小，但对于工作投入动力不足的教师来说，想要激发他们主动为组织做出奉献行为就需要营造良好的外部支持环境。依据社会交换理论的观点，当员工感觉到较高的组织支持时，会通过提高工作投入来回报组织，从而增加周边绩效。由此可见，良好的人—组织匹配环境能够发挥一定的补偿效应，有效促进工作投入程度较低的教师进一步提升周边绩效水平。

综上所述，本书根据已有研究成果以及自我决定理论、工作要求—资源模型、勒温场理论、社会交换理论等观点在理论层面分析了高校教师工作使命感对周边绩效的影响过程，构建形成了相应的理论分析模型，具体如图3-4所示。

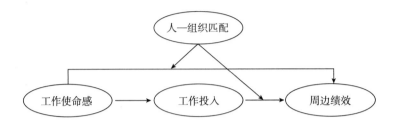

图3-4　工作使命感对周边绩效影响过程的理论分析模型

3.4　研究假设

根据高校教师工作使命感对周边绩效影响过程的理论分析模型，本书提出相应的研究假设。

3.4.1　高校教师的工作使命感与周边绩效关系的研究假设

如前所述，本书认为具有工作使命感的教师更愿意贡献出更多的周边绩效行为，基于此，提出如下假设：

假设1：高校教师的工作使命感对周边绩效有着显著的正向影响。

假设1a：高校教师的工作使命感对学生关怀指导有着显著的正向影响。

假设1b：高校教师的工作使命感对教师发展促进有着显著的正向影响。

假设1c：高校教师的工作使命感对教师日常帮助有着显著的正向影响。

假设1d：高校教师的工作使命感对工作改革创新有着显著的正向影响。

假设1e：高校教师的工作使命感对工作主动尽责有着显著的正向影响。

假设1f：高校教师的工作使命感对学校形象维护有着显著的正向影响。

3.4.2　高校教师的工作使命感与工作投入关系的研究假设

根据本书构建的理论模型，高校教师的工作使命感作为一种特定的个人资源，可以单独发挥内在的激励作用，促进个体产生正向的情绪体验，增加工作投入。French和Demene（2010）通过研究发现，工作使命感高的人对待工作更有热情。因此，本书提出如下假设：

假设 2：高校教师的工作使命感对工作投入有着显著的正向影响。

3.4.3　高校教师的工作投入与周边绩效关系的研究假设

基于上述理论分析模型，高校教师的工作投入能够对周边绩效产生积极的作用。也就是说，工作投入程度高的教师会对岗位职责有着更为宽泛的理解，工作时会超出岗位职责要求的常规边界，愿意做出额外的贡献。Elizbeth（1994）通过实证研究也发现，如果员工把某些行为看作角色内行为而不是角色外行为，他们就会主动展现出更多的组织公民行为。由此可见，工作投入的员工会比其他人更努力，更能够产生组织期望的效果。基于此，本书提出如下假设：

假设 3：高校教师的工作投入对周边绩效有着显著的正向影响。

假设 3a：高校教师的工作投入对学生关怀指导有着显著的正向影响。

假设 3b：高校教师的工作投入对教师发展促进有着显著的正向影响。

假设 3c：高校教师的工作投入对教师日常帮助有着显著的正向影响。

假设 3d：高校教师的工作投入对工作改革创新有着显著的正向影响。

假设 3e：高校教师的工作投入对工作主动尽责有着显著的正向影响。

假设 3f：高校教师的工作投入对学校形象维护有着显著的正向影响。

3.4.4　工作投入中介作用的研究假设

根据工作投入在高校教师工作使命感与周边绩效之间的作用机理分析，工作投入作为中介变量，在工作使命感和周边绩效之间发挥着中介效应。从管理实践上看，当一个人从工作中获得了满足感和成就感后必然会把更多的精力和注意力投入到工作中，更愿意做出额外的奉献。于是，本书提出如下假设：

假设 4：高校教师的工作使命感通过工作投入对周边绩效产生显著的正向影响。

假设 4a：高校教师的工作使命感通过工作投入对学生关怀指导产生显著的正向影响。

假设 4b：高校教师的工作使命感通过工作投入对教师发展促进产生显著的正向影响。

假设 4c：高校教师的工作使命感通过工作投入对教师日常帮助产生显著的正向影响。

假设4d：高校教师的工作使命感通过工作投入对工作改革创新产生显著的正向影响。

假设4e：高校教师的工作使命感通过工作投入对工作主动尽责产生显著的正向影响。

假设4f：高校教师的工作使命感通过工作投入对学校形象维护产生显著的正向影响。

3.4.5　人—组织匹配调节作用的研究假设

根据上述理论模型分析，良好的人—组织匹配在与工作使命感产生交互作用的过程中，能够促使工作使命感较低的教师也能得到基本的心理满足，推动外部动机的内部化，进而产生周边绩效的内在意愿，并付诸行动。由此可见，高的人—组织匹配对工作使命感较低的教师的周边绩效会产生补偿作用。同理，总能以旺盛的精力和饱满的热情投入到工作中的教师受到外部环境的影响程度也会相对较小，但对于工作投入不足的教师来说，有利的外部环境能够发挥一定的补偿效应，进一步提升他们对学校的信任和情感承诺。根据社会交换理论，教师会增加工作的主动性，以较高的工作投入回报学校，进而产生更多的周边绩效。基于此，本书提出如下假设：

假设5：人—组织匹配在高校教师的工作使命感和周边绩效之间起到调节作用，即教师的工作使命感对周边绩效的影响在人—组织匹配低的情况下比在人—组织匹配高的情况下更强。

假设5a：价值匹配在教师的工作使命感和周边绩效之间起到调节作用，即教师的工作使命感对周边绩效的影响在价值匹配低的情况下比在价值匹配高的情况下更强。

假设5b：需求能力匹配在教师的工作使命感和周边绩效之间起到调节作用，即教师的工作使命感对周边绩效的影响在需求能力匹配低的情况下比在需求能力匹配高的情况下更强。

假设5c：需要供给匹配在教师的工作使命感和周边绩效之间起到调节作用，即教师的工作使命感对周边绩效的影响在需要供给匹配低的情况下比在需要供给匹配高的情况下更强。

假设6：人—组织匹配在高校教师的工作投入和周边绩效之间起到调节作用，即教师的工作投入对周边绩效的影响在人—组织匹配低的情况下比在人—组织匹配高的情况下更强。

假设6a：价值匹配在教师的工作投入和周边绩效之间起到调节作用，即教师的工作投入对周边绩效的影响在价值匹配低的情况下比在价值匹配高的情况下更强。

假设6b：需求能力匹配在教师的工作投入和周边绩效之间起到调节作用，即教师的工作投入对周边绩效的影响在需求能力匹配低的情况下比在需求能力匹配高的情况下更强。

假设6c：需要供给匹配在教师的工作投入和周边绩效之间起到调节作用，即教师的工作投入对周边绩效的影响在需要供给匹配低的情况下比在需要供给匹配高的情况下更强。

在上述假设的基础上，本书进一步探讨了一个有调节的中介模型，即人—组织匹配有可能会调节高校教师的工作使命感通过工作投入对周边绩效的间接效应。具体的解释是：工作投入在教师的工作使命感对周边绩效的影响中发挥着中介作用，这个中介作用的大小会受到人—组织匹配的影响。相比人—组织匹配感知高的情况，在人—组织匹配感知低的情况下，高校教师的工作使命感通过工作投入对周边绩效的间接效应会更强。基于上述分析，本书提出如下假设：

假设7：人—组织匹配调节高校教师的工作使命感通过工作投入对周边绩效的间接效应，即教师的工作使命感通过工作投入对周边绩效的间接效应在人—组织匹配低的情况下比在人—组织匹配高的情况下更强。

假设7a：价值匹配调节教师的工作使命感通过工作投入对周边绩效的间接效应，即教师的工作使命感通过工作投入对周边绩效的间接效应在价值匹配低的情况下比在价值匹配高的情况下更强。

假设7b：需求能力匹配调节教师的工作使命感通过工作投入对周边绩效的间接效应，即教师的工作使命感通过工作投入对周边绩效的间接效应在需求能力匹配低的情况下比在需求能力匹配高的情况下更强。

假设7c：需要供给匹配调节教师的工作使命感通过工作投入对周边绩效的间接效应，即教师的工作使命感通过工作投入对周边绩效的间接效应在需要供给匹配低的情况下比在需要供给匹配高的情况下更强。

综上所述，本书结合探索性研究，从理论的角度分析了高校教师工作使命感对周边绩效的影响过程，构建形成了理论分析模型，并以此为基础提出相应的研究假设，研究假设汇总如表3-2所示。

表 3-2　本书研究假设汇总

	研究假设
H1	高校教师的工作使命感对周边绩效有着显著的正向影响
H1a	高校教师的工作使命感对学生关怀指导有着显著的正向影响
H1b	高校教师的工作使命感对教师发展促进有着显著的正向影响
H1c	高校教师的工作使命感对教师日常帮助有着显著的正向影响
H1d	高校教师的工作使命感对工作改革创新有着显著的正向影响
H1e	高校教师的工作使命感对工作主动尽责有着显著的正向影响
H1f	高校教师的工作使命感对学校形象维护有着显著的正向影响
H2	高校教师的工作使命感对工作投入有着显著的正向影响
H3	高校教师的工作投入对周边绩效有着显著的正向影响
H3a	高校教师的工作投入对学生关怀指导有着显著的正向影响
H3b	高校教师的工作投入对教师发展促进有着显著的正向影响
H3c	高校教师的工作投入对教师日常帮助有着显著的正向影响
H3d	高校教师的工作投入对工作改革创新有着显著的正向影响
H3e	高校教师的工作投入对工作主动尽责有着显著的正向影响
H3f	高校教师的工作投入对学校形象维护有着显著的正向影响
H4	高校教师的工作使命感通过工作投入对周边绩效产生显著的正向影响
H4a	高校教师的工作使命感通过工作投入对学生关怀指导产生显著的正向影响
H4b	高校教师的工作使命感通过工作投入对教师发展促进产生显著的正向影响
H4c	高校教师的工作使命感通过工作投入对教师日常帮助产生显著的正向影响
H4d	高校教师的工作使命感通过工作投入对工作改革创新产生显著的正向影响
H4e	高校教师的工作使命感通过工作投入对工作主动尽责产生显著的正向影响
H4f	高校教师的工作使命感通过工作投入对学校形象维护产生显著的正向影响
H5	人—组织匹配在高校教师的工作使命感和周边绩效之间起到调节作用，即教师的工作使命感对周边绩效的影响在人—组织匹配低的情况下比在人—组织匹配高的情况下更强
H5a	价值匹配在教师的工作使命感和周边绩效之间起到调节作用，即教师的工作使命感对周边绩效的影响在价值匹配低的情况下比在价值匹配高的情况下更强
H5b	需求能力匹配在教师的工作使命感和周边绩效之间起到调节作用，即教师的工作使命感对周边绩效的影响在需求能力匹配低的情况下比在需求能力匹配高的情况下更强
H5c	需要供给匹配在教师的工作使命感和周边绩效之间起到调节作用，即教师的工作使命感对周边绩效的影响在需要供给匹配低的情况下比在需要供给匹配高的情况下更强

续表

	研究假设
H6	人—组织匹配在高校教师的工作投入和周边绩效之间起到调节作用，即教师的工作投入对周边绩效的影响在人—组织匹配低的情况下比在人—组织匹配高的情况下更强
H6a	价值匹配在教师的工作投入和周边绩效之间起到调节作用，即教师的工作投入对周边绩效的影响在价值匹配低的情况下比在价值匹配高的情况下更强
H6b	需求能力匹配在教师的工作投入和周边绩效之间起到调节作用，即教师的工作投入对周边绩效的影响在需求能力匹配低的情况下比在需求能力匹配高的情况下更强
H6c	需要供给匹配在教师的工作投入和周边绩效之间起到调节作用，即教师的工作投入对周边绩效的影响在需要供给匹配低的情况下比在需要供给匹配高的情况下更强
H7	人—组织匹配调节高校教师的工作使命感通过工作投入对周边绩效的间接效应，即教师的工作使命感通过工作投入对周边绩效的间接效应在人—组织匹配低的情况下比在人—组织匹配高的情况下更强
H7a	价值匹配调节教师的工作使命感通过工作投入对周边绩效的间接效应，即教师的工作使命感通过工作投入对周边绩效的间接效应在价值匹配低的情况下比在价值匹配高的情况下更强
H7b	需求能力匹配调节教师的工作使命感通过工作投入对周边绩效的间接效应，即教师的工作使命感通过工作投入对周边绩效的间接效应在需求能力匹配低的情况下比在需求能力匹配高的情况下更强
H7c	需要供给匹配调节教师的工作使命感通过工作投入对周边绩效的间接效应，即教师的工作使命感通过工作投入对周边绩效的间接效应在需要供给匹配低的情况下比在需要供给匹配高的情况下更强

3.5　本章小结

本章首先通过探索性研究为本书构建的理论分析模型提供现实依据。在探索性研究的基础上，围绕着高校组织的知识特性设计了高校教师周边绩效结构的理论框架；应用自我决定理论、工作要求—资源模型、勒温场理论和社会交换理论等从理论层面阐述了高校教师的工作使命感对周边绩效的影响过程，并构建形成了相应的理论分析模型，提出了研究假设。

4 研究工具的开发

研究工具是开展实证研究的基础，可靠的研究工具才能保证研究结论的可信度和有效性。本书基于各变量的具体内涵开发了对应的测量问卷，形成了本书所需要的研究工具。

4.1 高校教师周边绩效问卷开发

由前期的文献梳理可知，现有研究缺乏基于中国文化背景的高校教师周边绩效量表。已有的成熟量表都是针对工商企业组织的员工开发形成的，不适合本书研究需要。因此，本书需要自行开发高校教师周边绩效的问卷。

根据高校教师周边绩效结构维度的理论框架，本书主要采用关键事件技术方法开发问卷。关键事件技术是美国匹兹堡大学心理学教授 Flanagan（1954）创建的一种收集工作绩效关键性因素的方法，Flanagan 将其描述为"收集符合系统定义标准的、具有特殊意义的观测事件的一套程序"。

采用关键事件技术方法编制高校教师周边绩效的问卷主要包括两个步骤：首先，通过开放式问卷调查收集反映高校教师周边绩效的关键性行为事件，这些关键事件来自高校教师的亲身经历和感知体验；其次，对收集到的关键性行为事件进行分类汇总处理，形成高校教师周边绩效的原始行为条目，并以这些行为条目为基础编制相应的测量问卷。

4.1.1 形成高校教师周边绩效的原始行为条目

4.1.1.1 设计开放式调查问卷

本书根据高校教师周边绩效的内涵以及结构框架设计了开放式调查问卷，以收集代表高校教师周边绩效的关键行为事件，形成原始行为条目，为编制正式问卷奠定基础。本书设计的开放式调查问卷主要包括三部分内容：

第一部分是指导语。指导语包括问卷说明及填写要求，介绍了本书定义的高校教师周边绩效的内涵，并给出了三个反映高校教师周边绩效的行为范例供被调查者参考，同时简要说明了调查结果的用途及填写要求。

第二部分是被调查者的基本信息。基本信息包括被调查者的性别、年龄、所在学校类型、所属学科专业、职称等。

第三部分是问卷的主体内容，要求被调查者根据自己的日常行为表现以及对其他教师行为的观察，用完整的语句描述反映高校教师周边绩效的关键事件。开放式调查问卷的具体内容见附录2。

4.1.1.2　选择调查对象和调查方式

为保证所提取的高校教师周边绩效的关键性行为具有较高的普适性，本书的调查对象涉及不同类型高校、不同年龄层次、不同专业技术职务及学科专业的教师群体，采用滚雪球的方式开展调查。

首先，笔者向在高校工作的同学和朋友一对一发放电子版问卷并附详细的调查说明；其次，在确认被调查人填写调查问卷无异议后，拜托其将问卷一对一发送给同在本校工作的、值得信任的相关教师。

本次开放式调查共涉及163位教师。其中，重点高校教师37人，占调查人数的22.7%；普通高校教师103人，占调查人数的63.2%；高职高专院校教师23人，占调查人数的14.1%。男教师67人，占调查人数的41.1%；女教师96人，占调查人数的58.9%。讲师及以下职称教师44人，占调查人数的27%；副教授73人，占调查人数的44.8%；教授46人，占调查人数的28.2%。文科类教师（哲学、法学、历史学、教育等）18人，占调查人数的11%；理工类教师（理学、工学、农学、医学等）85人，占调查人数的52.1%；经济管理类教师49人，占调查人数的30.1%；文学艺术类教师11人，占调查人数的6.8%。

4.1.1.3　形成高校教师周边绩效的关键行为条目

本书邀请4名工商管理专业本科生和1名管理学专家对通过开放式调查问卷收集到的资料进行处理和分析。

首先，根据高校教师周边绩效的内涵，通过开放式编码，形成关键行为事件679项，并通过小组讨论对存在含糊不清的行为表述和明显不属于教师周边绩效行为范畴的内容进行删除。

其次，讨论形成主轴编码。根据主轴编码进行类属分析，将语义重复或者类似的关键事件进行汇总合并，提炼概括形成新的行为条目。在这个过程中，每个学生独立操作，并记录下删除和合并的条目情况。

最后，小组开会讨论上述处理结果。每个学生分别说明行为条目筛选情况，对删除或者合并的行为条目阐述理由，若对于某一条目的处理出现意见分歧，由专家进行分析、评判后再共同讨论形成一致意见。

通过上述步骤对初始获得的 679 项关键性行为事件进行处理，共删除 39 项语义表述不清晰的条目。对 640 项行为条目进行了合并和重新概括，形成了 57 项行为条目。

在此基础上，随机选取了相关高校教务处、科研处、人事处等职能处室负责人 10 名，二级学院（或部）负责人 10 名，系负责人 14 名，学科专业和课程负责人 5 名，普通教师 23 名，共 62 名教师对上述 57 项行为条目的重要程度进行了判断。采用 Likert 5 级评价量表的形式，1 表示"非常不重要"，2 表示"比较不重要"，3 表示"一般"，4 表示"比较重要"，5 表示"非常重要"。删除平均得分在 3 以下的项目，共 11 项，形成 46 项行为条目。具体内容见表 4-1。

4.1.2　形成高校教师周边绩效测量问卷

4.1.2.1　开展第一次试测

本书根据所形成的周边绩效原始行为条目编制了试测问卷，于 2019 年 3~4 月开展第一次试测。试测问卷采用 Likert 5 级评价量表的形式，1 表示"非常不符合"，2 表示"比较不符合"，3 表示"不好确定"，4 表示"比较符合"，5 表示"非常符合"。

依据便利取样的原则，在笔者所属学校发放问卷 245 份，回收有效问卷 236 份，问卷有效回收率为 96.3%。这次试测的主要目的有两个：第一，初步检验试测结果是否与本书设计的周边绩效结构框架相吻合；第二，检验问卷题目是否存在理解模糊或者容易产生歧义的内容。

本书使用 SPSS 25.0 软件对回收的试测问卷进行信度和效度分析，以确保所使用的问卷质量，从而保证试测结果的可信度和有效性。

信度分析包括内在信度和外在信度。内在信度是指问卷中各个题目是否反映了相同的特征，也称内在一致性；外在信度是指用同一种问卷对相同的被试群体开展重复测量，所获得的结果是否具有稳定性。如果重复测量的结果具有高度的一致性，说明量表测量的结果具有可信度。

表 4-1 高校教师周边绩效质始行为条目

序号	内容	序号	内容
1	帮助同事解决生活中遇到的困难和问题	24	主动推动或积极参与产教融合建设工作
2	帮助同事处理日常工作中的困难和问题	25	主动为学科专业建设提出建设性意见
3	工作中主动提醒同事避免犯错误	26	积极维系和拓展校企合作资源
4	工作中主动提醒同事关注重要信息	27	主动为企事业单位等提供技术咨询和智力服务
5	帮助或指导同事开展科研活动	28	主动为学校的管理提出建设性意见
6	愿意和同事分享自身的教学科研工作经验	29	主动宣传和维护学校的声誉和形象
7	愿意为同事提供更多的教学科研相关资源	30	主动爱护校园环境，维护校园安全
8	主动帮助青年教师做好职业规划	31	热心参加各类社会公益和志愿服务活动
9	主动为青年教师成长提供机会	32	主动为学生的发展规划提供指导和建议
10	主动帮助青年教师熟悉工作环境	33	主动利用课余时间为学生提供答疑辅导
11	能够发挥示范作用，为青年教师树立榜样	34	主动将自己的研究成果或者积累的资料提供给学生学习使用
12	与青年教师分享自身的教学科研工作经验	35	愿意花更多的时间和精力关注学生学习困难并给予具体指导
13	工作中不抱怨，愿意主动奉献	36	主动指导学生参加学科竞赛、启明星项目、社团等课外活动
14	主动完成校（或院或系）安排的突发性或临时性工作	37	主动带领学生参与自己的科研项目或相关领域的研究活动
15	热心集体事务，主动承担校（或院或系）必需的管理或公共服务工作	38	在教学过程中注意培养学生自学能力和综合素质的培养
16	积极维护部门间的和谐关系	39	主动组织和安排学生参加相关的企业调研和社会实践活动
17	积极参加学校组织的各类集体活动	40	积极组织或参与各项实习活动并给予一定的指导和帮助
18	积极带领或参与团队职责完成改革科研创新工作	41	主动为学生的就业提供具体指导和就业岗位
19	总能以高出规定职责参与改革完成相应的教学、科研和管理工作	42	主动为学生推荐介绍实习和就业岗位
20	主动了解和掌握本专业相关前沿及相关行业发展动态	43	主动关注学生毕业后的发展情况并提供力所能及的帮助
21	主动更新专业知识、教学资源以及教学方法	44	主动帮助学生解决生活中遇到的具体困难和问题
22	主动推动或参与学科专业建设与改革工作	45	主动为学生的行为等提供指导和建议
23	主动推动或参与课程建设与改革工作	46	主动关注学生的心理健康并进行心理疏导

本书没有进行多次重复测量，主要采用内部一致性，即克隆巴赫系数（Cronbach's α）衡量问卷的信度，它是衡量 Likert 量表最常用的指标[①]。一般来说，如果 Cronbach's α 系数大于 0.9，说明量表的内在一致性很高；如果 α 系数在 0.8 和 0.9 之间，说明量表的内在一致性可以接受；如果 α 系数在 0.7 和 0.8 之间，说明量表在设计上存在一定的不足，但仍然具有参考意义；如果 α 系数小于 0.7，说明量表在设计上存在着较大的问题，需要重新编制（薛薇，2013）。吴明隆（2012）在总结各学者的观点后指出，问卷的总体信度应达到 0.8 以上，并且子问卷的信度系数达到 0.6 以上，说明该问卷具有良好的信度。此外，在考察具体测量条目时，如果发现删除该条目后，α 系数有显著提高，说明这个条目可能存在问题，需要考虑删除。

效度分析是指量表能够有效衡量出所要考察的内容的程度，主要包括内容效度、效标效度和结构效度。本书重点考虑高校教师周边绩效问卷的内容效度和结构效度。内容效度是指所要考察的目标与问卷内容之间的契合程度，也就是判断问卷的题目是否满足测量目的和要求。内容效度具有主观性，通常需要专家进行评判。本书编制的测试问卷条目是经过专家讨论后形成的，有效保证了问卷的内容效度。结构效度是指问卷内容反映概念内部结构的程度，也就是说，如果调查数据与理论设计一致，就说明问卷具有较好的结构效度，通常采用因子分析方法来检验。

本次试测主要采用探索性因子分析的方法对周边绩效问卷的结构效度进行检验。探索性因子分析以"最大程度减少信息衰减"为前提，是一种从众多的高度相关和重叠的观测变量中提取少量能够反映变量主要特征的因子，并使所提取的因子能够具有一定解释能力的统计分析方法（薛薇，2013）。

开展探索性因子分析需要一个前提条件：原有各变量之间必须具有较强的相关性。从统计学的角度看，研究变量的相关性一般采用 Kaiser-Meyer-Olkin（KMO）和 Bartlett 指标进行检验。KMO 指标的取值在 0~1，越接近 1，表示原变量的相关性越强，适宜做因子分析，越接近 0，说明变量间的相关性越弱，原变量不适宜做因子分析。Kaiser 给定了 KMO 常用的测量标准：0.9 以上代表非常适合，0.8~0.9 代表适合，0.6~0.7 代表一般，0.5~0.6 代表不太适合，0.5 以下代表非常不适合。Bartlett 球形检验的目的在于检验零假设"相关系数矩阵是一

---

① 杜智敏. 抽样调查与 SPSS 应用［M］. 北京：电子工业出版社，2010：696.

个单位矩阵"。如果该统计量的观测值比较大并且对应的概率 p 小于给定的显著性水平 α，则拒绝零假设，相关系数矩阵与单位矩阵存在着显著差异，原变量适合做因子分析；反之，统计量的值比较小并且对应的概率 p 大于给定的显著性水平 α，则不能拒绝零假设，相关系数矩阵与单位矩阵无显著性差异，原有变量不适合做因子分析（薛薇，2013）。

对收集到的 236 份有效问卷进行了信度和探索性因子分析。信度检验结果显示，Cronbach's α 为 0.981，说明本次试测问卷内在一致性很高。在开展探索性因子分析之前，先检验了 KMO 值和 Bartlett 球形假设。KMO 值达到 0.958，表明非常适合进行因子分析。同时，Bartlett 球形检验结果显示，$\chi^2 = 12073.188$，df = 1035，p<0.001，拒绝零假设，表明符合因子分析的前提条件。进行探索性因子分析，采用主成分分析法，最大方差正交旋转抽取特征值大于 1，提取 6 个公因子，累计解释方差达到 74.6%。删除因子载荷低于 0.5 的条目和在两个因子上的载荷都高于 0.5 并且数值比较接近的条目。具体结果如表 4-2 所示。

表 4-2　周边绩效初次试测因子分析结果

条目	公因子					
	1	2	3	4	5	6
FCP43	0.849					
FCP42	0.810					
FCP41	0.798					
FCP39	0.765					
FCP40	0.762					
FCP44	0.739					
FCP45	0.714					
FCP37	0.698					
FCP36	0.684					
FCP46	0.669					
FCP34	0.666					
FCP32	0.648					
FCP35	0.640					
FCP38	0.617					

续表

条目	公因子					
	1	2	3	4	5	6
FCP22		0.752				
FCP21		0.734				
FCP25		0.732				
FCP23		0.728				
FCP20		0.726				
FCP24		0.685				
FCP18		0.524				
FCP7			0.719			
FCP6			0.711			
FCP8			0.697			
FCP12			0.689			
FCP9			0.687			
FCP11			0.634			
FCP10			0.613			
FCP5			0.606			
FCP14				0.649		
FCP15				0.640		
FCP13				0.627		
FCP17				0.560		
FCP19				0.502		
FCP2					0.805	
FCP1					0.804	
FCP4					0.600	
FCP3					0.580	
FCP29						0.625
FCP30						0.621
FCP28						0.567

注：FCP 代表周边绩效（第一次试测）。

通过上述探索性因子分析，共提取 6 个公因子，其中：因子 1 主要涉及教师对学生学习和成长发展方面的帮助和指导；因子 2 主要涉及教师对工作的改革创新行为；因子 3 主要涉及教师对同事专业发展的促进行为；因子 4 主要涉及教师在工作中的主动尽责行为；因子 5 主要涉及教师对同事的日常帮助行为；因子 6 主要涉及教师对学校形象的维护行为。

从测试数据分析结果看，符合本书提出的高校教师周边绩效结构的理论框架。但是从测试结果中也发现，因子所包含的原始测量项目较多（共 42 条），并且许多原始测量项目之间的直接相关性比较强，进一步说明这些测量项目仍然存在着信息重叠的现象。征求了数理统计专家的意见后，为了保证本书所构建的周边绩效结构既有精简度又有普适性，同时也为了避免在正式调查过程中由于重复信息过多而导致调查者出现厌烦情绪进而影响填答质量的情况发生，需要对测量项目做进一步的提炼概括。根据专家建议，原始测量项目最好控制在 20~30 个，每个子维度控制在 2~4 个题目。

4.1.2.2 修订和完善问卷

邀请 3 名管理学教授和 2 名教学管理专家根据本书界定的周边绩效内涵及结构框架，在结合初次试测结果的基础上对测量项目做进一步的精简和概括，确保以尽可能少的条目涵盖高校教师周边绩效的本质特征。经过提炼概括形成了 22 个行为条目，具体内容见表 4-3。

表 4-3 概括后形成的周边绩效行为条目

	原始条目（42 条）	概括后形成的新条目
FCP44	主动帮助学生解决生活中遇到的具体困难和问题	（1）主动关心学生的生活和心理健康状态并给予具体的指导和帮助
FCP46	主动关注学生的心理健康并进行心理疏导	
FCP39	主动组织和安排学生参加相关的企业调研和社会实践活动	（2）主动利用课余时间为学生的各类学习活动提供具体的指导和帮助
FCP40	积极组织或参与各项学生活动并给予一定的指导和帮助	
FCP36	主动指导学生参加学科竞赛、启明星项目、社团等课外活动	
FCP37	主动带领学生参与自己的科研项目或相关领域的研究活动	
FCP34	主动将自己的研究成果或者积累的资料提供给学生学习使用	
FCP35	愿意花更多的时间和精力关注学习困难的学生并给予具体指导	

续表

	原始条目（42条）	概括后形成的新条目
FCP43	主动关注学生毕业后的发展情况并提供力所能及的帮助	（3）主动关注学生的成长发展，并提供具体的建议和帮助
FCP42	主动为学生推荐介绍实习和就业岗位	
FCP41	主动为学生的就业提供具体指导和帮助	
FCP45	主动为学生的行为处事等提供指导和建议	
FCP32	主动为学生的发展规划提供指导和建议	
FCP38	在教学过程中注意学生自学能力和综合素质的培养	（4）在教学过程中积极贯彻立德树人理念，注重学生自主学习能力和综合素质的培养
FCP6	愿意和同事分享自身的教学和科研工作经验	（5）主动和其他教师（特别是青年教师）分享自身的教学和科研工作经验
FCP12	与青年教师分享自身的教学科研工作经验	
FCP5	帮助或指导同事开展科研活动	
FCP7	愿意为同事提供更多的教学科研相关资源	（6）主动为其他教师提供更多的教学科研相关资源或者发展机会
FCP9	主动为青年教师职业成长提供机会	
FCP8	主动帮助青年教师做好职业规划	（7）主动帮助新教师熟悉工作环境，做好职业发展规划
FCP10	主动帮助青年教师熟悉工作环境	
FCP11	能够发挥示范作用，为青年教师树立榜样	（8）在工作中主动发挥示范作用，为其他教师树立榜样
FCP1	帮助同事解决生活中遇到的困难和问题	（9）主动帮助其他教师解决生活中遇到的困难和问题
FCP2	帮助同事处理日常工作中的困难和问题	（10）主动帮助其他教师处理日常工作中遇到的困难和问题
FCP4	工作中主动提醒同事关注重要信息	（11）主动提醒其他教师避免工作中犯错或关注重要工作信息
FCP3	工作中主动提醒同事避免犯错误	
FCP20	主动了解和掌握本专业领域前沿及相关行业发展动态	（12）主动了解本专业领域发展动态，定期更新教学资源和创新教学方法
FCP21	主动更新专业知识、教学资源以及教学方法	
FCP18	积极带领或参与团队教学改革和科研创新工作	（13）积极带领或参与团队教学改革和科研创新工作

	原始条目（42 条）	概括后形成的新条目
FCP22	主动推动或参与学科专业建设与改革工作	（14）主动推动或积极参与学科专业、课程及实践环境等建设与改革工作
FCP25	主动为学科专业建设提出建设性意见	
FCP23	主动推动或参与课程建设与改革工作	
FCP24	主动推动或积极参与产教融合建设工作	（15）主动推动或积极参与产教融合建设工作
FCP13	工作中不抱怨，愿意主动奉献	（16）工作中不抱怨，愿意主动奉献
FCP19	总能以高出规定职责的标准完成相应的教学、科研和管理工作	（17）总能以超出规定要求的标准完成相应的工作
FCP14	主动完成校（或院或系）安排的突发性或临时性工作	（18）主动完成学校（或学院）必需的各项公共服务工作
FCP15	热心集体事务，主动承担校（或院或系）必需的管理或公共服务工作	
FCP17	积极参加校或院组织的各类集体活动	（19）积极参加学校或学院组织的各类集体活动
FCP28	主动为学校的管理提出建设性意见	（20）主动为学校的管理提出建设性意见
FCP29	主动宣传和维护学校的声誉和形象	（21）对外主动宣传和维护学校的声誉和形象
FCP30	主动爱护校园环境，维护校园安全	（22）主动爱护校园环境，维护校园安全

4.1.2.3　形成正式调查问卷

周边绩效原始行为条目由 42 个条目经过专家讨论、概括形成 22 个条目后，周边绩效结构有可能会发生变化，需要再次进行试测，检验问卷的信度以及效度。本书于 2019 年 6~7 月开展第二次试测。

第二次试测主要借助问卷星平台采用线上调查方式发放问卷 236 份。对收集到的问卷主要根据答题有效性和答题态度筛查无效问卷，筛查原则包括：① 一个问卷所有测量题目的回答中有 2/3 以上完全一致的问卷整体进行删除。②考虑到答题时间过短可能会影响答题质量，根据问卷的答题时间筛查无效问卷。笔者选择 3 名教师同时填写周边绩效的第二次试测问卷，平均答题时间在 1~2 分钟。参考这个标准，对答题时间在 60 秒以内的问卷进行删除。经过无效问卷删除处理后，共获得有效问卷 208 份，有效问卷回收率为 88.1%。

对第二次试测问卷进行信度分析，问卷的 Cronbach's α 为 0.955，说明第二次试测问卷具有良好的信度。第二次试测数据的 KMO 值为 0.937，Bartlett 球形检验结果显示 $\chi^2 = 12073.188$，$df = 1035$，$p<0.001$，零假设被拒绝。KMO 值和 Bartlett 球形检验结果表明本次数据非常适合开展探索性因子分析。采用主成分最大方差正交旋转，提取 6 个公因子，累计总方差解释比例达到 76.3%。参照第一次试测时对测量条目进行删除的原则，剔除因子负荷低于 0.5 以及出现双因子载荷的条目后剩余 18 个行为条目，形成正式调查问卷，具体分析结果如表 4-4 所示。

表 4-4　周边绩效第二次试测因子分析结果

公因子	测量条目	因子载荷
教师对同事专业发展的促进行为	（6）主动为其他教师提供更多的教学科研相关资源或者发展机会	0.785
	（7）主动帮助新教师熟悉工作环境，做好职业发展规划	0.681
	（5）主动和其他教师（特别是青年教师）分享自身的教学和科研工作经验	0.657
	（8）在工作中主动发挥示范作用，为其他教师树立榜样	0.641
教师在工作中的主动尽责行为	（17）总能以超出规定要求的标准完成相应的工作	0.677
	（19）积极参加学校或学院组织的各类集体活动	0.569
	（16）工作中不抱怨，愿意主动奉献	0.558
教师对工作的改革创新行为	（14）主动推动或积极参与学科专业、课程及实践环境等建设与改革工作	0.809
	（13）积极带领或参与团队教学改革和科研创新工作	0.771
	（15）主动推动或积极参与产教融合建设工作	0.672
教师对学生学习和成长发展的帮助和指导	（3）主动关注学生的成长发展，并提供具体的建议和帮助	0.838
	（2）主动利用课余时间为学生的各类学习活动提供具体的指导和帮助	0.807
	（1）主动关心学生的生活和心理健康状态并给予具体的指导和帮助	0.766
教师对同事的日常帮助行为	（9）主动帮助其他教师解决生活中遇到的困难和问题	0.803
	（10）主动帮助其他教师处理日常工作中遇到的困难和问题	0.738
	（11）主动提醒其他教师避免工作中犯错或关注重要工作信息	0.500
教师对学校形象的维护行为	（22）主动爱护校园环境，维护校园安全	0.713
	（21）对外主动宣传和维护学校的声誉和形象	0.510

通过上述分析，编制形成了高校教师周边绩效正式调查问卷，检验表明该问卷具有良好的信度和效度指标。

4.1.3 高校教师周边绩效结构的检验与验证

本书以正式问卷调查数据为基础，对高校教师周边绩效问卷结构进行探索和验证，进一步检验在大样本数据下高校教师的周边绩效结构是否与理论框架设计相符合，最终确定高校教师的周边绩效结构维度。

正式调查问卷采用线上和线下相结合的方式发放，涵盖了不同类型高校、不同学科、不同职称和职务以及不同年龄段的教师群体[1]。共发放问卷 1177 份，回收问卷 1059 份，问卷回收率达到 89.9%。按照答题有效性和答题态度筛查无效问卷，共删除无效问卷 87 份，获得有效问卷 972 份，问卷有效回收率为 91.8%。

本书采用如下处理程序对高校教师周边绩效的结构维度进行检验和验证：将正式调查数据随机分成两组，一组（486 份）用于探索性因子分析，检验高校教师周边绩效的结构模型；另一组（486 份）采用验证性因子分析，对模型进行验证。为确保研究结果的可靠性，因子分析对于样本数量有一定的要求。一般来说，样本数量至少是题目数量的 5 倍，若想得到比较理想的结果，应该在 10 倍以上，并且样本总量不得低于 100 人（张文彤等，2013）。本书中两组样本数量均大于所测题目的 10 倍以上，符合因子分析的适用条件。

4.1.3.1 探索性因子分析

在开展探索性因子分析之前，先进行周边绩效问卷项目区分度的分析、KMO 和 Bartlett 检验。项目区分度也是效度分析的一个重要内容，是指对于不同的测量项目应该各为其主，有所区别。项目区分度分析的操作步骤包括：计算每个样本的周边绩效总分并按照从小到大升序排列，然后将总分排列在前 25% 和后 25% 的数据分为高分组和低分组，再通过独立样本 t 检验的方法检验高分组和低分组是否存在着显著的差异。通过检验发现，高分组和低分组存在着显著性差异，表明所有测度项目具有较好的区分度。

通过 KMO 和 Bartlett 检验结果判断正式调查数据是否适合进行探索性因子分析。分析结果显示，KMO 值为 0.937，表明各原始变量之间存在着较强的相关性；Bartlett 检验 $\chi^2 = 3942.780$，自由度 $df = 153$，$p < 0.001$，拒绝零假设。由 KMO 和 Bartlett 检验结果可知，该数据非常适宜开展探索性因子分析。

---

[1] 样本的基本情况可参见第 5 章实证分析与假设检验内容。

随后，对 486 份数据开展探索性因子分析。采用主成分最大方差正交旋转，按照特征值大于 1 的方法提取公因子发现，可提取 4 个公因子，但累计方差解释比例偏低，不足 60%。根据一些研究者的观点，在编制量表过程中若对测量条目有明确的归类，可以在因子探索时设定想要抽取的公因子的数目（吴明隆，2007）。因此，本书根据高校教师周边绩效结构的理论框架以及两次试测结果，按照固定因子法提取 6 个公因子，累计方差解释率达到 70.48%。

根据探索性因子分析结果，高校教师周边绩效结构包括 6 个维度，各维度的测量项目在 2~4 个，各项目的因子载荷都比较大，均在 0.5 以上，每个项目在相应因子上的具体载荷如表 4-5 所示。

表 4-5　高校教师周边绩效探索性因子分析结果

因子	测量条目	载荷
因子 1	CP12 主动推动或积极参与学科专业、课程及实践环境等建设与改革工作	0.794
	CP13 主动推动或积极参与产教融合建设工作	0.749
	CP11 积极带领或参与团队教学改革和科研创新工作	0.734
因子 2	CP4 主动和其他教师（特别是青年教师）分享自身的教学和科研工作经验	0.748
	CP5 主动为其他教师提供更多的教学科研相关资源或者发展机会	0.639
	CP6 主动帮助新教师熟悉工作环境，做好职业发展规划	0.604
	CP7 在工作中主动发挥示范作用，为其他教师树立榜样	0.509
因子 3	CP1 主动关心学生的生活和心理健康状态并给予具体的指导和帮助	0.754
	CP3 主动关注学生的成长发展，并提供具体的建议和帮助	0.740
	CP2 主动利用课余时间为学生的各类学习活动提供具体的指导和帮助	0.728
因子 4	CP9 主动帮助其他教师处理日常工作中遇到的困难和问题	0.792
	CP8 主动帮助其他教师解决生活中遇到的困难和问题	0.781
	CP10 主动提醒其他教师避免工作中犯错或关注重要工作信息	0.585
因子 5	CP15 总能以超出规定要求的标准完成相应的工作	0.739
	CP14 工作中不抱怨，愿意主动奉献	0.681
	CP16 积极参加学校或学院组织的各类集体活动	0.570
因子 6	CP18 主动爱护校园环境，维护校园安全	0.784
	CP17 对外主动宣传和维护学校的声誉和形象	0.738

注：正式问卷重新编号，CP 代表变量"周边绩效"。

对 6 个公因子涉及的条目进行总结：因子 1 主要反映教师在工作中主动进行改革创新的行为表现，命名为工作改革创新。因子 2 主要反映教师在工作中主动对其他教师专业发展促进的行为表现，命名为教师发展促进。因子 3 主要反映教师对学生学习和成长发展的关怀和指导的行为表现，命名为学生关怀指导。因子 4 主要反映教师对同事日常工作和生活帮助的行为表现，命名为教师日常帮助。因子 5 主要反映教师在工作中主动尽责的行为表现，命名为工作主动尽责。因子 6 主要反映教师在工作中积极维护学校声誉和安全的行为表现，命名为学校形象维护。

4.1.3.2　验证性因子分析

探索性因子分析的目的是检验问卷的构建效度，而验证性因子分析则是检验此构建效度与实际数据的适配情况。本书通过探索性因子分析获得了高校教师周边绩效结构的 6 个维度，然后利用另一组数据（486 份）对这个结果进行验证性因子分析，即利用 AMOS 21.0 结构方程软件检验通过探索性因子分析获得的结构模型是否与实际数据吻合、指标变量是否可以有效反映潜在变量的主要特征。

参考吴明隆等学者的观点，验证得出各潜变量的测量模型具有良好的拟合度，主要判断标准包括：①绝对适配度指标（Absolute Fit Index），主要包括卡方值（χ^2）、适配度指数（GFI）、渐进残差均方和平方根（RMSEA）三个指标。其中，χ^2 表示理论模型与实际数据的适配情况，但 χ^2 比较容易受样本大小的影响，一般情况下采用卡方值与自由度的比值（χ^2/df）作为判断模型适配情况的指标。②简约适配度指标（Parsimonious Fit Index），用来比较模型的精简程度，主要包括简约调整后的规准适配指标（PNFI）及简约适配度指标（PGFI）。③增值适配度指标（Incremental Fit Index），用来比较理论模型与虚无模型的适配度，主要包括规准适配度指标（NFI）及比较适配度指标（CFI）。这三类指标的具体评价标准为：①绝对适配度：$\chi^2/\mathrm{df}<3$（按宽松标准评价，$\chi^2/\mathrm{df}<5$）；GFI>0.9；RMSEA<0.08（当 RMSEA<0.05 时表示拟合程度良好）。②简约适配度：PNFI>0.5；PGFI>0.5。③增值适配度：NFI>0.90；CFI>0.90。

上述判断指标中，χ^2/df 实际上也像 χ^2 一样容易受到样本大小的影响，在判别模型适配度是否可以接受时，最好参考其他适配度指标进行综合判断（Hayduk，1987；Wheaton，1987）。

同时，本书通过验证性因子分析计算平均提取方差值（AVE）来检验问卷的聚合效度。所谓聚合效度（convergent validity），也称收敛度，是指对于同一个因素的所有测度问题应该对应一致，彼此关联。通常情况下，判定标准是 AVE 要大于 0.50，数值越大表示测量指标越能充分反映其共同因素的特征（吴明隆，2010）。AVE 值的计算公式如下（吴明隆，2010）：

$$\rho_v = \frac{\sum \lambda^2}{\sum \lambda^2 + \sum \theta} \tag{4-1}$$

其中，ρ_v 表示平均方差抽取量（AVE）；λ 表示观测变量在潜变量上的标准化参数估计值，也就是标准化因素负荷量；θ 表示观测变量的误差变异量。

此外，通过探索性因子分析可知，本书所构建的周边绩效结构具有六个维度，需要对各维度的区分度（Discriminant Validity）进行检验。本书通过验证性因子分析对不同因子模型进行比较来判断区分度。

使用 AMOS 21.0 结构方程软件对通过探索性因子分析得到的周边绩效一阶六因子模型进行验证性因子分析。在一阶六因子模型的拟合度指标中，χ^2/df = 2.202，GFI = 0.943，RMSEA = 0.05，PNFI = 0.731，PGFI = 0.662，NFI = 0.931，CFI = 0.961，表明模型适配度指标符合要求，说明周边绩效结构模型拟合程度比较理想。具体验证性因子分析模型如图 4-1 所示。

同时，验证性因子分析结果也显示本书构建的周边绩效所有测量条目的标准化因子载荷都大于 0.6，并且问卷总体的 AVE 值为 0.50。工作改革创新、教师发展促进、学生关怀指导、教师日常帮助、工作主动尽责和学校形象维护六个维度的 AVE 值分别为 0.556、0.452、0.566、0.50、0.410 和 0.568。

根据 Fornell 和 Larcker（1981）的观点，在验证性因子分析时 AVE 值应该大于 0.5，说明这个因子没有受到其他因子的影响。但是也有学者如 Hatcher（1994）认为这个标准过于严苛，即使有几个 AVE 值小于 0.5 也是在可以接受的范围内，主要原因在于个体的主观感受可能会受到很多不确定性因素的影响，只通过单个指标来衡量个体的主观感受有失偏颇，需要从整体的角度去看待 AVE 的值。周边绩效结构中六个维度的 AVE 值大多数都大于 0.5 的标准，由此可以说明周边绩效问卷具有良好的聚合度。周边绩效的验证性因子分析结果见表 4-6。

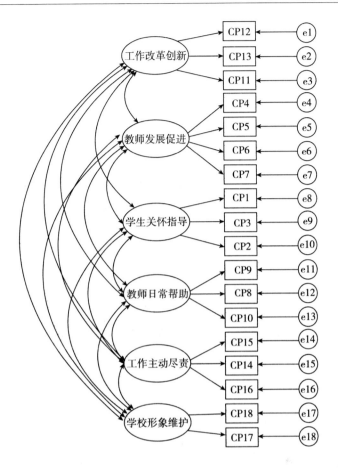

图4-1 一阶六因子模型

表4-6 周边绩效验证性因子分析结果

周边绩效（CP）		标准化因子负荷	测量误差	组合信度	平均提取方差值（AVE）
工作改革创新	CP12	0.759	0.424	0.79	0.556
	CP13	0.727	0.471		
	CP11	0.751	0.436		
教师发展促进	CP4	0.634	0.598	0.767	0.452
	CP5	0.665	0.558		
	CP6	0.709	0.497		
	CP7	0.678	0.540		

续表

周边绩效（CP）		标准化因子负荷	测量误差	组合信度	平均提取方差值（AVE）
学生关怀指导	CP1	0.809	0.346	0.796	0.566
	CP3	0.76	0.422		
	CP2	0.683	0.534		
教师日常帮助	CP9	0.787	0.381	0.748	0.50
	CP8	0.749	0.439		
	CP10	0.613	0.624		
工作主动尽责	CP15	0.600	0.640	0.671	0.410
	CP14	0.657	0.568		
	CP16	0.652	0.575		
学校形象维护	CP18	0.742	0.449	0.724	0.568
	CP17	0.765	0.415		
		df = 120，GFI = 0.943，RMSEA = 0.05，CFI = 0.961			

此外，利用验证性因子分析对比多个竞争模型之间的优劣来确定最匹配的模型。基于此，本书又将所构建的周边绩效一阶六因子模型（学生关怀指导、工作改革创新、教师发展促进、教师日常帮助、工作主动尽责和学校形象维护）与单维结构模型（所有项目测度的是周边绩效一个因子）、一阶三因子模型（按照西方学者 Coleman 等提出的三维结构，包括人际公民绩效、组织公民绩效和工作责任感）、一阶二因子模型（根据 Williams 和 Anderson 等提出二维结构：指向个体的组织公民行为和指向组织的组织公民行为）以及一阶五因子模型（Organ 提出的经典五维结构：利他、责任意识、公民美德、善意行为和运动员精神）进行对比分析，以判断本书所构建的周边绩效结构是否为最佳模型。五个模型的验证性因子分析的具体结果见表4-7。

表4-7　周边绩效结构模型拟合指标对比

指标	绝对拟合度			简约拟合度		增值拟合度	
	χ^2/df	GFI	RMSEA	PNFI	PGFI	NFI	CFI
评价标准	<3	>0.9	<0.08	>0.5	>0.5	>0.90	>0.90
一阶六因子模型	2.202	0.943	0.05	0.731	0.662	0.931	0.961

续表

指标	绝对拟合度			简约拟合度		增值拟合度	
	χ^2/df	GFI	RMSEA	PNFI	PGFI	NFI	CFI
一阶二因子模型	4.146	0.879	0.081	0.75	0.689	0.856	0.886
一阶三因子模型	4.011	0.886	0.079	0.744	0.684	0.863	0.893
一阶五因子模型	3.369	0.909	0.07	0.728	0.664	0.891	0.92
单维度因子模型	4.374	0.874	0.083	0.747	0.690	0.847	0.877

由表4-7可见，一阶六因子模型的各项拟合指数都明显优于其他几个模型，且 χ^2/df 接近2（χ^2/df 小于2表示拟合程度良好），GFI、NFI 和 CFI 指数均大于0.9，RMSEA 结果小于0.05。参考判断标准，足以说明周边绩效一阶六因子模型在五个模型中属于最优模型。同时，相比单维度模型的拟合指标，周边绩效一阶六因子模型中的六个维度具有良好的区分度。

综合验证性因子分析结果可知，周边绩效结构六维模型各指标均达到统计检验的要求，说明正式调查样本数据对周边绩效六维模型的拟合度比较理想，本书构建的高校教师周边绩效结构得到了大样本数据的验证。

4.1.3.3 信度检验

利用 SPSS 25.0 软件对问卷的信度进行检验，分析结果如表4-8所示。从信度分析结果看，高校教师周边绩效整体问卷的内在一致性系数（Cronbach's α）达到0.935，各分维度问卷的内在一致性系数均达到0.7以上，并且删除任意测量条目后内在一致性系数都发生不同程度的降低，说明所有条目均可保留。综合信度分析的各项指标说明该问卷具有良好的可靠性。

表4-8 高校教师周边绩效问卷的信度分析结果

	修正后的项与总计相关性	删除项后的克隆巴赫α系数	量表克隆巴赫α系数
周边绩效（CP）			0.935
工作改革创新			0.80
CP12	0.674	0.696	
CP13	0.626	0.746	
CP11	0.634	0.738	

续表

	修正后的项与 总计相关性	删除项后的 克隆巴赫 α 系数	量表克隆巴赫 α 系数
教师发展促进			0.783
CP4	0.589	0.731	
CP5	0.604	0.723	
CP6	0.593	0.729	
CP7	0.572	0.739	
学生关怀指导			0.788
CP1	0.677	0.659	
CP3	0.636	0.703	
CP2	0.574	0.774	
教师日常帮助			0.765
CP8	0.629	0.648	
CP9	0.660	0.616	
CP10	0.510	0.777	
工作主动尽责			0.704
CP15	0.535	0.596	
CP16	0.482	0.660	
CP14	0.548	0.581	
学校形象维护			0.703
CP17	0.543		
CP18	0.543		

此外，本书通过验证性因子分析计算模型潜变量的组合信度（也称为构念信度）系数，以检验测量模型的内在质量。通常情况下，组合信度在 0.6 以上表明模型的内在质量良好（吴明隆，2010）。组合信度的计算要利用验证性因子分析得到的观测变量的标准化因子负荷量与误差变异量来估算（误差变异量根据因子负荷量可以计算出来），组合信度公式如下：

$$\rho_c = \frac{(\sum \lambda)^2}{(\sum \lambda)^2 + \sum \theta} \qquad (4-2)$$

其中，ρ_c 表示组合信度；λ 表示观测变量在潜变量上的标准化参数估计值，也就是标准化因子负荷量；θ 表示观测变量的误差变异量，$\theta = 1-$ 标准化因子负荷量的平方 $= 1-R^2$。

如表 4-6 所示，周边绩效各维度的组合信度均在 0.67 以上，说明周边绩效结构模型内在质量比较理想。

综上所述，本书采用关键事件技术法收集了高校教师周边绩效的关键行为事件，通过分类整理形成了行为条目，并以此为基础开发了高校教师周边绩效测量问卷；利用大样本调查数据，运用探索性因子分析和验证性因子分析对高校教师周边绩效的结构进行了检验和验证，从实证研究的角度进一步验证了本书构建的高校教师周边绩效结构。

4.2 高校教师工作使命感问卷开发

4.2.1 高校教师工作使命感问卷的内容设计

本书认为，高校教师的工作使命感是个体对从事高校教师这个职业所体验到的一种内在的主观感受。这种内在的主观感受蕴含着强烈的激情、满足感、成就感和意义感。基于这一概念内涵，高校教师工作使命感的问卷是在 Dobrow 和 Tosti-Kharas（2011）开发的 12-CS 量表的基础上改编形成的。

12-CS 量表是被学者广泛关注和使用的成熟量表之一，共 12 个题目，能够有效说明本书所定义的高校教师工作使命感的内涵。该量表具有单维度因子结构和良好的信度、效度水平。这个量表虽然是面向音乐、艺术、商业和管理四个特定的职业领域开发的，却具有很强的灵活性，能够推广应用到不同的职业环境中。该量表也被国内的一些学者（李云苹，2011；裴宇晶，2015；田红彬，2019）应用于实证研究中。

为保证问卷内容设计的准确性，本书直接引用原文量表，请两名英语专业教师对量表进行互译，先由一人将英文量表翻译成中文，再由另外一名教师将翻译后的中文量表进行回译，然后由两位教师共同对互译的结果进行讨论并达成一致意见①。最后，笔者结合高校教师的工作环境对形成的中文量表进行了改编，如将原量表中"演奏音乐/从事艺术专业/做生意/当经理给了我极大的个人满足感"改编成"在高校当老师给了我极大的个人满足感"等。

对于改编形成的高校教师工作使命感问卷，笔者采用小组访谈法的方式从所在学校随机选取了 30 名教师，请他们现场填写问卷，并获取相应的反馈信息，了解被调查教师对问卷中各测量题目的理解，并对容易产生歧义的内容进行了重新修正。修正后的问卷包括 12 个测量条目，如"我很有激情地投入高校教师这份工作中""我最喜欢当高校教师""在高校当老师给了我极大的个人满足感"等。问卷采用 Likert 5 级量表进行评价，"1"表示"非常不符合"，"5"表示"非常符合"。

4.2.2　高校教师工作使命感问卷的信度和效度检验

考虑到高校教师工作使命感问卷是在西方学者开发的成熟量表的基础上改编形成的，虽然已在国内得到了推广应用，但在高校组织情境中的应用研究还相对有限，因此本书需要通过小样本试测对改编形成的问卷信度和效度进行检验，以保证所开发的研究问卷符合统计测量学的要求。

笔者根据便利性原则，借助自身的人际关系利用问卷星平台发放测试问卷 180 份，按照答题有效性和答题态度筛查无效问卷，共剔除无效问卷 30 份，最终获得有效问卷 150 份，问卷的有效回收率为 83.3%。利用 SPSS 25.0 软件对问卷的内部一致性进行分析以检验信度，采用探索性因子分析检验问卷的结构效度。

4.2.2.1　信度分析

对高校教师的工作使命感问卷进行信度分析，分析结果如表 4-9 所示。从表中结果可以看出，工作使命感问卷的总体 Cronbach's α 为 0.934，说明该问卷具有良好的信度。同时，问卷中 12 个条目修正后的项与总计相关性都在 0.6 以上，删除任意一个题目后，Cronbach's α 系数均出现不同程度的降低，说明所有测量条目都可以保留。

---

① 姚军梅. 职业使命感、工作投入对职业成功的影响机制研究 ［D］. 长春：吉林大学，2017.

表4-9 高校教师工作使命感问卷的信度分析结果

	修正后的项与总计相关性	删除项后的克隆巴赫α系数	量表克隆巴赫α系数
CA 工作使命感			0.934
CA1 我很有激情地投入到高校教师这份工作中	0.656	0.931	
CA2 与其他工作相比，我最喜欢当高校教师	0.676	0.930	
CA3 在高校当老师给了我极大的个人满足感	0.718	0.929	
CA4 为了从事高校教师这份工作，我愿意牺牲一切	0.704	0.930	
CA5 当我向别人介绍自己时，我经常想到的第一件事就是我是一名高校教师	0.767	0.927	
CA6 即使面临重重困难，我也要继续在高校从事教学和科研工作	0.793	0.926	
CA7 我知道做好高校教师这份工作永远是我生活中的一部分	0.782	0.926	
CA8 我觉得我注定就是一名高校教师	0.742	0.928	
CA9 在某种程度上，高校教师的工作一直在我的脑海中	0.722	0.929	
CA10 即使在我不工作时，我也经常想起我工作中的事情	0.608	0.933	
CA11 我觉得如果我没有从事高校教师这份工作，我的存在就不会那么有意义	0.615	0.933	
CA12 当一名高校教师对我来说是一种非常感动和满足的经历	0.792	0.926	

注：CA 代表变量"工作使命感"。

4.2.2.2 探索性因子分析

对高校教师工作使命感的问卷进行探索性因子分析。KMO 值达到 0.914；Bartlett 球形检验结果显示 $\chi^2 = 1239.966$，$df = 66$，$p < 0.001$，表明 Bartlett 球形检验零假设被拒绝。KMO 值和 Bartlett 球形检验结果说明该数据符合因子分析的前提条件。

通过探索性因子分析，提取共同因子数目为 1 个，累计方差解释率达到58.91%，符合原量表的单维度设定。同时，每个测量条目的因子载荷均在 0.6以上，高于 0.4 的标准，说明各个测量条目能够得到共同因子的有效解释，此问卷具有较好的结构效度。探索性因子分析各条目的因子载荷如表 4-10 所示。

表 4-10 高校教师工作使命感问卷探索性因子分析各条目的因子载荷

测量条目	因子载荷
CA1 我很有激情地投入到高校教师这份工作中	0.717
CA2 与其他工作相比，我最喜欢当高校教师	0.736
CA3 在高校当老师给了我极大的个人满足感	0.772
CA4 为了从事高校教师这份工作，我愿意牺牲一切	0.752
CA5 当我向别人介绍自己时，我经常想到的第一件事就是我是一名高校教师	0.817
CA6 即使面临重重困难，我也要继续在高校从事教学和科研工作	0.834
CA7 我知道做好高校教师这份工作永远是我生活中的一部分	0.830
CA8 我觉得我注定就是一名高校教师	0.789
CA9 在某种程度上，高校教师的工作一直在我的脑海中	0.773
CA10 即使在我不工作时，我也经常想起我工作中的事情	0.668
CA11 我觉得如果我没有从事高校教师这份工作，我的存在就不会那么有意义	0.666
CA12 当一名高校教师对我来说是一种非常感动和满足的经历	0.830

4.3 高校教师工作投入问卷开发

4.3.1 高校教师工作投入问卷的内容设计

本书定义高校教师的工作投入为：教师在工作中表现出来的一种积极的精神状态，这种精神状态反映了教师将精力、注意力和热情投入工作中的程度。这些特征在 Schaufeli（2002）编制的 UWES-9 工作投入量表中都能够涵盖。因此，本书以 Schaufeli（2002）编制的 UWES-9 工作投入量表为基础，改编成高校教师工作投入问卷。

如前所述，UWES-9 工作投入量表易于操作，并经过了跨文化研究的检验，具备良好的信度和效度指标。我国学者李富业等（2009）在研究中曾对 UWES-9 量表进行了信度和效度的分析，研究结果显示 UWES-9 量表符合统计测量学的要求。

本书仍然采用"翻译—回译"的方式，将原量表转化成中文①，然后参照高校教师工作使命感问卷的改编程序，采用小组访谈法对问卷的文字和语言表达方式进行了修改和完善。问卷采用 Likert 5 级量表进行评价，"1"表示"非常不符合"，"5"表示"非常符合"。修正后的问卷包括 9 个测量条目，如"工作时，我感觉非常有干劲""当我早上起床时，我很想去上班""工作时，我感到精力充沛"等。

4.3.2 高校教师工作投入问卷的信度和效度检验

参照高校教师工作使命感问卷的信度和效度检验程序，通过小样本试测对高校教师工作投入问卷的信度和效度进行检验。

4.3.2.1 信度分析

对高校教师的工作投入问卷进行信度分析，分析结果如表 4-11 所示。从表中结果可以看出，工作投入问卷的总体信度 Cronbach's α 为 0.952，说明该问卷具有良好的信度。同时，问卷中 9 个条目修正后的项与总计相关性都在 0.7 以上，删除任意一个题目后，Cronbach's α 系数均出现不同程度的降低，说明所有测量条目都可以保留。

表 4-11　高校教师工作投入问卷的信度分析结果

	修正后的项与总计相关性	删除项后的克隆巴赫 α 系数	量表克隆巴赫 α 系数
工作投入 WE			0.952
WE1 工作时，我感觉非常有干劲	0.846	0.944	
WE2 当我早上起床时，我很想去上班	0.796	0.947	
WE3 工作时，我感到精力充沛	0.726	0.950	
WE4 我为自己所从事的工作感到骄傲	0.869	0.943	
WE5 我所做的工作能够激励我	0.874	0.943	

---

① 该问卷翻译也参考了相关学者的观点，如：姚军梅. 职业使命感、工作投入对职业成功的影响机制研究 [D]. 长春：吉林大学，2017.

	修正后的项与总计相关性	删除项后的克隆巴赫α系数	量表克隆巴赫α系数
WE6 我对自己的工作充满热情	0.864	0.943	
WE7 当我工作时，非常专注，满脑子只有工作	0.768	0.948	
WE8 当我工作时，完全忘记了时间	0.740	0.950	
WE9 当我全身心投入工作时，我感到快乐	0.792	0.947	

注：WE 代表变量"工作投入"。

4.3.2.2 探索性因子分析

对高校教师工作投入问卷进行探索性因子分析。KMO 值达到 0.930；Bartlett 球形检验结果显示 $\chi^2 = 1286.408$，$df = 36$，$p < 0.001$，说明 Bartlett 球形检验零假设被拒绝。KMO 值和 Bartlett 球形检验结果说明该数据符合因子分析的前提条件。

通过因子分析，提取共同因子数目为 1 个，累计方差解释率达到 72.60%，符合原量表的单维度设定。同时，每个测量条目的因子载荷均在 0.7 以上，高于 0.4 的标准，说明各个测量条目能够得到共同因子的有效解释，此问卷具有较好的结构效度。探索性因子分析各条目的因子载荷如表 4-12 所示。

表 4-12 高校教师工作投入问卷探索性因子分析各条目的因子载荷

测量条目	因子载荷
WE1 工作时，我感觉非常有干劲	0.882
WE2 当我早上起床时，我很想去上班	0.840
WE3 工作时，我感到精力充沛	0.779
WE4 我为自己所从事的工作感到骄傲	0.901
WE5 我所做的工作能够激励我	0.906
WE6 我对自己的工作充满热情	0.898
WE7 当我工作时，非常专注，满脑子只有工作	0.820
WE8 当我工作时，完全忘记了时间	0.794
WE9 当我全身心投入工作时，我感到快乐	0.838

4.4 高校教师人—组织匹配问卷开发

4.4.1 人—组织匹配问卷的内容设计

本书根据 Kristof（1996）关于"人—组织匹配"的综合观点来理解高校组织环境下人—组织匹配的内涵，从价值匹配、需求能力匹配和需要供给匹配三个角度出发全面考虑人—组织匹配的问卷内容设计。目前，学者也普遍接受从上述三个方面来考察人与组织的匹配程度（王震等，2010）。

从已有的成熟量表看，采用综合性的视角全面测量人—组织匹配的量表主要有 Cable 等（2002）编制的 9 项量表和 Resick 等（2007）编制的 13 项量表。其中，Resick 等（2007）编制的量表在内容设计上吸纳了 Cable 等的观点。综合考虑各量表的特点，本书在 Resick 等（2007）编制的 13 项量表的基础上，改编形成人—组织匹配问卷。原量表分为"价值匹配""需求能力匹配""需要供给匹配"三个子量表，每个子量表都具有良好的内部一致性信度。

参照高校教师工作使命感和工作投入问卷改编程序，依然采用"翻译—回译"的方式，将原量表转化成中文，然后采用小组访谈法对问卷的语义、文字表述方式等进行检验，根据检验意见进行了相应的修改和完善。完善后的问卷包括"价值匹配""需求能力匹配""需要供给匹配"三个维度。其中，"价值匹配"包括 5 个测量条目，如"我觉得我的价值观和学校以及学校现有其他同事的价值观都很匹配""我认为我所在学校的价值观和'个性'反映了我自己的价值观和个性特征"等。

"需求能力匹配"包括 4 个测量条目，如"我相信我的技能和能力符合工作的要求""我的工作表现由于缺乏专业知识而受到影响（反向计分）"等。

"需要供给匹配"包括 4 个测量条目，如"我觉得这份工作能让我做我想做的事情""这份工作正好是我想找的那种工作"等。

量表采用 Likert 5 级量表进行评价，"1"表示"非常不符合"，"5"表示"非常符合"。

4.4.2 人—组织匹配问卷的信度和效度检验

参照高校教师工作使命感和工作投入问卷的信度和效度检验步骤，通过小样本试测对人—组织匹配问卷的信度和效度进行检验。

4.4.2.1 信度分析

对人—组织匹配问卷进行信度分析。从表4-13中可以看出，人—组织匹配问卷总体信度 Cronbach's α 为 0.89，三个子问卷的信度都在 0.7 以上，表明该问卷的信度良好。从各子问卷看，需求能力匹配问卷中，"我的工作表现由于缺乏专业知识而受到影响"这个测量条目与总体问卷的相关性系数比较低，仅为 0.262。同时，删除这一条目后问卷的 Cronbach's α 值有明显提升，说明这个测量条目存在着比较大的问题，在后续的问卷修正环节中可以考虑将其删除。

表 4-13　人—组织匹配问卷的信度分析结果

	修正后的项与总计相关性	删除项后的克隆巴赫α系数	量表克隆巴赫α系数
人—组织匹配			0.89
PO 价值匹配			0.938
PO1 我觉得我的价值观和学校以及学校现有其他同事的价值观都很匹配	0.842	0.921	
PO2 我认为我所在学校的价值观和"个性"反映了我自己的价值观和个性特征	0.877	0.914	
PO3 我所在学校的价值观与我自己的价值观相似	0.861	0.918	
PO4 我的价值观与学校现有员工的价值观相匹配	0.827	0.924	
PO5 我觉得我的个性与这个组织的"个性特征"或形象相匹配	0.755	0.937	
DA 需求能力匹配			0.726
DA1 我相信我的技能和能力符合工作的要求	0.661	0.606	
DA2 我的工作表现由于缺乏专业知识而受到影响（反向计分）	0.262	0.933	
DA3 我的知识、技能和能力符合工作要求	0.744	0.566	
DA4 我具备完成这份工作的技能和能力	0.711	0.582	
NS 需要供给匹配			0.945
NS1 我觉得这份工作能让我做我想做的事情	0.823	0.942	
NS2 这份工作正好是我想找的那种工作	0.902	0.918	

续表

	修正后的项与总计相关性	删除项后的克隆巴赫α系数	量表克隆巴赫α系数
NS3. 这份工作很适合我	0.914	0.916	
NS4. 这份工作满足了我的需要	0.843	0.938	

注：PO 代表"价值匹配"，DA 代表"需求能力匹配"，NS 代表"需要供给匹配"。

4.4.2.2 探索性因子分析

接下来对人—组织匹配问卷进行修正，将"我的工作表现由于缺乏专业知识而受到影响"这个条目删除后开展探索性因子分析。KMO 值为 0.889；Bartlett 球形检验结果显示 $\chi^2 = 1780.865$，$df = 66$，$p < 0.001$，说明 Bartlett 球形检验零假设被拒绝。KMO 值和 Bartlett 球形检验结果说明该数据符合因子分析的前提条件。

通过因子分析，提取共同因子数目为 3 个，累计方差解释率达到 84.72%，符合原量表三个维度的设定。此外，每个测量条目的因子载荷均在 0.7 以上，高于 0.4 的标准，说明各个测量条目能够得到共同因子的有效解释，此问卷具有较好的结构效度。探索性因子分析各条目的因子载荷如表 4-14 所示。

表 4-14　人—组织匹配问卷探索性因子分析各条目的因子载荷

测量条目	价值匹配（PO）	需求能力匹配（DA）	需要供给匹配（NS）
PO1 我觉得我的价值观和学校以及学校现有其他同事的价值观都很匹配	0.859		
PO2 我认为我所在学校的价值观和"个性"反映了我自己的价值观和个性特征	0.893		
PO3 我所在学校的价值观与我自己的价值观相似	0.883		
PO4 我的价值观与学校现有员工的价值观相匹配	0.865		
PO5 我觉得我的个性与这个组织的"个性特征"或形象相匹配	0.752		
DA1 我相信我的技能和能力符合工作的要求		0.886	
DA3 我的知识、技能和能力符合工作要求		0.900	
DA4 我具备完成这份工作的技能和能力		0.892	

测量条目	价值匹配 （PO）	需求能力 匹配（DA）	需要供给 匹配（NS）
NS1 我觉得这份工作能让我做我想做的事情			0.821
NS2 这份工作正好是我想找的那种工作			0.877
NS3 这份工作很适合我			0.888
NS4 这份工作满足了我的需要			0.846

总之，本书使用的研究工具均按照统计测量学的要求进行开发和检验，问卷条目能够充分覆盖所有测量的内容，具有良好的信度和效度指标，为后续的实证研究提供了有效保障。

4.5 本章小结

本章主要介绍了高校教师周边绩效、工作使命感、工作投入和人—组织匹配等变量的研究工具的开发过程。其中，高校教师周边绩效的问卷由笔者自行开发，其余问卷则在已有成熟量表的基础上进行改编形成。

对于高校教师周边绩效的问卷开发，本书主要通过关键事件技术收集行为条目，以此为基础编制初始问卷，然后采用小样本试测的方式对问卷的信度和效度进行检验，并根据检验结果对初始问卷进行修正和完善，形成符合统计测量要求的正式调查问卷。同时，本章通过大样本数据对高校教师周边绩效结构的理论框架进行了实证检验。

对于高校教师工作使命感、工作投入和人—组织匹配等变量的问卷开发，本书在西方学者开发的成熟量表的基础上，采用"翻译—回译"的方式转换成符合中文语言表达习惯的问卷，并结合高校的组织情境对相应条目进行修改，然后采用小组访谈法对问卷的内容效度进行审查，最后利用小样本问卷调查的方式进行预测试，通过信度分析和探索性因子分析对这些问卷的信度和结构效度进行检验，并根据检验结果对问卷条目进行修正，形成正式测量问卷。

5 实证分析与假设检验

本书采用封闭式问卷调查的方式收集大样本研究数据，对数据收集的过程进行规范控制，以保证数据的质量和代表性。以下对数据收集前的准备工作、问卷发放和收集过程进行详细阐述。

5.1 数据的收集过程

5.1.1 数据收集的准备工作

在发放正式调查问卷之前，笔者对调查范围、样本容量以及调查问卷的相关说明等前期准备工作进行了设计。

首先，明确调查样本范围。本书的内容是探讨国内高校教师工作使命感对周边绩效的影响过程，主要调查对象是高校在职教师。考虑到目前国内民办高校和成人高校的师资队伍构成结构相对复杂，为保证调查数据的准确性，本书调查的高校范围限定为公办全日制普通高等学校（不含独立学院及港澳台地区的高校），包括高职高专院校、一般性本科院校和重点院校。同时，考虑到数据的代表性，问卷发放尽可能涉及多个省份的高校教师并覆盖不同性别、年龄、学科、岗位、工作年限等。

其次，确定调查样本容量。不同学者对于样本容量问题持有不同的观点。按照 Gorsuch（1983）的观点，参与调查的人数应是测量题目的 5 倍以上，总样本量不低于 100。侯杰泰等（2004）也曾指出，大多数模型至少应该有 100~200 个样本。也有学者提出一个关于样本容量的经验法则，即样本容量应该是模型中测量题目个数的 5~10 倍及以上。结合上述标准，又考虑到全国现有普通高校数量比较多,本书在兼顾研究成本、时间、数据的代表性以及数据获取的便利性等因素的基础上,确定样本数量原则上应该超过1000,并且调查范围应该尽可能覆盖到高校数量相对较多的北京、上海、江苏、广东、山东、河南、湖北等省市。

最后,撰写问卷调查的详细说明,包括研究者的身份、调查背景和目的的简要介绍、调查信息的主要内容、被调查对象的隐私保护、问卷的填写时长以及感谢等内容,并进一步强调了研究伦理,即本调查数据仅用于学术研究,未经被调查对象的同意绝对不会将其另做他用。正式调查问卷的具体内容见附录3。

5.1.2 问卷的发放、收集及处理

由于全国普通高等学校数量和专任教师众多,本书主要采用非概率抽样的方法进行调查。目前常用的问卷调查方式有两种:一种是线下调查法;另一种是线上调查法。线下调查主要采用纸质问卷的形式进行问卷发放与回收,这种方式能够直接面对被调查者进行现场解释,回收率比较高,相对准确,但是效率比较低,受到地域限制,容易导致被调查者的同质性;线上调查是通过网络平台进行问卷的发放与回收,这种方式的优点是快速高效、形式灵活、覆盖面较广并且方便整理,但是调查过程无法掌控,可能会影响到数据的准确性。

鉴于问卷发放数量和数据收集质量是本书研究的基础保障,笔者确定了线下与线上相结合的形式发放调查问卷。笔者曾在某高校教师教学发展中心工作,主要借助自身岗位优势开展线下调查,充分利用参加北京市教师发展联盟年会、京津冀教师发展工作交流会、全国教师发展工作交流会、高校教发中心可持续发展工作交流会以及本校教师教学发展工作交流会等会议机会,现场发放调查问卷。同时,笔者利用关系比较紧密的在高校工作的同学、朋友和老师发放线上调查问卷。

为保证样本容量达到预期要求,笔者又与专业问卷调查平台——问卷星合作开展线上调研,并设立抽奖环节激励填写者,提高答题质量。在整个调查过程中采用匿名填写方式,以减少答题人的顾虑。

问卷发放和收集主要在2020年1月前完成,最终通过线上和线下方式发放问卷1177份,涉及北京、上海、天津、重庆、河北、河南、山东、山西、江苏、浙江、安徽、湖南、湖北、广东、四川、海南、福建、贵州、甘肃、云南、广西、江西、宁夏、辽宁、黑龙江、吉林、陕西、内蒙古28个省、自治区和直辖市,回收问卷1059份,问卷回收率达到89.9%。

为保证后续研究的质量，对回收的问卷进行筛查以删除无效问卷。处理无效问卷的具体程序如下：

第一，根据答题有效性筛查无效问卷。①如果一个问卷所有测量题目的回答中有 2/3 以上完全一致，则对该问卷整体进行删除；②对于出现 3 个以上无效答案（错答、漏答或者多选）的问卷进行删除；③问卷中发现一些相关联的问题和答案出现前后矛盾的情况，对其进行删除。

第二，根据答题的态度筛查无效问卷。将"问卷的答题时间"作为判断依据，筛查无效问卷。笔者选择了 3 名教师同时填写正式调查问卷，最快答题时间在 3 分钟左右。按照这个标准计算，线上答题时间在 3 分钟（180 秒）以内的问卷可能会因时间过短而影响答题质量，因此对其进行删除。

通过上述问卷筛查，共剔除无效问卷 87 份，有效问卷为 972 份，有效问卷的回收率达到 91.8%。

5.1.3 样本的基本情况

本书的调查样本的基本情况如表 5-1 所示，具体包括样本的人口统计学信息以及高校组织特征信息。

表 5-1 调查样本的基本信息（n=972）

变量	类别	人数	百分比（%）
性别	男	363	37.35
	女	609	62.65
年龄	30 岁及以下	125	12.86
	31~35 岁	222	22.84
	36~40 岁	271	27.88
	41~45 岁	160	16.46
	46~50 岁	94	9.67
	51~55 岁	66	6.79
	56 岁及以上	34	3.50
学历	本科	142	14.61
	硕士	514	52.88
	博士	316	31.51

变量	类别	人数	百分比（%）
职称	初级及以下	133	13.68
	讲师	431	44.34
	副教授	298	30.66
	教授	110	11.32
学科	哲学	9	0.9
	经济学	129	13.3
	法学	44	4.5
	教育学	139	14.3
	文学	103	10.6
	历史学	22	2.3
	理学	105	10.8
	工学	168	17.3
	农学	47	4.8
	医学	34	3.5
	管理学	143	14.7
	艺术学	29	3.0
岗位职务	兼任行政职务	155	15.94
	兼任学术职务	132	13.58
	行政职务和学术职务兼任	134	13.79
	普通教师	551	56.69
本单位工作年限	5年及以下	211	21.71
	6~10年	314	32.30
	11~15年	211	21.71
	16~20年	126	12.96
	21~25年	49	5.04
	26~30年	31	3.19
	30年以上	30	3.09
所在学校类型	高职高专院校	216	22.22
	一般本科院校	601	61.83
	重点高校	155	15.95

从表5-1可以看出，在回收的有效问卷中男女性别比例为1∶1.68，女教师人数略多。31~45岁的教师占调查样本总数的67.18%。具有讲师和副教授职称的教师占调查样本总数的75%。在学校工作年限为6~20年的教师占调查样本总数的67%左右。从学科大类分布情况看，理工类（含理、工、农、医学）教师占到调查样本总数的36.4%；经管类（含经济学、管理学）教师占调查样本总数的28%；文史类（含哲、法、教育、历史）教师占调查样本总数的22%；文学艺术类（含文学、艺术）教师占调查样本总数的13.6%。

上述数据说明，中青年教师是本次调查对象的主力人群，符合本书研究的期望。同时，调查对象基本覆盖所有学科、各个学历层次、不同岗位的教师以及不同的学校类型。由此可见，本次调查数据具有一定的代表性。

5.2 实证分析和模型检验的步骤与方法设计

5.2.1 实证分析和模型检验的步骤设计

针对正式问卷调查数据，本书将按照如下步骤开展实证分析和模型检验：

第一，对数据进行描述性统计、同源方差检验、信度和效度分析等，以检验调查数据的质量，为后续的模型检验奠定良好基础。

第二，对高校教师周边绩效和工作使命感在人口统计学变量上的差异水平进行分析，以了解高校教师周边绩效和工作使命感的实际情况。

第三，对各变量进行相关分析，以检验各变量之间的相关性。

第四，对数据进行多重共线性分析和层次回归分析以检验整体模型。

5.2.2 实证分析和模型检验的方法设计

本书主要利用SPSS 25.0、AMOS 21.0和STATA 14.0等软件对数据进行实证分析和模型检验。SPSS软件的优势在于方差分析和探索性因子分析；AMOS软件主要用于结构方程模型分析，适合验证性因子分析；STATA软件最大的优势是回归分析。

综合考虑各软件技术的优势，本书主要利用SPSS 25.0软件对数据进行描述性统计分析、信度分析、各变量在人口统计学变量上的差异分析以及各变量的相关性分析；应用 SPSS 25.0 软件的探索性因子分析和 AMOS 21.0 软件的验证性因子分析等方法对同源方差、信度和效度进行检验；应用 STATA 14.0 软件对数据进行多重共线性分析和层次回归分析，对整体模型进行检验。

5.3 相关数据分析

5.3.1 变量测量条目的描述性统计

表 5-2 显示了各变量测量条目的描述性统计。通过表中偏度和峰度的指标可以判断样本数据是否符合正态分布。根据一般统计经验，偏度的绝对值小于 3，峰度的绝对值小于 8，表示样本符合正态分布。由描述性统计结果可知，样本偏度和峰度的指标符合统计分析对样本数据正态分布的要求。

表 5-2 测量条目的描述性统计

		N 统计	最小值统计	最大值统计	均值统计	标准偏差统计	偏度		峰度	
							统计	标准误	统计	标准误
周边绩效	CP1	972	1	5	4.06	0.898	-1.256	0.078	1.827	0.157
	CP2	972	1	5	3.90	0.969	-0.916	0.078	0.564	0.157
	CP3	972	1	5	4.10	0.886	-1.230	0.078	1.836	0.157
	CP4	972	1	5	4.03	0.886	-0.936	0.078	0.781	0.157
	CP5	972	1	5	3.89	0.953	-0.767	0.078	0.329	0.157
	CP6	972	1	5	—	0.954	-0.987	0.078	0.713	0.157
	CP7	972	1	5	4.05	0.915	-0.998	0.078	0.904	0.157
	CP8	972	1	5	3.71	1.006	-0.588	0.078	-0.185	0.157
	CP9	972	1	5	3.92	0.918	-0.903	0.078	0.710	0.157
	CP10	972	1	5	3.94	0.945	-0.913	0.078	0.588	0.157
	CP11	972	1	5	3.98	1.005	-1.025	0.078	0.591	0.157
	CP12	972	1	5	3.97	0.981	-1.091	0.078	1.004	0.157

续表

		N 统计	最小值统计	最大值统计	均值统计	标准偏差统计	偏度		峰度	
							统计	标准误	统计	标准误
周边绩效	CP13	972	1	5	3.82	1.029	−0.760	0.078	0.024	0.157
	CP14	972	1	5	4.10	0.942	−1.072	0.078	0.859	0.157
	CP15	972	1	5	3.82	0.981	−0.737	0.078	0.173	0.157
	CP16	972	1	5	4.12	0.934	−1.138	0.078	1.062	0.157
	CP17	972	1	5	4.22	0.824	−1.182	0.078	1.732	0.157
	CP18	972	1	5	4.40	0.803	−1.660	0.078	3.469	0.157
工作使命感	CA1	972	1	5	4.34	0.696	−1.263	0.078	3.179	0.157
	CA2	972	1	5	4.32	0.805	−1.139	0.078	1.146	0.157
	CA3	972	1	5	4.18	0.854	−1.068	0.078	1.158	0.157
	CA4	972	1	5	3.40	1.116	−0.370	0.078	−0.522	0.157
	CA5	972	1	5	4.23	0.846	−1.288	0.078	1.912	0.157
	CA6	972	1	5	4.03	0.857	−0.831	0.078	0.789	0.157
	CA7	972	1	5	4.18	0.837	−1.089	0.078	1.390	0.157
	CA8	972	1	5	3.74	1.065	−0.613	0.078	−0.237	0.157
	CA9	972	1	5	4.10	0.864	−1.110	0.078	1.498	0.157
	CA10	972	1	5	4.05	0.990	−1.093	0.078	0.810	0.157
	CA11	972	1	5	3.35	1.148	−0.268	0.078	−0.691	0.157
	CA12	972	1	5	4.15	0.858	−1.069	0.078	1.243	0.157
工作投入	WE1	972	1	5	4.24	0.750	−1.134	0.078	2.228	0.157
	WE2	972	1	5	4.01	0.917	−0.917	0.078	0.754	0.157
	WE3	972	1	5	4.08	0.835	−0.910	0.078	1.022	0.157
	WE4	972	1	5	4.27	0.813	−1.151	0.078	1.457	0.157
	WE5	972	1	5	4.16	0.777	−1.056	0.078	1.943	0.157
	WE6	972	1	5	4.24	0.777	−1.112	0.078	1.828	0.157
	WE7	972	1	5	3.91	0.969	−0.876	0.078	0.449	0.157
	WE8	972	1	5	4.27	0.821	−1.423	0.078	2.756	0.157
	WE9	972	1	5	4.28	0.764	−1.151	0.078	2.076	0.157
人—组织匹配	PO1	972	1	5	3.77	0.889	−0.669	0.078	0.413	0.157
	PO2	972	1	5	3.76	0.912	−0.564	0.078	0.127	0.157
	PO3	972	1	5	3.85	0.900	−0.760	0.078	0.636	0.157

续表

		N 统计	最小值统计	最大值统计	均值统计	标准偏差统计	偏度		峰度	
							统计	标准误	统计	标准误
人—组织匹配	PO4	972	1	5	3.70	0.916	−0.467	0.078	0.049	0.157
	PO5	972	1	5	3.78	0.883	−0.647	0.078	0.430	0.157
	DA1	972	1	5	4.40	0.670	−1.175	0.078	2.359	0.157
	DA2	972	1	5	4.28	0.694	−1.194	0.078	3.302	0.157
	DA3	972	1	5	4.40	0.690	−1.539	0.078	4.503	0.157
	NS1	972	1	5	4.10	0.833	−0.983	0.078	1.172	0.157
	NS2	972	1	5	4.10	0.832	−0.981	0.078	1.235	0.157
	NS3	972	1	5	4.24	0.784	−1.052	0.078	1.373	0.157
	NS4	972	1	5	4.15	0.877	−1.204	0.078	1.695	0.157

5.3.2 同源方差检验

本书中问卷调查所涉及的变量全部采用自陈式调查方式，即都是高校教师的个人感知或自我评价。所有测量题目均由同一个人填写，有可能存在同源方差问题。因此，在进行数据处理之前需要对样本数据进行同源方差检验。

目前，同源方差检验比较常见的检验方式有两种：一种是 Harman 单因素检验方法。这种方法的基本步骤是把所有测量条目集中在一起进行探索性因子分析，检验未旋转的因子分析结果，如果只析出一个因子或者第一个公因子的解释力特别大，就说明存在着严重的同源方差。另一种是验证性因子分析方法，即将所有的测量条目放在一个单维度模型中进行分析，如果模型拟合指标不能达标，说明所有测量条目不应该属于一个因子，从而说明数据无严重的共同方法偏差问题。

本书采用了上述两种方法对同源方差进行检验。先采用 Harman 单因素检验方法，对所有测量条目进行了探索性因子分析。在未旋转的前提下，第一个公因子的解释力为34.8%，处于可接受的范围内，说明数据不存在严重的同源方差问题。同时，本书将所有测量条目作为一个因子，经过验证性因子分析发现模型无法识别。验证性因子分析结果表明这些测量条目不能只属于一个因子，说明数据并不存在严重的同源方差问题。

5.3.3 问卷的信度和效度分析

问卷的信度和效度是模型检验的前提基础，只有信度和效度符合统计测量学的要求，才能保证研究结论具有统计意义。尽管本书在研究工具开发的过程中，已经通过小样本试测对相应问卷的信度和效度进行了检验，指标良好，但是为了保证正式问卷调查数据分析结论的有效性和可靠性，在实证分析和模型检验之前需要利用正式问卷调查数据对问卷的信度和结构效度进行再次验证。

针对正式问卷调查数据，本书利用 SPSS 25.0 软件进行信度分析；利用 AMOS 21.0 软件的验证性因子分析进行结构效度检验。

5.3.3.1 高校教师周边绩效问卷的信度和效度

本书利用正式问卷调查数据对高校教师周边绩效的结构进行检验和验证，具体内容参见第 4 章。从研究结果中可以看到，高校教师周边绩效问卷总体信度系数为 0.935，各维度信度系数均大于 0.7，说明高校教师周边绩效问卷具有较高的内部一致性。

验证性因子分析结果也显示，本书构建的高校教师周边绩效结构六维度模型的适配度指标符合要求，说明实际数据与理论模型的拟合程度比较理想（$\chi^2/df = 2.202$，GFI = 0.943，RMSEA = 0.05，PNFI = 0.731，PGFI = 0.662，NFI = 0.931，CFI = 0.961）。周边绩效所有测量条目的标准化因子载荷都大于 0.6，问卷平均提取方差值（AVE）为 0.50，说明周边绩效各测量条目具有良好的聚合度。同时，验证性因子分析也证明高校教师周边绩效六维度模型具有良好的区分度。

5.3.3.2 高校教师工作使命感问卷的信度和效度

高校教师工作使命感问卷的信度检验结果显示，Cronbach's α 系数为 0.934，大于 0.7 的标准，说明高校教师工作使命感问卷具有较高的内部一致性，信度水平良好。

高校教师工作使命感问卷的验证性因子分析结果显示：$\chi^2/df = 7.66$（指标值偏大的主要原因可能是本书改编的高校教师工作使命感问卷为单维度因子模型，结构比较简单并且样本数量接近 1000，卡方值可能会偏大），GFI = 0.924，RMSEA = 0.083，PNFI = 0.745，PGFI = 0.64，NFI = 0.91，CFI = 0.921。综合考虑这些拟合指标，绝大多数适配度指标符合要求，说明测量模型拟合程度可以接受。

同时，工作使命感问卷的组合信度为 0.896，大于 0.6 的标准，并且所有测量条目的标准化因子载荷都大于 0.5，平均提取方差值（AVE）为 0.42，略小于 0.5，根据 Hatcher（1994）的观点可以接受。综合考虑问卷各测量条目的因子载荷以及 AVE 值，说明高校教师工作使命感问卷的聚合度达到可接受的程度。

5.3.3.3 高校教师工作投入问卷的信度和效度

高校教师工作投入问卷的信度检验结果表明，Cronbach's α 系数为 0.952，大于 0.7 的标准，说明高校教师工作投入问卷具有较高的内部一致性，信度较好。

高校教师工作投入的验证性因子分析结果显示：$\chi^2/df = 7.19$（指标值偏大的主要原因可能是本书改编的高校教师工作投入问卷为单维度因子模型，结构比较简单并且样本数量接近 1000，卡方值可能会偏大），GFI = 0.958，RMSEA = 0.08，PNFI = 0.71，PGFI = 0.575，NFI = 0.946，CFI = 0.953，说明绝大多数适配度指标符合要求，测量模型拟合程度可以接受。

计算高校教师工作投入问卷的组合信度为 0.885，大于 0.6 的标准，并且所有测量条目的标准化因子载荷大于 0.5，平均提取方差值（AVE）为 0.465，略小于 0.5。综合考虑问卷各测量条目的因子载荷以及 AVE 值，说明高校教师工作投入问卷的聚合度达到可接受的程度。

5.3.3.4 人—组织匹配问卷的信度和效度

人—组织匹配问卷的信度检验结果表明，问卷总体 Cronbach's α 系数为 0.89，"价值匹配""需求能力匹配""需要供给匹配"三个分问卷的 Cronbach's α 系数分别为 0.938、0.726、0.945，都大于 0.7 的标准，说明人—组织匹配问卷及各子量表都具有较高的内部一致性系数，符合统计测量学的信度要求。

人—组织匹配问卷的验证性因子分析结果显示：$\chi^2/df = 2.99$，GFI = 0.975，RMSEA = 0.04，PNFI = 0.752，PGFI = 0.638，NFI = 0.973，CFI = 0.982，表明模型适配度指标符合要求，说明测量模型拟合程度比较理想。

同时，人—组织匹配中价值匹配、需求能力匹配和需要供给匹配的组合信度分别为 0.873、0.750 和 0.847，均大于 0.6 的标准，并且所有测量条目的标准化因子载荷也都大于 0.6。价值匹配、需求能力匹配和需要供给匹配三个维度的平均提取方差值（AVE）分别为 0.580、0.50 和 0.581，均大于 0.5 的标准，表明人—组织匹配问卷具有良好的聚合度。

此外，由验证性因子分析结果可知，人—组织匹配三个维度两两之间的相关系数分别为 0.484、0.690 和 0.657；三个维度各自的 AVE 平方根分别为 0.762、

0.707 和 0.762，各维度的 AVE 平方根都大于该因子和其他两个因子的相关系数，说明人—组织匹配三个维度具有很好的区分效度。

综上所述，针对正式问卷调查数据，高校教师周边绩效、工作使命感、工作投入和人—组织匹配等变量的测量问卷的信度和效度都具有良好指标，为后续模型检验结论的可靠性提供了强有力的支撑。

5.3.4　相关性分析

利用 SPSS 25.0 软件对各变量相关性进行分析，结果如表 5-3 所示。从表中结果可以看出，高校教师工作使命感与周边绩效、工作投入都存在着显著的正相关关系；工作投入与周边绩效也存在着显著的正相关关系。同时，人—组织匹配与工作使命感、工作投入和周边绩效也存在着显著的正相关关系。

表 5-3　研究变量相关性分析

	均值	标准差	周边绩效	工作使命感	工作投入	人—组织匹配
周边绩效	4.0015	0.61690	1			
工作使命感	4.0063	0.62233	0.612**	1		
工作投入	4.1618	0.59235	0.590**	0.797**	1	
人—组织匹配	4.0442	0.56476	0.558**	0.728**	0.733**	1

注：** 表示在 0.01 级别（双尾）相关性显著。

进一步对工作使命感、工作投入、周边绩效与人—组织匹配的三个维度的相关性进行分析发现，价值匹配、需求能力匹配和需要供给匹配与工作使命感、工作投入和周边绩效都存在着显著的正相关关系，如表 5-4 所示。

表 5-4　价值匹配、需求能力匹配和需要供给匹配与其他变量相关性分析

	均值	标准差	周边绩效	工作使命感	工作投入	价值匹配	需要能力匹配	需求供给匹配
周边绩效	4.0015	0.61690	1					
工作使命感	4.0063	0.62233	0.612**	1				
工作投入	4.1618	0.59235	0.590**	0.797**	1			
价值匹配	3.7722	0.73293	0.482**	0.611**	0.570**	1		

	均值	标准差	周边绩效	工作 使命感	工作投入	价值匹配	需要能力 匹配	需求供给 匹配
需求能力匹配	4.3591	0.56717	0.477**	0.509**	0.617**	0.403**	1	
需要供给匹配	4.1479	0.68795	0.438**	0.665**	0.664**	0.597**	0.531**	1

注：**表示在0.01级别（双尾）相关性显著。

5.3.5 高校教师周边绩效的现状分析

5.3.5.1 高校教师周边绩效的现状分析

利用SPSS 25.0软件对周边绩效变量进行描述性统计分析，了解高校教师周边绩效的总体水平。本书对各变量的测量均采用Likert 5级量表评价计分，因此设定3分为理论平均值。若高校教师周边绩效得分在3~4分，则认为处于中等水平；若低于3分，则认为高校教师周边绩效水平偏低；若高于4分，则认为高校教师周边绩效水平较高。

高校教师周边绩效及各维度描述性统计情况如表5-5所示。从高校教师周边绩效描述性统计情况看，教师周边绩效整体平均值和六个维度的平均值都明显高于理论平均值3分，说明高校教师的周边绩效总体状况处于一个比较高的水平。

表5-5　高校教师周边绩效及各维度描述性统计分析

	N	最小值	最大值	均值	标准差
高校教师周边绩效	972	1.00	5.00	4.0015	0.61690
学生关怀指导	972	1.00	5.00	4.0192	0.76951
教师发展促进	972	1.00	5.00	3.9933	0.72212
教师日常帮助	972	1.00	5.00	3.8556	0.78961
工作改革创新	972	1.00	5.00	3.9215	0.84927
工作主动尽责	972	1.00	5.00	4.0158	0.75518
学校形象维护	972	1.00	5.00	4.3086	0.71465
有效个案数（成列）	972				

从各维度得分情况看，学校形象维护、学生关怀指导与工作主动尽责三个维度得分相对较高；教师发展促进、教师日常帮助和工作改革创新三个维度得分低于平

均分，其中教师日常帮助得分最低。从频数分布状况看，周边绩效总体得分在 1~2 分的教师比例为 1.2%；得分在 2~3 分的教师比例为 4.6%；得分在 3~4 分的教师比例为 39.2%，得分在 4~5 分的教师比例为 54.9%。由此可见，6% 左右的教师周边绩效处于较低的水平，将近 40% 的教师周边绩效处于中等水平。

5.3.5.2 高校教师周边绩效在人口统计学等变量上的差异分析

本书对高校教师周边绩效在人口统计学变量以及学校特征变量方面的差异性进行分析。人口统计学变量涉及性别、年龄、学历、职称、所属学科、岗位职务、工作年限等；学校特征变量主要是指学校类型。其中，除性别外其他控制变量都存在三个以上的不同水平。本书根据控制变量不同水平的数量采用独立样本 T 检验（控制变量有两个不同水平）和单因素方差分析（有两个以上不同水平）进行差异性分析。

5.3.5.2.1 高校教师周边绩效的性别差异分析

以性别作为控制变量进行独立样本 T 检验，分析高校教师周边绩效水平在性别变量上是否存在差异性。

根据独立样本 T 检验结果，方差齐性检验中 p 值为 0.231，大于 0.05 的显著性水平，说明男、女教师周边绩效得分的方差无显著性差异。在假定方差相等的情况下，由统计结果可知 p 值为 0.801，大于 0.05 的显著性水平，接受零假设，即性别差异不会对教师周边绩效水平产生显著影响。由此可见，男、女教师周边绩效水平无显著性差异。

5.3.5.2.2 高校教师周边绩效水平的年龄差异分析

以年龄作为控制变量，高校教师周边绩效作为因变量，进行单因素方差分析。

根据方差齐性检验，p 值为 0.133，大于 0.05 的显著性水平，表明不同年龄的教师周边绩效得分的方差无显著性差异。进行单因素方差分析，根据分析结果可知 p 值为 0.000，小于 0.05 的显著性水平，说明年龄差异会对教师周边绩效产生显著性影响。

进一步对周边绩效各维度进行检验发现，除学生关怀指导（p 值为 0.371）和学校形象维护（p 值为 0.344）两个维度得分在年龄上不存在显著差异外，其余维度（p 值均为 0.000）在年龄变量上存在显著性差异。

5.3.5.2.3 高校教师周边绩效水平的学历差异分析

以学历作为控制变量，周边绩效作为因变量，进行单因素方差分析检验高校教师周边绩效水平在学历上的差异性。

根据方差齐性检验，p 值为 0.798，大于 0.05 的显著性水平，表明不同学历层次的教师周边绩效得分的方差无显著性差异。进行单因素方差分析，根据分析结果可知 p 值为 0.013，小于 0.05 的显著性水平，说明学历层次的差异会对教师周边绩效产生显著性影响。

进一步对高校教师周边绩效各维度进行检验发现，在教师发展促进（p 值为 0.026）和工作改革创新（p 值为 0.000）两个维度上，不同学历层次的教师存在着显著性差异。其余维度在学历层次上不存在显著差异（学生关怀指导、教师日常帮助、工作主动尽责、学校形象维护各维度的 p 值分别为 0.641、0.104、0.223、0.271）。

5.3.5.2.4 不同职称教师周边绩效水平的差异分析

以职称作为控制变量，周边绩效作为因变量，进行单因素方差分析检验高校教师周边绩效水平在职称上的差异性。

根据方差齐性检验，p 值为 0.432，大于 0.05 的显著性水平，表明不同职称的教师周边绩效得分的方差无显著性差异。进行单因素方差分析，根据分析结果可知 p 值为 0.000，小于 0.05 的显著性水平，说明职称差异会对教师周边绩效产生显著性影响。

进一步对不同职称教师周边绩效各维度进行检验可以看出，除学生关怀指导（p 值为 0.144）和学校形象维护（p 值为 0.278）两个维度外，其余维度得分（p 值均为 0.000）在不同职称教师之间存在着显著性差异。

5.3.5.2.5 不同学科教师周边绩效水平的差异分析

以学科作为控制变量，周边绩效作为因变量，进行单因素方差分析检验高校教师周边绩效水平在学科上的差异性。

根据方差齐性检验，p 值为 0.188，大于 0.05 的显著性水平，表明不同学科的教师周边绩效得分的方差无显著性差异。进行单因素方差分析，根据分析结果可知 p 值为 0.001，小于 0.05 的显著性水平，说明学科差异会对教师周边绩效产生显著性影响。

进一步对不同学科教师周边绩效各维度进行检验可以看出，除教师发展促进（p 值为 0.059）和学校形象维护（p 值为 0.092）两个维度外，学生关怀指导、教师日常帮助、工作改革创新和工作主动尽责各维度得分在不同学科教师之间存在着显著性差异（p 值分别为 0.022、0.000、0.001、0.030）。

5.3.5.2.6 不同职务岗位教师周边绩效水平的差异分析

以职务岗位作为控制变量，周边绩效作为因变量，进行单因素方差分析检验高校教师周边绩效水平在不同职务岗位上的差异性。

根据方差齐性检验，p 值为 0.076，大于 0.05 的显著性水平，表明不同职务岗位教师周边绩效得分的方差无显著性差异。进行单因素方差分析，根据分析结果可知，p 值为 0.000，小于 0.05 的显著性水平，说明职务岗位差异会对教师周边绩效产生显著性影响。

进一步对不同职务岗位教师的周边绩效各维度进行检验可以看出，除学校形象维护维度（p 值为 0.213）外，其他各维度得分在不同职务岗位的教师之间存在着显著性差异（学生关怀指导、教师发展促进、教师日常帮助、工作改革创新、工作主动尽责各维度 p 值分别为 0.031、0.000、0.001、0.000、0.001）。

5.3.5.2.7 不同工作年限教师周边绩效水平的差异分析

以工作年限作为控制变量，周边绩效作为因变量，进行单因素方差分析检验高校教师周边绩效水平在工作年限上的差异性。

根据方差齐性检验，p 值为 0.147，大于 0.05 的显著性水平，表明不同工作年限的教师周边绩效得分的方差无显著性差异。进行单因素方差分析，根据分析结果可知，p 值为 0.003，小于 0.05 的显著性水平，说明工作年限的差异会对教师周边绩效产生显著性影响。

进一步对不同工作年限的教师周边绩效各维度进行单因素方差分析可以看出，除学生关怀指导（p 值为 0.789）和学校形象维护（p 值为 0.273）维度外，其他各维度在工作年限不同的教师之间存在着显著差异（教师发展促进、教师日常帮助、工作改革创新、工作主动尽责各维度的 p 值分别为 0.000、0.006、0.032、0.000）。

5.3.5.2.8 不同类型高校教师周边绩效水平的差异分析

以学校类型作为控制变量，周边绩效作为因变量，进行单因素方差分析检验高校教师周边绩效水平在学校类型上的差异性。

根据方差齐性检验，p 值为 0.971，大于 0.05 的显著性水平，说明不同类型高校的教师周边绩效得分的方差无显著性差异。进行单因素方差分析，根据分析结果可知 p 值为 0.260，大于 0.05 的显著性水平，说明不同类型学校教师的周边绩效水平不会存在显著性差异。

综上所述，通过对高校教师周边绩效现状的分析，得出如下结论：

第一，从总体情况看，高校教师周边绩效的总体水平处于良好状态，说明高校教师在工作中的组织公民行为普遍存在，非常符合高校教师的职业要求和工作特点。但也发现，将近6%的教师周边绩效水平偏低，39%左右的教师周边绩效处于中等水平，说明高校教师的周边绩效还有一定的改善空间。

第二，从高校教师周边绩效各维度得分情况看，学校形象维护、学生关怀指导和工作主动尽责三个维度的得分都在平均水平以上，教师日常帮助和工作改革创新维度得分相对较低。这种现象的存在主要受到以下几方面因素的影响：

（1）高校的核心工作是立德树人，无论是国家层面还是学校层面都在反复强调这一工作重点，教师主动对学生进行情感关怀和学业指导已经成为普遍性的自觉行动。

（2）在中国这个凸显集体主义文化的社会背景下，个体更容易将自己归属为某个组织或某个群体中的一员并对其产生认同感和责任感。尽管对于高校教师来说，对学科的归属感应该高于对组织的归属感，但因为高校教师是道德标准相对较高的职业群体，教师在日常工作中会主动形成自我约束，自觉表现出符合学校和社会规范要求的行为。另外，学校形象维护和工作主动尽责等都属于最常见的顺从型组织公民行为，具有个人收益高、社会成本低的特点，所以也更容易实施。

（3）教师在日常帮助维度上得分相对较低与高校教师的职业特点也存在着一定的关系。高校教师在本专业领域内拥有比较大的知识权威，这种专业权威会使其工作具有相对独立性，教师之间最常见的互助行为主要表现在专业层面的知识交流和分享上。

（4）工作改革创新维度得分低于平均分的主要原因与现行的绩效评价导向有关。从工作改革创新维度的内容看，主要反映教师在教育教学改革方面的主动创新行为，这些行为需要付出更高的成本并且成果的取得具有很大的不确定性，通常在绩效评价中得不到应有的体现。

第三，从各控制变量对高校教师周边绩效影响的分析中发现，年龄、职称、学历、学科、岗位职务以及工作年限对高校教师周边绩效水平有着显著影响；性别和学校类型对高校教师周边绩效水平无显著性影响。

第四，从高校教师周边绩效具体维度看，受到控制变量影响最多的维度有四个，主要包括教师发展促进、教师日常帮助、工作改革创新和工作主动尽责。从这些维度内涵可知，这些主动行为确实会受到教师的阅历（年龄、工作年限）、专业水平（职称、学历）以及精力（担任职务）等的影响。

5.3.6 高校教师工作使命感的现状分析

5.3.6.1 高校教师工作使命感的现状分析

利用 SPSS 25.0 软件对高校教师工作使命感进行描述性统计分析，考察高校教师工作使命感的总体水平。参照高校教师周边绩效的得分标准，高校教师工作使命感的平均得分为 4.006，由此可以说明高校教师的工作使命感总体处于一个比较高的水平。

从频数分布状况看，工作使命感得分在 3 分以下的教师比例为 7.5%；得分在 3~4 分的教师比例为 41.2%，得分在 4~5 分的教师比例为 51.3%。由此可见，大约 8%的教师工作使命感处于较低的水平，约 41%的教师工作使命感处于中等水平。

5.3.6.2 高校教师工作使命感的差异分析

参照上述周边绩效的差异分析方法，根据控制变量不同水平的数量采用独立样本 T 检验（控制变量有两个不同水平）和单因素方差分析（控制变量有两个以上不同水平）对高校教师工作使命感进行差异分析。

5.3.6.2.1 高校教师工作使命感的性别差异分析

将性别作为控制变量，进行独立样本 T 检验分析高校教师工作使命感在性别变量上是否存在差异性。

根据独立样本 T 检验结果，方差齐性检验中 p 值为 0.319，大于 0.05 的显著性水平，说明男、女教师工作使命感得分的方差无显著性差异。在假定方差相等的情况下，由统计结果可知，p 值为 0.550，大于 0.05 的显著性水平，接受零假设，即性别差异不会对教师工作使命感产生显著性影响。由此可见，男、女教师工作使命感无显著性差异。

5.3.6.2.2 高校教师工作使命感的年龄差异分析

将年龄作为控制变量、高校教师工作使命感作为因变量，进行单因素方差分析。根据方差齐性检验，p 值为 0.002，小于 0.05 的显著性水平，没有通过方差齐性检验。因此，采用 Brown-Forsythe 检验来比较均值，Brown-Forsythe 检验的显著性为 0.000，小于 0.05 的显著性水平，说明不同年龄的教师工作使命感存在显著性差异。

5.3.6.2.3 高校教师工作使命感的学历差异分析

将学历作为控制变量、工作使命感作为因变量，进行单因素方差分析检验高校教师工作使命感在学历上的差异性。

根据方差齐性检验，p 值为 0.236，大于 0.05 的显著性水平，表明不同学历层次的教师工作使命感得分的方差无显著性差异。进行单因素方差分析，根据分析结果可知，p 值为 0.007，小于 0.05 的显著性水平，说明学历层次的差异会对教师工作使命感产生显著性影响。

5.3.6.2.4 不同职称教师工作使命感的差异分析

将职称作为控制变量、工作使命感作为因变量，进行单因素方差分析检验高校教师工作使命感在职称上的差异性。

根据方差齐性检验，p 值为 0.009，小于 0.05 的显著性水平，没有通过方差齐性检验。因此，采用 Brown-Forsythe 检验来比较均值，Brown-Forsythe 检验的显著性为 0.001，小于 0.05 的显著性水平，说明不同职称的教师工作使命感存在显著性差异。

5.3.6.2.5 不同学科教师工作使命感的差异分析

将学科作为控制变量、工作使命感作为因变量，进行单因素方差分析检验高校教师工作使命感在学科上的差异性。

根据方差齐性检验，p 值为 0.634，大于 0.05 的显著性水平，表明不同学科的教师工作使命感得分的方差无显著性差异。进行单因素方差分析，根据分析结果可知，p 值为 0.160，大于 0.05 的显著性水平，说明学科差异不会对教师工作使命感产生显著性影响。

5.3.6.2.6 不同职务岗位教师工作使命感的差异分析

将职务岗位作为控制变量、工作使命感作为因变量，进行单因素方差分析检验高校教师工作使命感在不同职务岗位上的差异性。

根据方差齐性检验，p 值为 0.082，大于 0.05 的显著性水平，表明不同职务岗位教师的工作使命感得分的方差无显著性差异。进行单因素方差分析，根据分析结果可知，p 值为 0.167，大于 0.05 的显著性水平，说明职务岗位差异不会对教师工作使命感产生显著性影响。

5.3.6.2.7 不同工作年限教师工作使命感的差异分析

将工作年限作为控制变量、工作使命感作为因变量，进行单因素方差分析检验高校教师工作使命感在工作年限上的差异性。

根据方差齐性检验，p 值为 0.278，大于 0.05 的显著性水平，表明不同工作年限的教师工作使命感得分的方差无显著性差异。进行单因素方差分析，根据分析结果可知，p 值为 0.232，大于 0.05 的显著性水平，说明工作年限的差异不会对教师工作使命感产生显著性影响。

5.3.6.2.8　不同类型高校教师工作使命感的差异分析

将学校类型作为控制变量、工作使命感作为因变量，进行单因素方差分析检验高校教师工作使命感在学校类型上的差异性。

根据方差齐性检验，p 值为 0.222，大于 0.05 的显著性水平，说明不同类型高校的教师工作使命感得分的方差无显著性差异。进行单因素方差分析，根据分析结果可知，p 值为 0.177，大于 0.05 的显著性水平，说明不同类型学校教师的工作使命感不会存在显著性差异。

综上所述，从高校教师工作使命感的现状分析可以看出：

第一，高校教师工作使命感的总体水平处于良好状态，但也发现将近 8% 的教师工作使命感偏低，41% 左右的教师工作使命感处于中等水平。

第二，从各控制变量对高校教师工作使命感影响的分析中发现，年龄、学历、职称对高校教师工作使命感有着显著影响；性别、学科、岗位职务、工作年限和学校类型对高校教师工作使命感无显著性影响。年龄代表着教师的人生阅历，学历和职称则代表着教师专业发展的情况。由高校教师工作使命感的内涵可知，教师工作使命感是教师对工作意义和价值理解的内心感受，这种内心感受在一定程度上会受到人生感悟、专业发展状态的影响。

5.4　整体模型检验

5.4.1　多重共线性检验

多重共线性是指在回归模型中解释变量之间存在着高度相关，会导致采用最小二乘法估计的系数方差比较大，从而使模型估计不准确，得出虚假的回归结论。因此，在对模型进行检验之前，需要通过多重共线性检验。多重共线性检验由方差膨胀因子（VIF）判定。一般认为，当 $0<VIF<10$ 时，不存在多重共线性；

当 10≤VIF<100 时，多重共线性问题比较大；当 VIF≥100 时，多重共线性问题很严重（马慧慧等，2016）。

本书运用 STATA 14.0 软件检测实际数据是否存在着多重共线性的问题，检测结果显示："工作使命感"的 VIF 为 3.54；"工作投入"的 VIF 为 3.71；"人—组织匹配"的 VIF 为 3.49。根据结果可知，解释变量的 VIF 都处于 0~10 区间，不存在多重共线性的问题。

5.4.2 高校教师工作使命感对周边绩效的影响

5.4.2.1 高校教师工作使命感对周边绩效整体情况的影响

本书采用层次回归方法来检验高校教师工作使命感对周边绩效的影响。以周边绩效为因变量，先把教师的性别、年龄、学校类型、学历、职称、学科、岗位职务和本单位工作年限作为控制变量放入回归方程，然后放入工作使命感。结果如表 5-6 模型 2 所示。

表 5-6　工作投入在工作使命感和周边绩效之间的中介作用结果

变量	周边绩效				工作投入	
	模型 1	模型 2	模型 3	模型 4	模型 5	模型 6
第一步：控制变量						
性别	0.016	0.021	0.015	0.018	0.002***	0.007
年龄	0.054**	0.016	0.040**	0.025	0.023	−0.028
学校类型	−0.115***	−0.062**	−0.081***	−0.067**	−0.056	0.013**
学历	0.061*	0.019	0.073***	0.045*	−0.021**	−0.076
职称	0.052*	0.026	0.010	0.014	0.069	0.034
学科	0.004	0.000	0.000	0.000	0.006	0.001
岗位职务	−0.044**	−0.042***	−0.049***	−0.046***	0.008	0.010***
工作年限	−0.014	0.011	0.010	0.013	−0.040***	−0.006
第二步：工作使命感		0.584***		0.325***		0.772***
第三步：工作投入			0.650***	0.335***		
F 值	7.44***	70.36***	70.23***	73.75***	1.79	195.39***
R²	0.0582	0.397	0.3965	0.4342	0.0146	0.6464
ΔR²	0.0582	0.339	0.338	0.0372	0.0146	0.6318

注：*** 表示在 p<0.01 水平上显著，** 表示在 p<0.05 水平上显著，* 表示在 p<0.1 水平上显著。

由模型 2 分析结果可知，工作使命感的回归系数为 0.584，在 p<0.01 水平上显著，说明高校教师工作使命感对周边绩效有显著的正向影响，假设 1 成立。

5.4.2.2 高校教师工作使命感对周边绩效各维度的影响

分别以学生关怀指导、教师发展促进、教师日常帮助、工作改革创新、工作主动尽责和学校形象维护为因变量，同理验证教师工作使命感对周边绩效各维度的影响。分析结果如表 5-7 至表 5-12 中模型 2 所示。

表 5-7　工作投入在工作使命感和学生关怀指导维度之间的中介作用结果

变量	学生关怀指导				工作投入	
	模型 1	模型 2	模型 3	模型 4	模型 5	模型 6
第一步：控制变量						
性别	0.066	0.070	0.065	0.068	0.002	0.007
年龄	0.056**	0.017	0.042*	0.025	0.023	-0.028**
学校类型	-0.098**	-0.046	-0.065*	-0.050	-0.056*	0.013
学历	0.036	-0.006	0.048	0.017	-0.021	-0.076***
职称	0.010	-0.017	-0.031	-0.027	0.069**	0.034**
学科	-0.002	-0.006	-0.006	0.006	0.006	0.001
岗位职务	-0.039*	-0.037*	-0.044**	-0.040**	0.008	0.010
工作年限	-0.037	-0.012	-0.013	-0.010	-0.040**	-0.006
第二步：工作使命感		0.587***		0.357***		0.772***
第三步：工作投入			0.594***	0.298***		
F 值	2.16**	32.66***	30.83***	32.48***	1.79	195.39***
R^2	0.0176	0.2341	0.2238	0.2526	0.0146	0.6464
ΔR^2	0.0176	0.2165	0.2062	0.0185	0.0146	0.6318

注：***表示在 p<0.01 水平上显著，**表示在 p<0.05 水平上显著，*表示在 p<0.1 水平上显著。

表 5-8　工作投入在工作使命感和教师发展促进之间的中介作用结果

变量	教师发展促进				工作投入	
	模型 1	模型 2	模型 3	模型 4	模型 5	模型 6
第一步：控制变量						
性别	0.001	0.005	0.000	0.002	0.002	0.007
年龄	0.035	0.000	0.022	0.010	0.023	-0.028**
学校类型	-0.161***	-0.113***	-0.129***	-0.118***	-0.056*	0.013

续表

变量	教师发展促进				工作投入	
	模型1	模型2	模型3	模型4	模型5	模型6
学历	0.064	0.025	0.076**	0.053	−0.021	−0.076***
职称	0.100***	0.075**	0.060**	0.063	0.069**	0.034**
学科	0.000	−0.004	−0.004	−0.004	0.006	0.001
岗位职务	−0.065***	−0.064***	−0.070***	−0.068***	0.008	0.010
工作年限	0.010	0.033	0.033	0.035*	−0.040**	−0.006
第二步：工作使命感		0.541***		0.256***		0.772***
第三步：工作投入			0.583***	0.370***		
F值	9.95***	42.72***	46.11***	44.84***	1.79	195.39***
R²	0.0763	0.2855	0.3014	0.3181	0.0146	0.6464
ΔR²	0.0763	0.2092	0.2251	0.0326	0.0146	0.6318

注：*** 表示在 $p<0.01$ 水平上显著，** 表示在 $p<0.05$ 水平上显著，* 表示在 $p<0.1$ 水平上显著。

表5-9　工作投入在工作使命感和教师日常帮助之间的中介作用结果

变量	教师日常帮助				工作投入	
	模型1	模型2	模型3	模型4	模型5	模型6
第一步：控制变量						
性别	0.006	0.011	0.006	0.010	0.002	0.007
年龄	0.055**	0.017	0.043*	0.021	0.023	−0.028**
学校类型	−0.093**	−0.041	−0.063	−0.043	−0.056*	0.013
学历	0.047	0.006	0.059	0.017	−0.021	−0.076***
职称	0.051	0.024	0.013	0.019	0.069**	0.034**
学科	0.005	0.001	0.002	0.001	0.006	0.001
岗位职务	−0.036	−0.034*	−0.040*	−0.036*	0.008	0.010
工作年限	0.006	0.032	0.028	0.032	−0.040**	−0.006
第二步：工作使命感		0.585***		0.470***		0.772***
第三步：工作投入			0.540***	0.149**		
F值	4.95***	34.51***	26.91***	31.78***	1.79	195.39***
R²	0.0395	0.2441	0.2011	0.2485	0.0146	0.6464
ΔR²	0.0395	0.2046	0.1616	0.0044	0.0146	0.6318

注：*** 表示在 $p<0.01$ 水平上显著，** 表示在 $p<0.05$ 水平上显著，* 表示在 $p<0.1$ 水平上显著。

表5-10　工作投入在工作使命感和工作改革创新之间的中介作用结果

变量	工作改革创新				工作投入	
	模型1	模型2	模型3	模型4	模型5	模型6
第一步：控制变量						
性别	−0.052	−0.047	−0.053	−0.050	0.002	0.007
年龄	0.038	−0.002	0.024	0.008	0.023	−0.028**
学校类型	−0.093**	−0.038	−0.057	−0.043	−0.056*	0.013
学历	0.155***	0.111***	0.169***	0.140***	−0.021	−0.076***
职称	0.114***	0.086**	0.069**	0.073**	0.069**	0.034**
学科	0.005	0.001	0.002	0.001	0.006	0.001
岗位职务	−0.080***	−0.078***	−0.085***	−0.082***	0.008	0.010
工作年限	−0.021	0.006	0.005	0.008	−0.040**	−0.006
第二步：工作使命感		0.615***		0.322***		0.772***
第三步：工作投入			0.647***	0.380***		
F值	10.02***	39.89***	41.04***	40.52***	1.79	195.39***
R²	0.0769	0.2718	0.2775	0.2966	0.0146	0.6464
ΔR²	0.0769	0.1949	0.2006	0.0248	0.0146	0.6318

注：***表示在p<0.01水平上显著，**表示在p<0.05水平上显著，*表示在p<0.1水平上显著。

表5-11　工作投入在工作使命感和工作主动尽责之间的中介作用结果

变量	工作主动尽责				工作投入	
	模型1	模型2	模型3	模型4	模型5	模型6
第一步：控制变量						
性别	0.054	0.059	0.053	0.057	0.002	0.007
年龄	0.119***	0.074***	0.104***	0.082***	0.023	−0.028**
学校类型	−0.129***	−0.069**	−0.092***	−0.072**	−0.056*	0.013
学历	0.060	0.012	0.074**	0.033	−0.021	−0.076***
职称	−0.010	−0.041	−0.056*	−0.050*	0.069**	0.034**
学科	0.003	−0.002	−0.001	−0.002	0.006	0.001
岗位职务	−0.025	−0.023	−0.030	−0.026	0.008	0.010
工作年限	−0.013	0.016	0.013	0.018	−0.040**	−0.006
第二步：工作使命感		0.675***		0.459***		0.772***
第三步：工作投入			0.661***	0.279***		

续表

变量	工作主动尽责				工作投入	
	模型1	模型2	模型3	模型4	模型5	模型6
F值	8.03***	60***	51.94	58.01***	1.79	195.39***
R^2	0.0625	0.3595	0.327	0.3764	0.0146	0.6464
ΔR^2	0.0625	0.297	0.2645	0.0169	0.0146	0.6318

注：***表示在 p<0.01 水平上显著，**表示在 p<0.05 水平上显著，*表示在 p<0.1 水平上显著。

表5-12　工作投入在工作使命感和学校形象维护之间的中介作用结果

变量	学校形象维护				工作投入	
	模型1	模型2	模型3	模型4	模型5	模型6
第一步：控制变量						
性别	0.022	0.025	0.021	0.021	0.002	0.007
年龄	0.021	-0.012	0.007	0.003	0.023	-0.028**
学校类型	-0.113***	-0.068*	-0.079**	-0.075**	-0.056*	0.013
学历	0.003	-0.033	0.015	0.007	-0.021	-0.076***
职称	0.049	0.026	0.007	0.008	0.069**	0.034**
学科	0.011*	0.008	0.008	0.008	0.006	0.001
岗位职务	-0.018	-0.017	-0.023	-0.022	0.008	0.010
工作年限	-0.028	-0.007	-0.004	-0.003	-0.040**	-0.006
第二步：工作使命感		0.500***		0.087		0.772***
第三步：工作投入			0.608***	0.536***		
F值	2.02**	26.54***	38.89	35.31***	1.79	195.39***
R^2	0.0165	0.1989	0.2668	0.2687	0.0146	0.6464
ΔR^2	0.0165	0.1824	0.2503	0.0698	0.0146	0.6318

注：***表示在 p<0.01 水平上显著，**表示在 p<0.05 水平上显著，*表示在 p<0.1 水平上显著。

从表5-7至表5-12中模型2的分析结果看，在学生关怀指导、教师发展促进、教师日常帮助、工作改革创新、工作主动尽责和学校形象维护对工作使命感的回归中，工作使命感的回归系数在 p<0.01 水平上均显著（对应的回归系数分别是0.587、0.541、0.585、0.615、0.675、0.500），说明教师工作使命感对学生关怀指导、教师发展促进、教师日常帮助、工作改革创新、工作主动尽责和学校形象维护也有着显著的正向影响。假设1a至假设1f得到支持。

5.4.3 高校教师工作使命感对工作投入的影响

以工作投入为因变量，先把教师的性别、年龄、学校类型、学历、职称、学科、岗位职务和本单位工作年限作为控制变量放入回归方程，然后放入工作使命感。分析结果如表5-6中模型6所示。

从表5-6中模型6的分析结果可以看出，工作使命感的回归系数为0.772，在$p<0.01$水平上显著，说明高校教师工作使命感对工作投入有着显著的正向影响。假设2得到支持。

5.4.4 高校教师工作投入对周边绩效的影响

5.4.4.1 高校教师工作投入对周边绩效整体情况的影响

将周边绩效作为因变量，先把教师的性别、年龄、学校类型、学历、职称、学科、岗位职务和本单位工作年限作为控制变量放入回归方程，然后放入工作投入。分析结果如表5-6中模型3所示。

从表5-6中模型3的分析结果可以看出，工作投入的回归系数为0.650，在$p<0.01$水平上显著，说明教师的工作投入对周边绩效有着显著的正向影响。假设3得到支持。

5.4.4.2 高校教师工作投入对周边绩效各维度的影响

分别以学生关怀指导、教师发展促进、教师日常帮助、工作改革创新、工作主动尽责和学校形象维护为因变量，同理检验教师工作投入对周边绩效各维度的影响。分析结果如表5-7至表5-12中模型3所示。

从表5-7至表5-12中模型3的分析结果看，学生关怀指导、教师发展促进、教师日常帮助、工作改革创新、工作主动尽责和学校形象维护对工作投入的回归中，工作投入的回归系数在$p<0.01$水平上均显著（对应的回归系数分别是0.594、0.583、0.540、0.647、0.661、0.608），说明教师的工作投入对学生关怀指导、教师发展促进、教师日常帮助、工作改革创新、工作主动尽责和学校形象维护有着显著的正向影响。假设3a至假设3f得到支持。

5.4.5 高校教师工作投入的中介效应检验

5.4.5.1 高校教师工作投入在工作使命感和周边绩效之间的中介作用

对于工作投入在教师工作使命感和周边绩效之间的中介作用，本书主要根据

kenny 等（1998）提出的判断中介效应的 4 个条件进行检验：①因变量对自变量做回归，自变量的回归系数显著，即自变量与因变量显著相关。②中介变量对自变量做回归，自变量的回归系数显著，即自变量与中介变量显著相关。③控制自变量后，因变量对中介变量做回归，中介变量的回归系数显著，即中介变量与因变量显著相关。④因变量同时对自变量和中介变量做回归，中介变量回归系数显著，自变量的回归系数显著并减小，说明中介变量起到部分中介作用；如果自变量的回归系数不再显著，说明中介变量起到完全中介的作用。

根据上述中介效应检验的步骤，本书采用层次回归分析来检验工作投入在高校教师工作使命感和周边绩效之间的中介作用。

第一步，检验高校教师工作使命感和周边绩效是否显著相关，对应表 5-6 中模型 2 的分析结果，在前面检验假设 1 时得到支持。

第二步，检验高校教师工作使命感与工作投入是否显著相关，对应表 5-6 中模型 6 的分析结果，在前面检验假设 2 时得到支持。

第三步，检验高校教师工作投入与周边绩效是否显著相关，对应表 5-6 中模型 3 的分析结果，在前面检验假设 3 时得到支持。

第四步，同时将工作使命感和工作投入放入回归方程，检验高校教师工作使命感和工作投入的回归系数是否显著。第四步结果见表 5-6 中模型 4。由模型 4 的分析结果可知，教师工作使命感和工作投入都对周边绩效有着显著的正向影响（对应的回归系数分别是 0.325、0.335），同时工作使命感的回归系数变小（由模型 2 中的 0.584 变为 0.325），说明工作投入在高校教师工作使命感和周边绩效之间起着部分中介作用。假设 4 得到支持。

5.4.5.2　工作投入在高校教师工作使命感和周边绩效各维度之间的中介作用

按照上述中介效应检验的步骤，以周边绩效各维度作为因变量，进一步对工作投入在高校教师工作使命感和周边绩效各维度之间的中介作用进行检验。

由表 5-7 中模型 4 的分析结果可知，高校教师工作使命感和工作投入都对学生关怀指导有着显著的正向影响（对应的回归系数分别是 0.357、0.298），同时工作使命感的回归系数变小（由模型 2 中的 0.587 变为 0.357），说明工作投入在教师工作使命感和学生关怀指导之间起到部分中介作用。假设 4a 得到支持。

由表 5-8 中模型 4 的分析结果可知，高校教师工作使命感和工作投入都对教师发展促进有着显著的正向影响（对应的回归系数分别是 0.256、0.370），同时工作使命感的回归系数变小（由模型 2 中的 0.541 变为 0.256），说明工作投入在教师工作使命感和教师发展促进之间起到部分中介作用，假设4b得到支持。

从表5-9中模型4的分析结果可知，高校教师工作使命感和工作投入都对教师日常帮助有着显著的正向影响（对应的回归系数分别是0.470、0.149），同时工作使命感的回归系数变小（由模型2中的0.585变为0.470），说明工作投入在教师工作使命感和教师日常帮助之间起到部分中介作用。假设4c得到支持。

从表5-10模型4的分析结果可知，高校教师工作使命感和工作投入都对工作改革创新有着显著的正向影响（对应的回归系数分别是0.322、0.380），同时工作使命感的回归系数变小（由模型2中的0.615变为0.322），说明工作投入在教师工作使命感和工作改革创新之间起到部分中介作用。假设4d得到支持。

从表5-11中模型4的分析结果可知，高校教师工作使命感和工作投入都对工作主动尽责有着显著的正向影响（对应的回归系数分别是0.459、0.279），同时工作使命感的回归系数变小（由模型2中的0.675变为0.459），说明工作投入在教师工作使命感和工作主动尽责之间起到部分中介作用。假设4e得到支持。

从表5-12中模型4的分析结果可知，高校教师工作使命感和工作投入放入回归方程后，工作使命感的回归系数变为不显著（β＝0.087），工作投入的回归系数仍然显著（对应的回归系数是0.536），由此可以说明工作投入在教师工作使命感和学校形象维护之间起到完全中介的作用。假设4f得到支持。

5.4.6　调节效应和有调节的中介效应检验

根据本书的理论假设，在检验调节作用时会将工作使命感与人—组织匹配的乘积项放入回归方程，进行层次回归分析。由于涉及连续变量的乘积项，需要对连续变量进行中心化处理，即将变量的每个观测值减去样本均值。数据中心化处理和标准化的作用类似，主要是为了保证变量数据处于相同的数量级，避免因量纲不同或者数值差距较大等产生误差。

5.4.6.1　人—组织匹配对高校教师工作使命感与周边绩效关系的调节作用

本书采用层次回归检验人—组织匹配对高校教师工作使命感与周边绩效关系的调节作用。以周边绩效作为因变量，将控制变量、工作使命感、人—组织匹配、工作使命感与人—组织匹配交叉项依次放入回归方程。分析结果见表5-13。

表5-13　人—组织匹配对工作使命感与周边绩效之间关系的调节作用结果

	模型1	模型2	模型3
第一步：控制变量			
性别	0.016	0.021	0.020
年龄	0.054**	0.025	0.027
学校类型	-0.115***	-0.065**	-0.065**
学历	0.061*	0.029	0.029
职称	0.052*	0.011	0.011
学科	0.004	0.000	0.000
岗位职务	-0.044**	-0.047***	-0.048***
工作年限	-0.014	0.017	0.015
第二步：主效应			
工作使命感		0.388***	0.534***
人—组织匹配		0.322***	0.468***
第三步：调节效应			
工作使命感＊人—组织匹配			-0.038
F值	7.44***	74.37***	67.77***
R^2	0.0582	0.4362	0.4371
ΔR^2	0.0582	0.378	0.0009

注：＊＊＊表示在$p<0.01$水平上显著，＊＊表示在$p<0.05$水平上显著，＊表示在$p<0.1$水平上显著。

由表5-13中模型3的分析结果可知，工作使命感与人—组织匹配乘积项的回归系数不显著，说明人—组织匹配在教师工作使命感和周边绩效之间的关系中不产生调节作用。假设5没有得到支持。

5.4.6.2　人—组织匹配各维度对高校教师工作使命感与周边绩效关系的调节作用

按照上述步骤，本书同理探讨价值匹配、需求能力匹配和需要供给匹配分别在教师工作使命感与周边绩效之间的关系中是否发挥了调节作用。具体分析结果见表5-14。

表 5-14　价值匹配、需求能力匹配和需要供给匹配对工作使命感与周边绩效之间关系的调节效应结果

变量	价值匹配的调节效应			需求能力匹配的调节效应			需要供给匹配的调节效应		
	模型 1	模型 2	模型 3	模型 1	模型 2	模型 3	模型 1	模型 2	模型 3
第一步：控制变量									
性别	0.016	0.025	0.025	0.016	0.009	0.008	0.016	0.022	0.022
年龄	0.054**	0.020	0.021	0.054**	0.017	0.019	0.054**	0.019	0.020
学校类型	-0.115***	-0.069**	-0.069**	-0.115***	-0.054**	-0.055**	-0.115***	-0.063**	-0.064**
学历	0.061*	0.026	0.027	0.061*	0.018	0.019	0.061*	0.023	0.023
职称	0.052*	0.020	0.020	0.052*	0.014	0.015	0.052*	0.022	0.022
学科	0.004	-0.001	-0.001	0.004	0.001	0.001	0.004	0.000	0.000
岗位职务	-0.044**	-0.040***	-0.041***	-0.044**	-0.049***	-0.052***	-0.044**	-0.044***	-0.044***
工作年限	-0.014	0.015	0.014	-0.014	0.014	0.013	-0.014	0.012	0.012
第二步：主效应									
工作使命感		0.469***	0.505***		0.521***	0.904***		0.526**	0.580***
价值匹配 / 需求能力匹配 / 需要供给匹配		0.157***	0.198*		0.200***	0.555***		0.078***	0.129

续表

变量	价值匹配的调节效应			需求能力匹配的调节效应			需要供给匹配的调节效应		
	模型1	模型2	模型3	模型1	模型2	模型3	模型1	模型2	模型3
第三步：调节效应									
工作使命感*价值匹配			-0.010						
工作使命感*需求能力匹配						-0.094***			
工作使命感*需要供给匹配									-0.014
F值	7.44***	69.29***	62.95***	7.44***	72.69***	67.63***	7.44***	64.36***	58.49***
R^2	0.0582	0.4189	0.419	0.0582	0.4307	0.4366	0.0582	0.4011	0.4013
ΔR^2	0.0582	0.3607	0.0001	0.0582	0.3725	0.0059	0.0582	0.3429	0.0002

注：*** 表示在 $p<0.01$ 水平上显著，** 表示在 $p<0.05$ 水平上显著，* 表示在 $p<0.1$ 水平上显著。

由表5-14中模型3中的分析结果可以看出，工作使命感与价值匹配乘积项的回归系数、工作使命感与需要供给匹配乘积项的回归系数都不显著，说明价值匹配和需要供给匹配在教师工作使命感和周边绩效之间不产生调节作用。假设5a和假设5c没有得到支持。

工作使命感与需求能力匹配乘积项的回归系数（对应的回归是 $\beta = -0.094$）在 $p < 0.01$ 水平上显著，说明需求能力匹配在教师工作使命感与周边绩效之间起着负向调节作用，即教师工作使命感对周边绩效的影响在低需求能力匹配情况下要比高需求能力匹配情况下更强，具体调节作用见图5-1。本书定义需求能力匹配高低的标准为±1个标准差（下同）。假设5b得到支持。

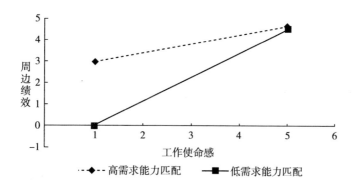

图5-1   需求能力匹配在工作使命感与周边绩效之间的调节效应

5.4.6.3   人—组织匹配对高校教师工作投入和周边绩效关系的调节作用

通过层次回归同理检验人—组织匹配对高校教师工作投入和周边绩效之间关系的调节效应，具体分析结果见表5-15中的模型3。

表5-15   人—组织匹配调节工作使命感通过工作投入对周边绩效的间接效应结果

变量	周边绩效						工作投入
	模型1	模型2	模型3	模型4	模型5	模型6	模型7
性别	0.016	0.017	0.016	0.021	0.019	0.018	0.007
年龄	0.054 **	0.041 **	0.042 **	0.025	0.029 *	0.030 *	−0.018
学校类型	−0.115 ***	−0.077 ***	−0.078 ***	−0.065 **	−0.067 *	−0.068 ***	0.011
学历	0.061 *	0.065 **	0.065 **	0.029	0.044 *	0.045 *	−0.065 ***

变量	周边绩效						工作投入
	模型 1	模型 2	模型 3	模型 4	模型 5	模型 6	模型 7
职称	0.052*	0.001	0.002	0.011	0.006	0.007	0.019***
学科	0.004	0.000	0.000	0.000	-0.001	-0.001	0.018
职务	-0.044**	-0.051***	-0.051***	-0.047***	-0.048***	-0.049***	0.001
工作年限	-0.014	0.016	0.015	0.017	0.017	0.016	0.005
工作使命感				0.388***	0.254***	0.258***	0.559***
工作投入		0.402***	0.466***		0.240***	0.352***	
人—组织匹配		0.314***	0.385***	0.322***	0.238***	0.365***	0.351***
工作投入*人—组织匹配			-0.018			-0.032	
F 值	7.44***	72.97***	66.32***	74.37***	72.16***	66.26***	220.18***
R²	0.0582	0.4316	0.4318	0.4362	0.4526	0.4533	0.6962
ΔR²	0.0582	0.3734	0.0002	0.378	0.0164	0.0007	0.6816

注：***表示在 $p<0.01$ 水平上显著，**表示在 $p<0.05$ 水平上显著，*表示在 $p<0.1$ 水平上显著。

由表 5-15 中模型 3 的分析结果可知，工作投入与人—组织匹配乘积项的回归系数不显著（$\beta = -0.018$），说明人—组织匹配在教师工作投入和周边绩效之间没有调节效应，假设 6 没有得到支持。

5.4.6.4 人—组织匹配各维度对高校教师工作投入和周边绩效关系的调节作用

进一步分析价值匹配、需求能力匹配和需要供给匹配对高校教师工作投入与周边绩效关系的调节作用。具体分析结果见表 5-16、表 5-17 和表 5-18 中模型 3。

表 5-16 价值匹配调节工作使命感通过工作投入对周边绩效间接效应结果

变量	周边绩效						工作投入
	模型 1	模型 2	模型 3	模型 4	模型 5	模型 6	模型 7
性别	0.016	0.022	0.022	0.025	0.022	0.022	0.010
年龄	0.054**	0.040**	0.039**	0.020	0.028	0.028*	-0.025**
学校类型	-0.115***	-0.083***	-0.083***	-0.069**	-0.071***	-0.072***	0.009
学历	0.061*	0.070***	0.069***	0.026	0.048*	0.048*	-0.071***

续表

变量	周边绩效						工作投入
	模型1	模型2	模型3	模型4	模型5	模型6	模型7
职称	0.052*	0.007	0.007	0.020	0.011	0.011	0.031*
学科	0.004	−0.001	−0.001	−0.001	−0.001	−0.001	0.000
职务	−0.044**	−0.045***	−0.045***	−0.040***	−0.044***	−0.044***	0.011
工作年限	−0.014	0.015	0.015	0.015	0.016	0.016	−0.004
工作使命感				0.469***	0.259***	0.259***	0.699***
工作投入		0.177***	0.452***		0.301***	0.310***	
价值匹配		0.481***	0.141	0.157***	0.127***	0.138	0.100***
工作投入*价值匹配			0.009			−0.003	
F值	7.44***	71.52***	64.97***	69.29***	70.88***	64.91***	183.18***
R²	0.0582	0.4267	0.4268	0.4189	0.4482	0.4482	0.6559
ΔR²	0.0582	0.3685	0.0001	0.3607	0.0293	0.0000	0.6413

注：***表示在p<0.01水平上显著，**表示在p<0.05水平上显著，*表示在p<0.1水平上显著。

表5-17 需求能力匹配调节工作使命感通过工作投入对周边绩效的间接效应结果

变量	周边绩效						工作投入
	模型1	模型2	模型3	模型4	模型5	模型6	模型7
性别	0.016	0.009	0.007	0.009	0.011	0.009	−0.005
年龄	0.054**	0.040**	0.041**	0.017	0.024	0.024	−0.026**
学校类型	−0.115***	−0.075***	−0.076***	−0.054**	−0.060**	−0.060**	0.022
学历	0.061*	0.069**	0.068**	0.018	0.038	0.037	−0.077***
职称	0.052*	0.005	0.008	0.014	0.009	0.011	0.021
学科	0.004	0.001	0.001	0.001	0.001	0.001	0.003
职务	−0.044**	−0.052***	−0.054***	−0.049***	−0.050***	−0.051***	0.003
工作年限	−0.014	0.011	0.010	0.014	0.015	0.014	−0.003
工作使命感				0.521***	0.343***	0.347***	0.703***
工作投入		0.548***	0.705***		0.254***	0.453***	
需求能力匹配		0.124***	0.281	0.200**	0.144***	0.347***	0.222***
工作投入*需求能力匹配			−0.040			−0.052**	

续表

变量	周边绩效						工作投入
	模型1	模型2	模型3	模型4	模型5	模型6	模型7
F值	7.44***	66.18***	60.44***	72.69***	71.24***	65.82***	214.46***
R^2	0.0582	0.4078	0.4092	0.4307	0.4494	0.4516	0.6906
ΔR^2	0.0582	0.3496	0.0014	0.3725	0.0187	0.0022	0.676

注：***表示在 p<0.01 水平上显著，**表示在 p<0.05 水平上显著，*表示在 p<0.1 水平上显著。

表5-18 需要供给匹配调节工作使命感通过工作投入对周边绩效的间接效应结果

变量	周边绩效						工作投入
	模型1	模型2	模型3	模型4	模型5	模型6	模型7
性别	0.016	0.017	0.017	0.022	0.018	0.017	0.011
年龄	0.054**	0.042**	0.042**	0.019	0.025	0.026	-0.019
学校类型	-0.115***	-0.080***	-0.080***	-0.063**	-0.067**	-0.067**	0.011
学历	0.061*	0.071***	0.071***	0.023	0.045*	0.045*	-0.067***
职称	0.052*	0.008	0.008	0.022	0.014	0.015	0.024
学科	0.004	0.000	0.000	0.000	-0.001	0.000	0.000
职务	-0.044**	-0.050***	-0.050***	-0.044***	-0.046***	-0.046***	0.005
工作年限	-0.014	0.012	0.011	0.012	0.014	0.013	-0.004
工作使命感				0.526***	0.319***	0.321***	0.625***
工作投入		0.540***	0.589***		0.330***	0.415***	
需要供给匹配		0.084***	0.134	0.078**	0.013	0.103	0.195***
工作投入 * 需要供给匹配			-0.013			-0.023	
F值	7.44***	64.47***	58.58***	64.36***	67***	61.47***	198.94***
R^2	0.0504	0.4015	0.4016	0.4011	0.4343	0.4348	0.6743
ΔR^2	0.0504	0.3511	0.0001	0.3507	0.3839	0.0005	0.6597

注：***表示在 p<0.01 水平上显著，**表示在 p<0.05 水平上显著，*表示在 p<0.1 水平上显著。

由表5-16中模型3的分析结果可以看出，工作投入与价值匹配乘积项的回归系数不显著（β=0.009），说明价值匹配在教师工作投入和周边绩效之间没有调节作用，假设6a没有得到支持。

由表5-17中模型3的分析结果可以看出，工作投入与需求能力匹配乘积项的回归系数不显著（β=-0.040），说明需求能力匹配在教师工作投入和周边绩效之间没有调节作用，假设6b没有得到支持。

由表5-18中模型3的分析结果可以看出，工作投入与需要供给匹配乘积项的回归系数不显著（β=-0.013），说明需要供给匹配在教师工作投入和周边绩效之间没有调节作用，假设6c没有得到支持。

5.4.6.5　有调节的中介作用——人—组织匹配调节高校教师工作使命感通过工作投入对周边绩效的间接效应

根据温忠麟等（2006）的观点，检验有调节的中介作用时应该满足以下4个条件：①做因变量对自变量和调节变量的回归，检验自变量是否对因变量有着显著影响；②做中介变量对自变量和调节变量的回归，检验自变量是否对中介变量有着显著影响；③做因变量对自变量、中介变量和调节变量的回归，检验中介变量在自变量和因变量之间的中介作用是否显著；④做因变量对自变量、中介变量、调节变量和中介变量与调节变量的乘积项的回归，检验中介变量与调节变量乘积项的作用是否显著。

按照上述步骤，本书采用层次回归首先探讨人—组织匹配如何调节高校教师工作使命感通过工作投入对周边绩效的间接效应，然后进一步细化研究价值匹配、需求能力匹配和需要供给匹配如何调节高校教师工作使命感通过工作投入对周边绩效的间接效应。

5.4.6.5.1　人—组织匹配调节高校教师工作使命感通过工作投入对周边绩效的间接效应

如前文所述，本书通过以下步骤检验人—组织匹配调节高校教师工作使命感通过工作投入对周边绩效的间接效应：①做周边绩效对工作使命感和人—组织匹配的回归，验证工作使命感是否对周边绩效有着显著影响；②做工作投入对工作使命感和人—组织匹配的回归，检验工作使命感对工作投入是否有着显著影响；③做周边绩效对工作使命感、工作投入和人—组织匹配的回归，检验工作投入在工作使命感和周边绩效之间的中介作用是否显著，即工作投入的回归系数是否显著；④做周边绩效对工作使命感、工作投入、人—组织匹配和工作投入与人—组织匹配乘积项的回归，检验工作投入与人—组织匹配乘积项的系数是否显著。按照这个步骤，本书采用层次回归进行检验，具体结果见表5-15。表5-15中模型4、模型7、模型5和模型6分别对应上述四个检验步骤。

由表5-15的结果可知，在模型4中工作使命感对周边绩效的影响显著（回

归系数 β=0.388）；在模型7中，工作使命感对工作投入的影响显著（回归系数 β=0.559）；在模型5中，工作投入在工作使命感和周边绩效关系中的中介作用显著（回归系数 β=0.240）；在模型6中，工作投入和人—组织匹配乘积项的回归系数不显著（回归系数 β=-0.032）。

以上结果说明，人—组织匹配对工作使命感通过工作投入对教师周边绩效的间接效应没有调节作用。假设7没有得到支持。

5.4.6.5.2 人—组织匹配各维度调节高校教师工作使命感通过工作投入对周边绩效的间接效应

进一步细化探讨价值匹配、需求能力匹配和需要供给匹配调节工作使命感通过工作投入对周边绩效的间接效应。具体结果见表5-16至表5-18。

（1）价值匹配调节高校教师工作使命感通过工作投入对周边绩效的间接效应。

由表5-16的结果可知，在模型4中工作使命感对周边绩效的影响显著（回归系数 β=0.469）；在模型7中，工作使命感对工作投入的影响显著（回归系数 β=0.699）；在模型5中，工作投入在工作使命感和周边绩效关系中的中介作用显著（回归系数 β=0.301）；在模型6中，工作投入和价值匹配乘积项的回归系数不显著（回归系数 β=-0.003）。

以上结果说明，价值匹配对工作使命感通过工作投入对教师周边绩效的间接效应没有调节作用。假设7a没有得到支持。

（2）需求能力匹配调节高校教师工作使命感通过工作投入对周边绩效的间接效应。

由表5-17的结果可知，在模型4中工作使命感对周边绩效的影响显著（回归系数 β=0.521）；在模型7中，工作使命感对工作投入的影响显著（回归系数 β=0.703）；在模型5中，工作投入在工作使命感和周边绩效关系中的中介作用显著（回归系数 β=0.254）；在模型6中，工作投入和需求能力匹配乘积项的回归系数在 p<0.05 水平上显著（回归系数 β=-0.052）。

以上结果说明，需求能力匹配对工作使命感通过工作投入对教师周边绩效的间接效应起到负向调节作用，即工作使命感通过工作投入对教师周边绩效的间接效应在低需求能力匹配情况下比在高需求能力匹配情况下要强。假设7b得到支持。

（3）需要供给匹配调节高校教师工作使命感通过工作投入对周边绩效的间

接效应。

由表 5-18 的结果可知，在模型 4 中工作使命感对周边绩效的影响显著（回归系数 β=0.526）；在模型 7 中，工作使命感对工作投入的影响显著（回归系数 β=0.625）；在模型 5 中，工作投入在工作使命感和周边绩效关系中的中介作用显著（回归系数 β=0.330）；在模型 6 中，工作投入和需要供给匹配乘积项的回归系数不显著（回归系数 β=-0.023）。

以上结果说明，需要供给匹配不能调节工作使命感通过工作投入对教师周边绩效的间接效应。假设 7c 没有得到支持。

5.4.7　假设检验汇总及结果分析

通过上述分析过程，本书对所提出的理论分析模型进行了检验，表 5-19 汇总了本书提出假设的检验结果。从表 5-6 至表 5-19 的分析结果可以看出，本书提出的高校教师工作使命感对周边绩效及各维度的影响、工作投入对周边绩效及各维度的影响、工作使命感通过工作投入对周边绩效及其各维度的影响的假设都得到了验证；但有关人—组织匹配及其各维度调节作用的假设仅有部分内容得到了验证。随后，本书对这些假设检验情况进行了分析。

表 5-19　实证研究假设检验结果汇总

序号	假设	结果
H1	高校教师的工作使命感对周边绩效有着显著的正向影响	支持
H1a	高校教师的工作使命感对学生关怀指导有着显著的正向影响	支持
H1b	高校教师的工作使命感对教师发展促进有着显著的正向影响	支持
H1c	高校教师的工作使命感对教师日常帮助有着显著的正向影响	支持
H1d	高校教师的工作使命感对工作改革创新有着显著的正向影响	支持
H1e	高校教师的工作使命感对工作主动尽责有着显著的正向影响	支持
H1f	高校教师的工作使命感对学校形象维护有着显著的正向影响	支持
H2	高校教师的工作使命感对工作投入有着显著的正向影响	支持
H3	高校教师的工作投入对周边绩效有着显著的正向影响	支持
H3a	高校教师的工作投入对学生关怀指导有着显著的正向影响	支持
H3b	高校教师的工作投入对教师发展促进有着显著的正向影响	支持
H3c	高校教师的工作投入对教师日常帮助有着显著的正向影响	支持
H3d	高校教师的工作投入对工作改革创新有着显著的正向影响	支持

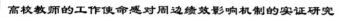

序号	假设	结果
H3e	高校教师的工作投入对工作主动尽责有着显著的正向影响	支持
H3f	高校教师的工作投入对学校形象维护有着显著的正向影响	支持
H4	高校教师的工作使命感通过工作投入对周边绩效产生显著的正向影响	支持
H4a	高校教师的工作使命感通过工作投入对学生关怀指导产生显著的正向影响	支持
H4b	高校教师的工作使命感通过工作投入对教师发展促进产生显著的正向影响	支持
H4c	高校教师的工作使命感通过工作投入对教师日常帮助产生显著的正向影响	支持
H4d	高校教师的工作使命感通过工作投入对工作改革创新产生显著的正向影响	支持
H4e	高校教师的工作使命感通过工作投入对工作主动尽责产生显著的正向影响	支持
H4f	高校教师的工作使命感通过工作投入对学校形象维护产生显著的正向影响	支持
H5	人—组织匹配在高校教师的工作使命感和周边绩效之间起到调节作用，即教师的工作使命感对周边绩效的影响在人—组织匹配低的情况下比在人—组织匹配高的情况下更强	不支持
H5a	价值匹配在教师的工作使命感和周边绩效之间起到调节作用，即教师的工作使命感对周边绩效的影响在价值匹配低的情况下比在价值匹配高的情况下更强	不支持
H5b	需求能力匹配在高校教师的工作使命感和周边绩效之间起到调节作用，即教师的工作使命感对周边绩效的影响在需求能力匹配低的情况下比在需求能力匹配高的情况下更强	支持
H5c	需要供给匹配在高校教师的工作使命感和周边绩效之间起到调节作用，即教师的工作使命感对周边绩效的影响在需要供给匹配低的情况下比在需要供给匹配高的情况下更强	不支持
H6	人—组织匹配在高校教师的工作投入和周边绩效之间起到调节作用，即教师的工作投入对周边绩效的影响在人—组织匹配低的情况下比在人—组织匹配高的情况下更强	不支持
H6a	价值匹配在高校教师的工作投入和周边绩效之间起到调节作用，即教师的工作投入对周边绩效的影响在价值匹配低的情况下比在价值匹配高的情况下更强	不支持
H6b	需求能力匹配在高校教师的工作投入和周边绩效之间起到调节作用，即教师的工作投入对周边绩效的影响在需求能力匹配低的情况下比在需求能力匹配高的情况下更强	不支持
H6c	需要供给匹配在高校教师的工作投入和周边绩效之间起到调节作用，即教师的工作投入对周边绩效的影响在需要供给匹配低的情况下比在需要供给匹配高的情况下更强	不支持
H7	人—组织匹配调节高校教师的工作使命感通过工作投入对周边绩效的间接效应，即教师的工作使命感通过工作投入对周边绩效的间接效应在人—组织匹配低的情况下比在人—组织匹配高的情况下更强	不支持
H7a	价值匹配调节高校教师的工作使命感通过工作投入对周边绩效的间接效应，即教师的工作使命感通过工作投入对周边绩效的间接效应在价值匹配低的情况下比在价值匹配高的情况下更强	不支持

续表

序号	假设	结果
H7b	需求能力匹配调节高校教师的工作使命感通过工作投入对周边绩效的间接效应，即教师的工作使命感通过工作投入对周边绩效的间接效应在需求能力匹配低的情况下比在需求能力匹配高的情况下更强	支持
H7c	需要供给匹配调节高校教师的工作使命感通过工作投入对周边绩效的间接效应，即教师的工作使命感通过工作投入对周边绩效的间接效应在需要供给匹配低的情况下比在需要供给匹配高的情况下更强	不支持

5.4.7.1 假设1、假设2和假设3的结果分析

假设1（包括假设1a至假设1f）的检验结果表明，周边绩效及其各维度（学生关怀指导、教师发展促进、教师日常帮助、工作改革创新、工作主动尽责和学校形象维护）对工作使命感的回归方程中，工作使命感的回归系数分别为0.584、0.587、0.541、0.585、0.615、0.675、0.500，在 $p<0.01$ 水平上显著，说明高校教师工作使命感越强，其周边绩效水平越高。

假设2的检验结果表明，工作投入对工作使命感的回归方程中，工作使命感的回归系数为0.772，在 $p<0.01$ 水平上显著，说明高校教师工作使命感对工作投入的影响非常大，工作使命感越强，教师的工作投入越高。

假设3（包括假设3a至假设3f）的检验结果表明，周边绩效及各维度（学生关怀指导、教师发展促进、教师日常帮助、工作改革创新、工作主动尽责和学校形象维护）对工作投入的回归方程中，工作投入的回归系数分别为0.650、0.594、0.583、0.540、0.647、0.661、0.608，在 $p<0.01$ 水平上显著，说明高校教师的工作投入对周边绩效及其各维度有着显著的正向影响，高校教师工作投入越高，越能促进其增加周边绩效行为。

上述研究结论符合本书的理论分析。回顾本书前面开展的探索性研究，也能从实践中找到相应的佐证。大多数受访教师认为高校教师都是有工作使命感的，并且认同工作使命感能够促进教师表现出高水平的周边绩效。摘录教师的观点如下：

"要说动力的话，我从未从功利的角度想过这些工作（周边绩效）能给我带来什么，我做这些就是工作使然。"（访谈资料来源：教师徐＊，女）

"高校教师的周边绩效主要驱动力更多是使命、责任，没有过多的利益驱动。"（访谈资料来源：教师张＊＊，男）

"教师的很多工作可能都是隐性付出，表明上看不到，但是学生需要、学校需要，老师就应该做，是教师的责任感和使命感驱动你去做。"（访谈资料来源：教师李＊＊，男）

同时，受访教师的观点在一定程度上也反映了工作投入与周边绩效的正向关系，如：

"……所以我对待工作，是一种积极向上的态度，这种态度让我自己愿意多做一些事情，实际上我不觉得做这些事情是额外的奉献，也不觉得很辛苦。"（访谈资料来源：教师鲍＊＊，男）

"我认为有些教师不做（周边绩效），根本原因就是整天混日子，把工作当成打发时间的手段或者把学校当成一个跳板。整个人的心都不放在工作上，对完成学院规定的任务都觉得是负担，就更不可能期望他们能够有额外的奉献。"（访谈资料来源：教师张＊，女）

"我就想做一名好老师。岗位职责要求的那些可能只是作为一名教师的基本要求，好老师是没有标准的，全在于你自己内心是怎么理解'好老师'的含义。所以，我愿意把全部精力放在工作上面，我自愿进行若干次的教学改革尝试，与学生进行无数次的沟通，实际上是为了实现我心中的这个理想。"（访谈资料来源：教师高＊，女）

"但凡周边绩效比较高的教师，都是因为他们对工作有着更高的追求，与个人的成长发展和自我实现联系起来，所以能够全身心地投入到工作中去。"（访谈资料来源：教师董＊，男）

5.4.7.2 假设4和假设4a至假设4f的检验结果分析

假设4（包括假设4a至假设4f）的检验结果表明，工作投入在高校教师工作使命感和周边绩效之间存在着部分中介作用。其中，工作投入在工作使命感和周边绩效之间承担的中介效应占总效应的44.3%；工作投入在工作使命感和学生关怀指导、教师发展促进、教师日常帮助、工作改革创新、工作主动尽责之间承担的中介效应占总效应的比例分别为39.2%、52.8%、19.7%、47.7%、31.9%。

由上述结果可知，工作投入在工作使命感和教师日常帮助之间承担的中介效应最低。其主要原因在于教师日常帮助体现的是工作中常规的人际互助行为，而工作使命感本身也包含一定的利他意愿，在一定程度上影响了工作投入的中介效应。

此外，工作投入在高校教师工作使命感和学校形象维护之间承担着完全中介效应。出现这种情况的原因可能是工作使命感是教师基于对工作目的和意义理解的心理感受，它的作用更直接地反映在工作层面，而学校形象维护体现的是教师发生在组织层面的组织公民行为。因此，工作使命感更容易转化成工作投入，工作投入高的教师会对所归属的学校有更高的责任感，进而产生更多的认同和维护学校的行为。

5.4.7.3 假设5、假设5a、假设5b和假设5c的检验结果分析

假设5、假设5a、假设5b、假设5c检验的是人—组织匹配及其各维度对高校教师工作使命感与周边绩效之间的调节作用。

根据假设5的检验结果，从总体上说，人—组织匹配在高校教师工作使命感与周边绩效之间不产生调节作用。得出这个结论的原因可能与本书选取的研究对象有关。本书以高校教师为主要研究对象，从整体情况看，高校教师这个职业群体本身就具有较高的工作使命感。具有较高工作使命感的人更容易找到符合他们个人需求、能力和价值观的工作。因此，本书中高校教师感知到的人—组织匹配程度比较高，进而减少了因人—组织匹配的个体差异而引发的影响。

从另外一个角度看，本书认为工作使命感具有强大的动机功能，由工作使命感引发个体形成自主性动机进而产生主动行为，这个过程受到外部因素影响的程度相对较小。这个结论在教师访谈中也得到了一定的印证：

"教师有责任多奉献、多付出，即使这些工作没有被纳入学校现有的考核体系中。高校教师作为典型的知识分子，是一个有很强自尊的群体，都很要强，当他们把工作看作一件很有意义的事情时，他们自然而然地觉得这些额外付出都是他们应该做的事情。"（访谈资料来源：教师张＊＊，女）

"外部的制度导向有时候可能会起作用，但不是主要的影响因素，这些可能还是与自己对职业的理解、期望和认同有关系。对自己工作有使命感的人，外部环境好与不好可能都不会影响他们的敬业和奉献。"（访谈资料来源：教师徐＊，女）

在分别检验人—组织匹配各维度对教师工作使命感与周边绩效之间的调节作用时，本书发现价值匹配、需求能力匹配和需要供给匹配的调节作用存在着差异。假设5a、假设5c的检验结果表明，价值匹配和需要供给匹配在工作使命感与周边绩效之间不存在调节作用；假设5b的检验结果表明，需求能力匹配在工作使命感和周边绩效之间存在着负向调节作用（$\beta = -0.094$，在 $p < 0.01$ 水平上显著），即在低需求能力匹配情况下，高校教师工作使命感对周边绩效的影响作用比高需求能力匹配情况下要更强。

分析上述检验结果，本书认为在人—组织匹配中，价值匹配更多反映的是个体与组织的匹配，并且价值观的内涵相对抽象，不好展现。从高校教师的工作特点角度分析，高校教师更强调人格的独立和自由，并且内心的道德标准相对较高，这些因素都有可能减弱价值匹配的作用；需求能力匹配和需要供给匹配都与工作直接相关，其中需求能力匹配是体现人与工作契合程度的关键因素。由于高校教师是一个专业化要求比较高的群体，所以需求能力匹配对高校教师的影响更为突出。良好的需求能力匹配可以进一步满足教师自主和胜任的心理需求，有效激发工作使命感偏低的教师增加周边绩效的主动意愿，从而产生相应的行为。相比之下，需要供给匹配与工作满意度的联系更加直接。

5.4.7.4　假设 6、假设 6a、假设 6b 和假设 6c 的检验结果分析

假设 6、假设 6a、假设 6b、假设 6c 检验的是人—组织匹配及其各维度对高校教师工作投入影响周边绩效的调节作用。根据假设 6a、假设 6b 和假设 6c 的检验结果，价值匹配、需求能力匹配和需要供给匹配对教师工作投入与周边绩效之间的关系均不产生调节作用。价值匹配不产生调节作用的原因与 5.4.7.3 的解释相同，与高校教师的工作特点有着直接关系。

分析需求能力匹配和需要供给匹配在工作投入和周边绩效之间不产生调节作用的主要原因，本书认为根据 Schneider（1987）提出的"吸引—选择—消耗"模型①，经过个体的自我选择和组织淘汰的过程后留在组织中的员工中通常不可能存在大量"人—组织匹配"很低的人。本书中高校教师对需求能力匹配和需要供给匹配的感知程度都比较高，因此人—组织匹配中的个体差异影响可以忽略不计。

5.4.7.5　假设 7、假设 7a、假设 7b 和假设 7c 的检验结果分析

假设 7、假设 7a、假设 7b 和假设 7c 检验的是有调节的中介效应，即人—组织匹配调节高校教师工作使命感通过工作投入对周边绩效的间接效应。

根据假设 7 的检验结果，从总体上说，人—组织匹配对高校教师工作使命感通过工作投入对周边绩效的间接效应不产生调节作用，但是进一步细化人—组织匹配各维度的作用时发现，价值匹配、需求能力匹配和需要供给匹配的调节作用存在着差异。

价值匹配和需要供给匹配在高校教师工作使命感通过工作投入对周边绩效的

---

① Schneider B. The People Make the Place [J]. Personnel Psychology, 1987 (40): 437-453.

间接效应中依然不产生调节作用。但假设 7b 的检验结果表明，需求能力匹配负向调节高校教师工作使命感通过工作投入对周边绩效的间接效应，即工作使命感通过工作投入对周边绩效的间接效应在低的需求能力匹配情况下比高的需求能力匹配情况下要更强。

由于这部分假设内容是在人—组织匹配调节作用的基础上拓展出来的有调节的中介作用，研究结论与 5.4.7.3 和 5.4.7.4 的研究结论密切相关，主要的解释也基本一致，因此这里就不再赘述。

5.5 本章小结

本章以正式调查数据为基础，对高校教师周边绩效和工作使命感的现状进行了分析，并对理论分析模型涉及的相关假设进行了实证研究。

本章采用层次回归分析对高校教师工作使命感通过工作投入对周边绩效的影响作用进行了检验；对人—组织匹配在高校教师工作使命感与周边绩效、工作投入与周边绩效之间的调节作用进行了检验；同时，进一步探讨了一个有调节的中介效应模型，即人—组织匹配调节高校教师工作使命感通过工作投入对周边绩效的间接效应。

研究发现，高校教师的工作使命感和工作投入都能够显著影响周边绩效及其各维度；工作投入在高校教师工作使命感对周边绩效及其各维度的影响中起到中介作用；从整体上来看，人—组织匹配在高校教师工作使命感和周边绩效之间、高校教师工作投入和周边绩效之间不产生调节作用，但是需求能力匹配在教师工作使命感与周边绩效之间产生调节作用。进一步探讨有调节的中介效应可以发现，人—组织匹配在高校教师的工作使命感通过工作投入对周边绩效的间接效应中不产生调节作用，但需求能力匹配调节高校教师的工作使命感通过工作投入对周边绩效的间接效应。

6 结语

6.1 研究结论

本书在文献梳理的基础上经过探索性研究、理论分析模型构建、研究工具开发、实证分析及模型检验等步骤构建了基于中国文化背景的高校教师周边绩效结构维度，并深入分析和探讨了高校教师工作使命感对周边绩效的影响过程。经过研究得出如下主要结论：

（1）高校教师的周边绩效包括学生关怀指导、教师发展促进、教师日常帮助、工作改革创新、工作主动尽责和学校形象维护六个维度，由此形成的高校教师周边绩效问卷经过信度分析、探索性因子分析和验证性因子分析等相关检验，证明具有良好的信度和效度。

（2）高校教师工作使命感对周边绩效具有显著的正向影响，同时，高校教师工作使命感对学生关怀指导、教师发展促进、教师日常帮助、工作改革创新、工作主动尽责和学校形象维护六个维度也具有显著的正向影响。

（3）高校教师工作使命感对工作投入具有显著的正向影响。

（4）高校教师的工作投入对周边绩效具有显著的正向影响，同时，高校教师工作投入对学生关怀指导、教师发展促进、教师日常帮助、工作改革创新、工作主动尽责和学校形象维护六个维度也具有显著的正向影响。

（5）高校教师工作投入在教师工作使命感和周边绩效之间起着中介作用。其中，高校教师工作投入在教师工作使命感与学生关怀指导、教师工作使命感与教师发展促进、教师工作使命感与教师日常帮助、教师工作使命感与工作改革创新、教师工作使命感与工作主动尽责之间起到部分中介作用；工作投入在教师工作使命感与学校形象维护之间起到完全中介作用。

（6）将人—组织匹配作为一个整体看，人—组织匹配在高校教师工作使命感与周边绩效之间没有调节作用。但细分不同类型的匹配发现，价值匹配、需求能力匹配和需要供给匹配三种匹配的作用存在一定的差异。

价值匹配和需要供给匹配在高校教师工作使命感与周边绩效之间没有调节作用，但是需求能力匹配在教师工作使命感与周边绩效之间起到负向调节作用，即在低需求能力匹配情况下，高校教师工作使命感对周边绩效的影响要比在高需求能力匹配情况下更强。

（7）将人—组织匹配作为一个整体看，人—组织匹配在高校教师工作投入与周边绩效之间没有调节作用。细化不同类型的匹配发现，价值匹配、需求能力匹配和需要供给匹配在高校教师工作投入与周边绩效之间均不产生调节作用。

（8）在拓展的有调节的中介效应中，将人—组织匹配作为一个整体看，人—组织匹配在高校教师工作使命感通过工作投入对周边绩效的间接效应中没有调节作用。但细分不同类型的匹配发现，价值匹配、需求能力匹配和需要供给匹配三种匹配类型的作用存在一定的差异。

价值匹配和需要供给匹配在高校教师工作使命感通过工作投入对周边绩效的间接效应中没有调节作用，但需求能力匹配在教师工作使命感通过工作投入对周边绩效的间接效应中起到负向调节作用，即在低的需求能力匹配情况下，教师工作使命感通过工作投入对周边绩效的间接效应比在高需求能力匹配情况下更强。

6.2 总体讨论

6.2.1 关于高校教师周边绩效结构维度的讨论

本书基于"绩效是行为"的立场，在分析大学组织属性和高校教师工作特点的基础上，重新审视高校教师周边绩效的概念内涵，并围绕高校组织的知识特性构建了高校教师周边绩效的结构维度。本书提出的高校教师周边绩效六维度与已有研究相比，既有相同之处，又存在着一定的差异。

6.2.1.1　与已有研究相同之处分析

本书提出的高校教师周边绩效结构中，"教师日常帮助""工作主动尽责"和"学校形象维护"三个维度充分反映了利他、尽责和认同组织等组织公民行为，在中西方学者已有的研究成果中均有所体现。

在西方学者的研究成果中，无论是以"周边绩效"作为关键词，如Borman（1993）、Van Scotter和Motowidlo（1996）、Conway（1999）、Coleman和Broman（1999），还是以"组织公民行为"作为关键词，如Organ（1988）、Padsakoff（2000）等，在针对不同组织所构建的结构维度中都包括"助人或利他""对工作付诸额外的热情和努力或主动尽责"以及"认同、服从和维护组织"等内容。

在国内学者的研究中，以樊景立（1997，2004）为代表针对企业员工构建的组织公民行为中也包括了"帮助同事""宣传组织形象""维护和节约资源""责任意识"等。这些维度内涵与本书提出的"教师日常帮助""工作主动尽责"和"学校形象维护"三个维度的内涵基本一致。

由此可见，"教师日常帮助""工作主动尽责"和"学校形象维护"三个维度所体现的组织公民行为与所有社会组织都相关，是传统组织公民行为内涵中包括的主要行为表现形式，具有跨组织情境的特点。

6.2.1.2　与已有研究的差异分析

6.2.1.2.1　与工商企业组织员工的组织公民行为的差异分析

如前所述，高校组织的知识特性导致高校教师和企业组织员工在工作要求和内容上各不相同，进而使两者在组织公民行为的表现形式上也存在着差异。

第一，本书提出的高校教师周边绩效结构中，学生关怀指导、教师发展促进和工作改革创新三个维度是围绕着"知识操作"产生的组织公民行为，从内涵上分析，与企业员工具体的行为表现不同，属于高校教师所独有的。

在中西方学者针对其他组织员工的组织公民行为研究中，如Organ（1988）、樊景立（1997，2004）等提出的维度包括"助人行为"，这种"助人行为"主要发生在组织员工之间，侧重于员工之间的日常帮助行为。本书提出的"学生关怀指导""教师发展促进"是围绕着"知识工作"展开的行为，尽管也反映了"利他主义"的本质，但在具体内涵上突出学术性和专业化的特征。

同时，上述学者提出的维度以助人、奉献、维护组织等主动行为为主要内容。这些行为强调合作性、人际性，旨在维护组织现状和良好关系进而促使组织顺利运作，都属于顺从型组织公民行为①。高校属于知识性组织，在知识经济时代背景下对改革创新的需求尤为迫切，教师在工作中主动展现的改革创新行为自然也就成为高校组织情境下组织公民行为的重要表现。并且从高校教师工作改革创新行为的具体内涵看，主要以"知识传播"为核心展开，而不是简单的建言行为，也进一步凸显了高校组织的特性。

第二，西方学者，如 Smith 等（1983）、Graham（1991）、Padsakoff（2000）等在企业员工的组织公民行为中强调服从组织、遵守组织的规章制度等，这些维度在高校教师中没有得到明显的体现，主要有以下两方面的原因：

（1）从宏观的社会背景看，中国文化传统中突出体现"集体主义"和"高权力距离"等特点。在这样的文化背景下，"服从组织、遵守组织的规章制度"通常被看作员工分内的事情。

（2）高校教师作为教育者，要承担育人的重要职责，其职业规范要求相对较高，从而导致教师在心中已自觉形成较强的规则和道德意识。这种内化于心的自我约束使绝大多数教师已经将"守时""遵守规则"看作职责内必须遵守的规范而不是自由选择的行为。

第三，樊景立（2004）在针对大陆企业组织员工的研究中获得的"自我发展"维度，即不断地自我学习和培训，在本书提出的高校教师周边绩效维度中也没有得到充分体现，具体原因可以从以下两方面进行分析：

一方面，高校教师是围绕着"知识操作"完成各项工作任务的。工作的特殊性让教师必须要保持"持续的自我学习"状态才能有效应对知识更新和变化的速度和复杂程度。因此，高校教师在主观意愿上更倾向于把"自我发展"视为角色内行为，而不是额外的要求。

另一方面，本书中高校教师表现出来的组织公民行为中没有包括教师的自我发展，也与研究所处的社会经济背景有关系。樊景立开展研究的时间为 20 世纪90 年代末期，在当时的社会经济发展状况下，中国企业组织为促进员工发展所提供的组织支持与当时以美国为代表的西方国家相比，还不够完善。因此，员工自愿进行自我学习和提高就成为其组织公民行为的重要表现形式。本书的研究处

① 颜静，樊耘，张旭. 顺从型与挑战型组织公民行为：基于情感体验与理性认知双路径 ［J］. 管理科学工程学报，2016（3）：63~71.

·173·

于当今知识经济快速发展的时代背景下，无论是从国家层面还是学校层面看，高校教师专业发展的重要性已经深入人心并且越来越得到重视，学校对促进教师专业发展的支持力度也越来越大，并建立了制度保障。基于此，"自我发展"已经被高校教师看作必须要做的事情，而不是可做可不做的事情。

6.2.1.2.2　与中小学教师的组织公民行为的差异分析

高校教师和中小学教师都是以育人作为核心任务，但是两者的具体工作内涵却不尽相同。对比中西方学者关于中小学教师组织公民行为的研究可以发现存在着一定的差异。

第一，在学生层面发生的组织公民行为中，中小学教师更注重对学生的学业帮助行为。在 Izhar Oplatka（2006）、Anit Somech 和 Izhar Oplatka（2015）等学者针对中小学教师组织公民行为的研究中，发生在学生层面的行为以"帮助学生提高成绩的行为"为主。对比上述学者的研究结果，本书构建的维度中，"对学生成长发展的引导"是高校教师组织公民行为重要的表现形式，这与大学生的身心发展特点有着密切联系。

大学阶段的学生正处于人生发展中的一个关键时期，无论是身心发展还是智力水平都到达了一个转折阶段：心理状态逐渐从不成熟、不稳定向着成熟、稳定的状态发展；智力发展从形象思维、模仿性思维向着理性思维、独立性思维快速发展；感情需求更加丰富，友情和爱情成为大学生情感体验的重要内容。但从整体看，大学生的自主意识和自我调控能力的发展尚未完全成熟，与成年人相比还不够稳定，容易受到情感、家庭、社会等一系列因素的影响从而产生思想上的冲突和波动（陶丽，2010）。正是由于大学生具有这些特点，高校教师在关注学生学业的同时，也要关注学生的心理状态，更应该加强对学生成长规划的引导和综合素质的培养，如此才能为学生成为一个"和谐的人"奠定良好的基础，真正实现育人的目标。

第二，高校教师在工作中主动开展的"改革创新行为"在中小学教师的组织公民行为中并未充分体现。国内学者，如郑燿男（2002）、李新民（2003）、蔡永红等（2003，2004）在针对中小学教师开展的相关研究中并未明确提出教师在工作中主动产生的改革创新行为。本书的研究结果与这些学者的研究结论不尽相同。

本书针对高校教师提出"工作改革创新"维度。从具体内涵来看，这类组织公民行为主要反映教师在人才培养模式改革方面的主动行为，这些行为的产生主要受知识范式转变的影响。尽管知识范式的变化对中小学教师的教学理念和授课方式也会产生一定的影响，但受到我国现行高考制度的限制，中小学教师表现出来的组织公民行为并不特别强调改革创新行为。与中小学相比，我国高等教育改革已经进入深水区，高校人才培养质量直接关系到国家核心竞争力，无论是国家层面还是学校层面都在大力提倡教师积极开展教学改革。由此可见，教师在工作中主动表现出来的改革创新行为必然是高校教师组织公民行为的重要形式。

第三，在教师层面发生的组织公民行为维度中，中小学教师更多体现为教学方面的互助行为。如 Somech 和 Oplatka（2015）明确表明，指向团队层面的组织公民行为旨在帮助学校内的同事完成教学任务，为其提供教学材料等①。高校教师则在教学、科研两方面都有所体现。存在这样的差异也是由于高校组织对教师的研究要求与中小学组织不尽相同。

总之，高校教师和中小学教师的周边绩效存在着明显区别，不能笼统地用"教师周边绩效"一个概念表述所有教师群体的相关行为，对不同教师群体进行细分，开展差异化的研究还是非常有必要和有意义的。

6.2.1.2.3　与现有高校教师的组织公民行为研究的差异分析

现有高校教师组织公民行为的研究成果与本书构建的维度也存在着一定差异。

第一，本书在借鉴传统概念的基础上，围绕着高校组织属性构建高校教师的周边绩效结构。这个结构中所包括的组织公民行为既有一般组织员工表现出来的常规行为，又有反映高校组织知识特性的特定行为。国内一些学者，如陈亮（2007）、周兆透（2009）、马苓（2009）、廖春华（2016）通过实证研究构建的高校教师组织公民行为维度内涵与企业职工基本一致，主要以利他、尽责、奉献、服从组织等为主，没有充分反映高校组织情境的特点。

第二，本书构建的高校教师周边绩效结构包含的组织公民行为涉及教师的全面工作。学者仇勇等（2013）从学生的视角出发研究高校教师组织公民行为，形成了"职业帮助""科研促进"和"榜样树立"三个维度。但他们的研究只选取了与学生直接相关的关键行为事件作为构建高校教师组织公民行为结构的基础和

---

① Anit Somech，Izhar Oplatka. Organizational Citizenship Behavior in School ［M］. Abingdon：Routledge，2015：86-87.

依据。从这个角度上看，仇勇等所构建的维度并不能涵盖教师在工作过程中产生的全部组织公民行为表现。

此外，仇勇等（2013）获取的调查数据来自北京大学、中国人民大学、首都经济贸易大学、复旦大学、浙江大学等117所内地高校，从调查样本分析看，重点大学的学生不在少数，由此可以解释"对学生的科研促进"作为教师组织公民行为重要表现形式的原因。从普适性的角度看，学生的科研活动也属于学习活动的范畴，他提出的"科研促进""职业帮助"和"榜样树立"三个维度实际上已经包括在本书所构建的"学生关怀指导"维度的内涵中。

第三，本书提出的高校教师周边绩效结构所包括的组织公民行为具有高度概括性和普适性。杨旭华等（2014）从大学教师的视角出发，通过质性研究构建了一个相对全面的教师组织公民行为结构，这个结构包括14个维度，归属为五类指向：指向个体层面的行为主要包含工作积极主动；指向学生层面的行为主要包括"就业促进""科研促进""生活帮助"和"课外指导"等维度；指向教师层面的行为主要包括"教学分享""科研分享"和"生活支持"等维度；指向学校层面的行为主要包括"学校支持与服务""学校参与和建设""学校维护与宣传""学校氛围与和谐"等维度；指向社会层面的行为主要包括"专业支持与服务""社会公益的倡导"等维度。

分析杨旭华等（2014）提出的教师组织公民行为维度，本书认为杨旭华等在研究过程中只是采用简单的归类方法对关键行为进行汇总、合并，缺少进一步的提炼和概括。14个维度包含的行为事件存在很多重叠并且内涵过于具体，在普适性方面存在一定的不足。同时，他们提出的指向社会层面的组织公民行为更类似于社会公民都应该积极响应的公益行为，本书所构建的高校教师周边绩效的具体行为表现更聚焦于学校组织范围内。

6.2.2 关于高校教师工作使命感对周边绩效影响机制的讨论

6.2.2.1 高校教师工作使命感对周边绩效影响作用的讨论

工作使命感关注的是个体如何认识和理解自己目前所从事的工作，由此导致研究者多聚焦于工作使命感与工作态度或者职业态度的关系研究（Cardadora，2011），有关工作使命感对组织结果产生积极影响的实证研究还比较有限（谢宝国等，

2016）。从文献综述的结果看，仅发现 Rawat 等（2014）①、Park 等（2016）② 以及国内学者谢宝国（2015）③ 等专门探讨了工作使命感对周边绩效或组织公民行为的影响，而且这些研究都不是基于高校教师的职业环境。本书以高校教师为研究对象，深入探讨了教师工作使命感对周边绩效的影响过程，有力地扩展和补充了之前研究的空白。

Elangovan 等（2010）从理论层面阐述了工作使命感与组织公民行为的积极关系，认为具有较高使命感的人在工作中的努力和表现出的行为并不局限于组织正式要求和规定的目标。本书的研究结果支持了这个观点，并与 Rawat 等（2014）和 Park 等（2016）的研究结论基本保持一致，在中国文化背景下再一次验证了工作使命感与周边绩效显著相关。由此表明，工作使命感对周边绩效的积极影响具有跨文化性。

不过，本书的研究结论与谢宝国（2015）的研究结果存在着一定差异。谢宝国将组织公民行为分为指向个人层面的公民行为（OCB-I）和指向组织层面的公民行为（OCB-O）两个维度。通过研究，他认为工作使命感对组织公民行为有着显著影响，但是工作使命感对 OCB-O 的影响需要借助组织工具性来实现，也就是说，当个人感知到组织有助于自己实现目标时，工作使命感才会对 OCB-O 产生影响，在这一点上与本书的研究结论不一致。产生这种差异的主要原因可能是两个研究选取的研究对象不一致。本书以高校教师为研究对象，而谢宝国以企业员工为研究对象。由此也为后续的研究提供了一定借鉴，即工作使命感对周边绩效的影响还应进行跨行业的比较研究。

此外，本书的研究结论揭示了教师的工作使命感对周边绩效的影响作用，得出的结论也进一步支持了自我决定理论的观点。从自我决定理论的角度看，工作使命感能够让个体把对工作目的和意义的理解融入自我意识之中，产生自主性动机并激发积极的行为。从这一层意义上看，本书拓展了自我决定理论的适用范围，进一步说明了工作使命感对个体工作行为的强大激励作用，为研究者和管理

① Rawat A, Nadavulakere S. Examining the Outcomes of Having a Calling: Does Context Matter? [J]. Journal of Business and Psychology, 2015 (30): 499-512.

② Park J, Sohn Y W, Ha Y J. South Korean Salespersons' Calling, Job Performance, and Organizational Citizenship Behavior: The Mediating Role of Occupational Self-Efficacy [J]. Journal of Career Assessment, 2016, 24 (3): 415-428.

③ 谢宝国. 员工工作使命感的前因与效果: 一个涓滴模型的构建与检验 [D]. 北京: 中国人民大学, 2015.

者带来重要的启示，即工作使命感对组织来说具有非常重要的意义。

6.2.2.2　工作投入在高校教师工作使命感与周边绩效之间中介作用的讨论

由前面的文献综述可知，工作使命感与工作投入显著相关（Hirschi，2012；于春杰，2014；王默凡，2014）以及工作投入与周边绩效或组织公民行为显著相关（Saks，2006；Bakker et al.，2008；方来坛，2011；王默凡，2014）都得到了实证研究的支持。但是以工作投入为中介变量，揭示工作使命感与周边绩效之间作用机制的研究却非常有限，目前仅发现学者王默凡的一项类似研究。王默凡（2014）以知识员工为研究对象，探讨了天职取向（即使命取向）与员工敬业度（即工作投入）和工作绩效的关系。他将工作绩效划分为任务绩效和关系绩效。其中，关系绩效包括人际促进和献身精神两个维度。研究发现，工作投入在员工的天职取向对任务绩效和关系绩效的影响中起到部分中介作用。尽管学者王默凡的研究结果与本书的研究结论一致，但是由于本书所构建的教师周边绩效维度与其所提出的维度不同，因此在工作投入所承担的中介作用大小方面存在着一定的差异。

本书得出的结论也进一步支持了西方学者提出的有关工作使命感的理论模型和实证结果，即在一个特定的职业领域里，工作使命感通常被认为会对个人或组织相关的重要结果产生影响，如工作投入（Serow，1994；Dobrow & Tosti-Kharas，2011；Hirschi，2012）、工作绩效、工作满意度、组织公民行为和幸福感（Pratt & Ashforth，2003；Wrzesniewski & Dutton，2001）。一个有使命感的人，在工作中可以充分体验到意义感和目的感，这些心理感受会促使其更加积极主动、忘我地投身到工作中，进而形成积极的组织结果。

此外，本书验证了国内外学者关于工作投入的中介作用的研究结论，与以往研究不同的是，本书拓展了一个新视角。目前，学术界基本是依据 JD-R 模型来解释工作投入的中介机制，尽管 Xanthopoulou（2007）进一步拓展了该模型，将具有普遍意义的心理资本因素作为个人资源纳入其中，但研究者在探讨工作投入的作用时，对于前因变量的关注焦点仍然聚焦在工作资源因素上。而本书将工作使命感作为一种特定的个人资源，证明了工作投入在前因变量——工作使命感与结果变量——周边绩效之间的中介效应，也进一步说明了不仅是工作资源或个体的个性特征可以解释工作投入的中介作用机理，还可以延展到其他类型的个人资源。本书的研究结论有利于研究者在未来的研究中以更广泛的视角理解和应用工作要求—资源模型。

6.2.2.3 人—组织匹配在高校教师工作使命感与周边绩效之间调节作用的讨论

人与环境的匹配是反映组织情境与员工的工作态度和行为关系的重要理论（Kristof，1996）。因此，本书针对"人—组织匹配在高校教师的工作使命感与周边绩效之间产生何种作用"进行研究和探讨，为其他研究者提供了一个从个人资源与外部激励性因素交互作用的角度出发去关注员工周边绩效提升的新思路。

本书的研究结果显示，将人—组织匹配作为一个整体看，人—组织匹配不能调节高校教师工作使命感与周边绩效的关系，但进一步深化研究发现，不同类型的匹配作用存在着一定的差异。

与价值匹配和需要供给匹配相比，需求能力匹配发挥的作用最为突出，可以调节高校教师工作使命感与周边绩效的关系，也能够调节工作使命感通过工作投入对周边绩效的间接效应。由于目前在工作使命感与周边绩效关系的研究中缺乏对人—组织匹配影响作用的探讨，因此本书无法与其他研究成果进行对比分析。Hirschi（2012）曾在德国进行过一项类似的研究，着重讨论人与工作匹配如何影响工作使命感与工作投入的关系，调查样本来自不同工作领域。结果表明，工作使命感可能会对个人和组织结果产生积极的影响，例如工作投入，但在这个过程中人与工作匹配不发生调节作用。Hirschi认为，得出这个结论的主要原因在于有使命感的人会更加专注于自己的职业管理，从而在很大程度上减少了人与工作匹配的个体差异所带来的影响。

本书的研究结论与Hirschi的研究结论不完全一致，在一定程度上说明不同职业群体对人—组织匹配的敏感程度不同，从而产生不同的影响结果。本书中，高校教师是一个高度专业化和高自尊的职业群体，对需求能力匹配程度的关注度会更高。尽管价值匹配对高校教师也很重要，但高校教师追求独立自主的职业特征在一定程度上影响了教师对价值匹配的依赖性。良好的需求能力匹配感知有助于教师获得心理需求的满足，这种心理需求的满足也会进一步提升教师对需要供给匹配感知的程度，从而提高对组织的承诺。因此，高校教师需求能力匹配有可能成为影响教师行为和态度的一个突出的、占主导地位的匹配类型。

本书的研究结论与一些学者（Saks & Ashforth，1997；Lauver & Kristof-Brown，2001；Cable & DeRue，2002；Jansen & Kristof-Brown，2006）提出的不同类型的匹配会对个体工作态度和行为产生差异化影响的论断相吻合，由此也为人—组织匹配未来的研究提供了一个新的探索方向，需要站在系统整体优化的立场上，从不同的视角综合考虑人—组织匹配的问题，构建更适合人的组织系统和工作环境（杨倚奇等，2009）。

此外，本书在探讨高校教师工作使命感对周边绩效的影响作用时，引入人—组织匹配作为调节变量，得出了"人—组织匹配在工作使命感与周边绩效之间不产生调节作用以及需求能力匹配在工作使命感与周边绩效之间存在着负向调节作用"的结论。已有研究表明，人—组织匹配能够预测周边绩效或组织公民行为等因素，本书将工作使命感以外的其他周边绩效的影响因素纳入分析过程，从另外一个侧面反映了工作使命感具有重要的动机功能，进一步支撑了Elangovan等（2010）提出的"工作使命感超出了传统动机因素预测变量的作用"的观点。

综上所述，引入人—组织匹配变量为本书揭示高校教师工作使命感与周边绩效之间关系的"黑箱"提供了更深刻的解释，为其他研究者深入理解"在一个特定情境下，个体和情境因素如何结合起来影响个体的具体行为和态度"提供了良好基础，也为研究者准确理解不同类型的匹配的适切性以便在未来的研究中进行分类处理提供了有力的借鉴。

6.3　理论贡献与实践启示

6.3.1　理论贡献

（1）目前关于周边绩效结构研究存在着两个局限：一是本土化研究成果不够丰富；二是教育组织特别是高校组织情境下的研究成果相对匮乏。本书以中国内地高校的一线教师为研究对象，构建了符合高校组织知识特性和教师工作特点的周边绩效结构维度，充分弥补了现有研究的局限。同时，本书开发了高校教师周边绩效研究工具，并经过检验具有良好的信度和效度水平，在一定程度上填补了国内学者关于高校教师周边绩效实证测量方面的空白。

（2）目前工作使命感在国内尚属于一个新的研究领域，并且现有研究多集中在对工作使命感与职业满意度、生活满意度等个人结果之间关系的探讨。本书从对高校教师这个职业群体的特征分析入手，选择工作使命感作为影响组织结果——周边绩效的主要因素，进一步拓宽了工作使命感的研究范围。同时，本书借鉴 JD-R 模型，通过建立"工作使命感—工作投入—周边绩效"的逻辑关系深入探讨了高校教师工作使命感对周边绩效的影响作用，不仅为绩效管理研究提供了崭新的研究视角，有效弥补和丰富了国内学者在高校组织情境下对周边绩效影响因素研究的不足和成果，为开发员工周边绩效产生的内在驱动力提供理论和实证研究基础，也为西方学者开展工作使命感与积极工作结果或组织结果之间关系的研究提供了跨文化的实证依据。此外，本书将工作投入引入工作使命感对周边绩效的作用机制中，在一定程度上丰富了工作投入作为中介变量的研究内容，拓展了工作投入现有研究的深度。

（3）现有研究中，学者更关注工作使命感与个人或组织结果之间的关系研究，却经常忽略影响这些关系的条件因素。本书以高校教师比较关注的人—组织匹配问题作为调节变量，将其引入工作使命感对周边绩效的影响过程中，这些研究进一步拓展了工作使命感和周边绩效相关研究的视角和范围，丰富了研究内容。此外，本书深入探讨了不同类型匹配的作用，这种整合多类型匹配的思路对深刻把握人与环境的匹配对个体和组织的影响作用有着非常重要的意义。同时，本书得出的结论也从实证研究的角度为 Elangovan 等（2010）在理论层面提出"工作使命感具有超越其他传统动机预测变量作用"的观点提供了有力的跨文化情境研究支撑。

6.3.2　实践启示

在当今这个以"创新、变革"为主题的时代背景下，各高校都要面临内外部环境不断变化的挑战。为了适应挑战，高校管理者必须想方设法去激发每位教师的"主人翁"精神，促进他们表现出更多的周边绩效行为。但高校又是一个高层次专业人才的聚集地，刚性管理模式对于高层次人才管理的弊端越来越凸显。因此，周边绩效对于高校来说，在提高管理的柔性和有效性、快速应对挑战、提升竞争力等方面至关重要。本书主要探讨的是高校教师工作使命感对周边绩效的影响机制，研究结果为高校师资管理的有效开展提供了重要启示。

6.3.2.1　重视高校教师周边绩效的管理

本书构建的高校教师周边绩效结构包括学生关怀指导、教师发展促进、教师日常帮助、工作改革创新、工作主动尽责和学校形象维护六个维度。从这六个维度的内涵来看，高校教师周边绩效与教师既定的工作任务有着密切关系，也是教师提升工作质量必不可少的行为，但也从侧面反映出目前各高校对教师工作绩效的评价内容还比较单一，特别是教师与教育教学改革或者学生有关的主动行为关注程度不够。因此，本书的研究结论为高校师资管理提供的重要启示如下：

在绩效评价中，对于教师的周边绩效行为应给予高度重视。教师的周边绩效与工作质量和学校发展目标的真正实现有着非常密切的关系，如果每个教师都需要依靠制度的约束来完成工作任务，那么大学存在的价值自然就会衰减。重视高校教师周边绩效的评估有利于促进教师提高工作的积极性和主动性，进而产生更多的组织公民行为表现。高校教师的周边绩效评价可从多个视角出发，如采用教师自我报告、学生座谈会等定性方法，但切忌将这些行为表现又完全转换成量化标准进行衡量，因为这种做法既不符合高校教师的工作特点，也达不到有效提升周边绩效水平的最终目的。

6.3.2.2　重视高校教师工作使命感的培养和提升

本书证明了高校教师工作使命感与周边绩效之间存在着显著关系，揭示了工作使命感对周边绩效的影响过程，同时也进一步验证了工作使命感具有强大的动机功能，在本质上可以区别于其他传统动机因素，独立发挥作用。

从目前高校师资管理实践看，对教师工作行为的激励通常采用的是外部诱因，如薪酬、项目、经费或政策等有形的物质手段，但是开发高校教师内在驱动力的策略却没有引起管理者足够的重视。对于高校教师而言，给予其精神层面的满足胜过其他任何物质激励的效用。由此可见，开发和培养高校教师的工作使命感将为高校师资管理提供一个全新的思路，不仅能够促进教师有效提升敬业度，表现出更多的组织公民行为，同时也能够促进其他有形的管理措施得到更大效应的发挥。为此，本书提出如下建议：

（1）在教师招聘过程中可以将工作使命感纳入考察内容。本书的研究结果有效证明了能力和天资不是选择员工的唯一重要因素，一些个体特征因素同样重要。目前，各高校在选聘教师时对于个体特征的关注焦点主要放在人格因素和心理健康状况等一般性心理因素上，在此基础上可以增加有关工作使命感的考察内容，在同等条件下有意识地选择对教师职业心怀使命感的人。这个措施能够为后续的管理奠定良好的基础，达到事半功倍的效果。

（2）在组织社会化的过程中，注重开发和培养高校教师的工作使命感。第一，可以将工作使命感的培养与现有工作项目建设有机融合，如师德师风建设、"课程思政"建设等，让工作使命感的培养以一种教师能够接受的形式开展，有"土壤"，能"生根"，从而保证效果。第二，树立一系列典型人物，借助榜样的力量引导教师充分体会到自己的工作所带来的社会效应，进一步深化对工作意义的理解与自我意识融合的程度，为激发和保护教师的工作使命感创造良好的环境和氛围。第三，建立教师与优秀校友定期交流沟通的机制，让其感受到自己的工作所产生的良好效应，从而激发教师内心深处的成就感和满足感，促进其全身心地投入到能够充分践行自己使命的工作中去。第四，在教师职业发展指导中，将工作使命感的开发作为一个重要环节，引导教师进一步明晰目标，了解自己的理想，理解工作价值和意义，以促进教师形成自主性动机，产生积极的主动行为。

总之，工作使命感是一种比职业认同感更高级的心理体验，有效激发教师的工作使命感应该成为高校教师职前、职后培训的重要内容。当教师在内心中把教书育人当作一种人生价值和意义的体现时，会以更加积极的态度对待工作和生活，这种积极的态度自然会反映在教师的行为表现中，进而产生连锁反应，促进学校发展水平的有效提升。同时，工作使命感与教师的身心健康有着密切的关系，工作使命感的开发与合理利用有助于促进教师在工作和生活中达到良性循环的状态。

6.3.2.3 重视工作中的匹配管理

本书检验了人—组织匹配在高校教师工作使命感对周边绩效影响机制中的作用。由研究结论可知，良好的需求能力匹配能够在一定程度上促进工作使命感较低的教师提升周边绩效。这个结论给我们的启示是：高校管理者要重视教师需求能力匹配的问题。

目前，各高校基本都是站在"教师应该适应学校发展"的立场制定教师岗位聘任标准，把教师看作潜力无穷的人力资源，尽管对不同类型的教师有所区分，但实际上相互之间的标准差异不大，对教师的需要以及能力局限性等方面的关注程度远远不够。在未来的管理中，应该充分体现人文关怀的价值取向，重点关注教师聘任和评价标准多元化的问题，强调教师的个性发展，真正实现"以人为本，发挥不同类型教师的优势和特长"的目的，提高教师对需求能力匹配的心理感知程度，增加高水平的周边绩效。

6.4 研究不足与展望

6.4.1 研究不足

6.4.1.1 在研究内容的设计方面存在一定的不足

（1）本书仅从高校教师的视角去构建周边绩效结构维度，但是在实际工作中，不同人群如学生、管理者、一线教师等对周边绩效的内涵有着不同的认识和理解。本书忽略了其他群体，特别是基于学生的视角，有可能会使研究结论存在一定偏差。

（2）本书以高校教师作为研究对象，探讨了工作使命感对周边绩效的影响机制。但现实中，高校教师本身就是一个工作使命感整体水平较高的职业人群，这种现状对于工作使命感与周边绩效之间真正因果关系的建立可能会造成一定的干扰。因此，本书缺少跨行业的对比研究，对研究者和管理者深入理解工作使命感与周边绩效的关系无疑是个缺憾。

（3）本书选择工作使命感和周边绩效作为主要研究变量。工作使命感在国内还是一个比较崭新的研究领域，周边绩效又是人力资源管理领域中的一个难点。本书在缺少研究借鉴的情况下探讨两者之间的关系，难免会存在一定的局限性。比如，本书选择西方学者开发的工作使命感量表作为高校教师工作使命感的测量工具，尽管这个量表已被国内学者应用并被验证具有良好的信度和效度，但是否真正适用于国内高校教师这个职业群体还有待进一步考证。此外，对于处于不同文化地域或不同岗位类型的高校教师，在工作使命感对周边绩效的影响机制方面是否存在差异，本书也未做细化研究。以上都可以作为未来研究的拓展方向。

6.4.1.2 在研究方法的设计方面存在着一定的不足

（1）本书主要以定量研究方法为主，以部分访谈作为定性补充。但是由于本书涉及的主要变量中，工作使命感、工作投入、人—组织匹配等都与教师个体的心理状态有关系。周边绩效也是一个需要积累的行为表现，影响它的因素也比较复杂。因此，主要采用定量的方法解释变量之间的关系可能会存在缺陷。

（2）本书主要采用横截面数据检验工作使命感对周边绩效的影响作用，缺乏对相应变量的纵向调查。横截面数据对真正理解变量之间的因果关系还存在着明显不足，需要在今后的研究中进一步完善。

（3）本书的所有数据均采用被调查教师自我报告的方式收集，由此可能会带来一定程度的同源方差问题。同时，尽管采用了匿名方式，但有些问题也会受到个人社会称许性的影响，从而使问题答案不能真正代表教师内心的真实想法。

6.4.2 研究展望

（1）在高校教师周边绩效结构以及评价方面，未来的研究可以增加基于学生视角和管理者视角的理解和评价，将学生、教师和管理者三者关联起来，进一步完善高校教师周边绩效内涵，并全方位地对教师周边绩效进行评价。

（2）在研究方法方面增加纵向调查数据，以减少因时间变化造成的个体在心理和行为方面的偏差。同时，加大质性研究的力度，进一步丰富不同群体如学生、专职管理人员等的访谈资料，从多层次、多角度获得高质量的数据和信息，弥补定量方法带来的局限性，提高后续研究的质量。

（3）在研究内容上应进一步结合我国高校教师的特点开发更适合的工作使命感测量工具，以完善研究效果。同时，本书中探讨了不同类型的匹配在高校教师工作使命感与周边绩效之间关系的调节作用，但不同类型的匹配在作用发挥上存在着差异，并且有些类型的匹配并不具有调节作用。这些研究结论还需要在今后的研究中进一步挖掘潜在的原因，并深入分析不同类型的匹配到底发挥何种作用。

6.5 本章小结

本章对研究结论进行了归纳和总结，并针对研究结论进行了讨论和分析；同时分析了本书在理论层面的贡献以及对实践的启示，针对当前高校师资管理提出了相关建议；此外，对本书研究存在的不足以及未来研究方向的拓展进行了阐述。

参 考 文 献

[1] Adam M Grant, John J Sumanth. Mission Possible? The Performance of Prosocially Motivated Employees Depends on Manager Trust Worthiness [J]. Journal of Applied Psychology, 2009, 94 (4): 927-944.

[2] Amy Wrzesniewski, Clark McCauley, Barry Schwartz. Jobs, Careers, and Callings: People's Relations to Their Work [J]. Journal of Research in Personality, 1997 (31): 21-33.

[3] Anit Somech, Anat Drach - Zahavy. Understanding Extra - role Behavior in Schools: The Relationships Between Job Satisfaction, Sense of Efficacy, and Teachers' Extra-role Behavior [J]. Teaching and Teacher Education, 2000 (16): 649-659.

[4] Andreas Hirschi. Callings and Work Engagement: Moderated Mediation Model of Work Meaningfulness, Occupational Identity, and Occupational Self-Efficacy [J]. Journal of Counseling Psychology, 2012, 59 (3): 479-485.

[5] Anit Somech, Izhar Oplatka. Organizational Citizenship Behavior in School [M]. Abingdon: Routledge, 2015: 34-85.

[6] Anushri Rawat, Shiva Nadavulakere. Examining the Outcomes of Having a Calling: Does Context Matter [J]. Journal of Business and Psychology, 2015, 30 (3): 499-512.

[7] Baoguo Xie, Mian Xia, Xun Xin, Wenxia Zhou. Linking Calling to Work Engagement and Subjective Career Success: The Perspective of Career Construction Theory [J]. Journal of Vocational Behavior, 2016 (94): 70-78.

[8] Bakker A B, Leiter M P. Work Engagement: A Handbook of Essential Theory and Research [M]. Abingdon: Taylor & Francis, 2010: 181-196.

[9] Bakker A B, Demerouti E. Towards a Model of Workengagement [J]. Career Development International, 2008, 13 (3): 209-223.

［10］ Bellah R N, Madsen R, Sullivan W M, Swidler A, Tipton S M. Habits of the Heart: Individualism and Commitment in American Life ［M］. NY: Harper & Row, 1985.

［11］ Borman W C, Motowidlo S J. Task Performance and Contextual Performance: The Meaning for Personnel Selection Research ［J］. Human Performance, 1997, 10 (2): 99-109.

［12］ Brief A P, Motowidlo S J. Prosocial Organizational Behaviors ［J］. Academy of Management Review, 1986, 11 (4): 710-725.

［13］ Bryan J Dik, Ryan D Duffy. Calling and Vocation at Work-Definitions and Prospects for Research and Practice ［J］. The Counseling Psychologist, 2009, 37 (3): 424-450.

［14］ Bryan J Dik, Brandy M Eldridge, Michael F Steger, Ryan D Duffy. Development and Validation of the Calling and Vocation Questionnaire (CVQ) and Brief Calling Scale (BCS) ［J］. Journal of Career Assessment, 2012, 20 (3): 242-263.

［15］ C Ann Smith, Dennis W Organ, Janet P Near. Organizational Citizenship Behavior: Its Nature and Antecedents ［J］. Journal of Applied Psychology, 1983, 68 (4): 653-663.

［16］ Cable D M, Judge T A. Person-organization Fit, Job Choice Decisions, and Organizational Entry ［J］. Organizational Behavior and Human Decision Processes, 1996 (67): 294-311.

［17］ Campbell J P. Modeling the Performance Prediction Problem in Industrial and Organizational Psychology ［C］//M D Dunnette, L M Hough. Handbook of Industrial and Organizational Psychology. Palo Alto, CA: Consulting Psychologists Press, 1990: 687-732.

［18］ Campbell J P. An Overview of the Army Selection and Classification Project (Project A) ［J］. Personnel Psychology, 1990 (43): 231-239.

［19］ Cardadora M T, Daneb E, Pratt M G. Linking Calling Orientations to Organizational Attachment via Organizational Instrumentality ［J］. Journal of Vocational Behavior, 2011 (79): 367-378.

［20］ Christian J Resick, Boris B Baltes, Cynthia Walker Shantz. Person-Organization Fit and Work - Related Attitudes and Decisions: Examining Interactive Effects with Job Fit and Conscientiousness [J] . Journal of Applied Psychology, 2007, 92 (5): 1446-1455.

［21］ Chunyu Zhang, Bryan J Dik, Jia Wei, Jinfu Zhang. Work as a Calling in China: A Qualitative Study of Chinese College Students [J] . Journal of Career Assessment, 2015, 23 (2): 236-249.

［22］ Conway J M. Distinguishing Contextual from Task Performance for Managerial Jobs [J] . Journal of Applied Psychology, 1999, 84 (1): 1-13.

［23］ Crites J. A Comprehensive Model of Career Development in Early Adulthood [J] . Journal of Vocational Behavior, 1976 (9): 105-118.

［24］ Daniel M Cable, D Scott DeRue. The Convergent and Discriminant Validity of Subjective Fit Perceptions [J] . Journal of Applied Psychology, 2002, 87 (5): 875-884.

［25］ Deci E L, Connell J P, Ryan R M. Self-determination in a Work Organization [J] . Journal of Applied Psychology, 1989, 74 (4): 580-590.

［26］ Demerouti E, Bakker A B, Nachreiner F, Schaufeli W B. The Job Demands-resources Model of Burnout [J] . Journal of Applied Psychology, 2001, 86 (3): 499-521.

［27］ Elizabeth Wolfe Morrison. Role Definitions and Organizational Citizenship Behavior: The Importance of the Employee's Perspective [J] . Academy of Management Journal, 1994, 37 (6): 1543-1546.

［28］ Elangovan A R, Pinder C C, McLean M. Callings and Organizational Behavior [J] . Journal of Vocational Behavior, 2010 (76): 428-440.

［29］ Flanagan J C. The Critical Incident Technique [J] . The Psychological Bulletin, 1954, 51 (4): 327-358.

［30］ Fred A J Korthagen. In Search of the Essence of a Good Teacher: Towards a More Holistic Approach in Teacher Education [J] . Teaching and Teacher Education, 2004 (20): 77-97.

［31］ French J R, Demene J F. Sense of Calling: An Organizing Principle for the Lives and Values of Young Women in University [J] . Canadian Journal of Counseling, 2010, 44 (1): 1-14.

[32] Hagmaier T, Abele A E. The Multidimensionality of Calling: Conceptualization, Measurement and a Bicultural Perspective [J] . Journal of Vocational Behavior, 2012 (81): 39-51.

[33] Hall D T, Chandler D E. Psychological Success: When the Career is a Calling [J] . Journal of Organizational Behavior, 2005, 26 (2): 155-176.

[34] Hirschi A. Callings and Work Engagement: Moderated Mediation Model of Work Meaningfulness, Occupational Identity, and Occupational Self-Efficacy [J] . Journal of Counseling Psychology, 2012, 59 (3): 479-485.

[35] Ipe M. Knowledge Sharing in Organizations: A Conceptual Framework [J] . Human Resource Development Review, 2016, 2 (4): 337-359.

[36] Izhar Oplatka. Going Beyond Role Expectations: Toward an Understanding of the Determinants and Components of Teacher Organizational Citizenship Behavior [J] . Educational Administration Quarterly, 2006, 42 (3): 385-423.

[37] James M Conway. Analysis and Design of Multitrait-Multirater Performance Appraisal Studies [J] . Journal of Management, 1996, 22 (1): 139-162.

[38] Jing-Lih Farh, Chen-Bo Zhong, Dennis W Organ. Organizational Citizenship Behavior in the People's Republic of China [J] . Organization Science, 2004, 15 (2): 241-253.

[39] J Stuart Bunderson, Jeffery A Thompson. The Call of the Wild: Zookeepers, Callings, and the Double-edged Sword of Deeply Meaningful Work [J] . Administrative Science Quarterly, 2009 (54): 32-57.

[40] Katz D. The Motivational Basis of Organizational Behavior [J] . Behavioral Science, 1964, 9 (3): 131-146.

[41] Kristof A L. Person-Organization Fit: An Intergative Review of Its Conceptualizations, Measurement, and Implications [J] . Personnel Psychology, 1996: 1-49.

[42] Langelaan S, Bakker A B, Van Doornen L J P, Schaufeli W B. Burnout and Work Engagement: Do Individual Differences Make a Difference? [J] . Personality and Individual Differences, 2006 (40): 521-532.

[43] Maslach C, W B Schaufeli, M P Leiter. Job Burnout [J] . Annual Review of Psychology, 2001 (52): 397-422.

[44] Maria Rotundo, Paul R Sackett. The Relative Importance of Task, Citizen-

ship, and Counterproductive Performance to Global Ratings of Job Performance: A Policy-Capturing Approach [J]. Journal of Applied Psychology, 2002, 87 (1): 66-80.

[45] May D R, Gilson R L, Harter L M. The Psychological Conditions of Meaning Fulness, Safety, and Availability and the Engagement of the Human Spirit at Work [J]. Journal of Occupational Psychology, 2004 (77): 11-37.

[46] Michelle L Verquer, Terry A Beehr, Stephen H Wagner. A Meta-analysis of Relations Between Person-organization Fit and Work Attitudes [J]. Journal of Vocational Behavior, 2003 (63): 473-489.

[47] Motowidlo S J, Van Scotter J R. Evidence That Task Performance Should Be Distinguished from Contextual Performance [J]. Journal of Applied Psychology, 1994, 79 (4): 475-480.

[48] Motowidlo S J, Dowell B E, Hopp M A, Borman W C, Johnson P D, Dunnette M D. Motivation, Satisfaction, and Morale in Army Careers: A Review of Theory and Measurement [R]. Army Research Institute Technical Report TR-76-A7, 1976.

[49] Michael F Dipaola. Organizational Citizenship Behavior in Schools and Its Relationship to School Climate [J]. Journal of School Leadership, 2001 (11): 424-447.

[50] Michelle L Verquer, Terry A Beehr, Stephen H Wagner. A Meta-analysis of Relations Between Person-organization Fit and Work Attitudes [J]. Journal of Vocational Behavior, 2003 (63): 473-489.

[51] Neal Schmitt, Walter C Borman, Associates. Personnel Selection in Organizations [M]. San Francisco: Jossey-Bass Publishers, 1993.

[52] Rosso B D, Dekas K H, Wrzesniewski A. On the Meaning of Work: A Theoretical Integration and Review [J]. Research in Organizational Behavior, 2010 (30): 91-127.

[53] Organ D W. Organizational Citizenship Behavior: The Good Soldier Syndrome [M]. Lexington, MA: Lexington Book, 1988: 29-242.

[54] Organ D W. Organizational Citizenship Behavior: It's Construct Clean-up Time [J]. Human Performance, 1997, 10 (2): 85-97.

［55］O'Reilly C A, Chatman J, Caldwell D F. People and Organizational Culture: A Profile Comparison Approach to Assessing Person - organization Fit ［J］. Academy of Management Journal, 1991, 34（3）: 487-516.

［56］Peter A Creed, Michelle Hood. The Development and Initial Validation of a Career Calling Scale for Emerging Adults ［J］. Journal of Career Assessment, 2015, 23（1）: 91-106.

［57］Philip M Podsakoff, Scott B MacKenzie, Julie Beth Paine, Daniel G Bachrach. Organizational Citizenship Behaviors: A Critical Review of the Theoretical and Empirical Literature and Suggestions for Future Research ［J］. Journal of Management, 2000, 26（3）: 513-563.

［58］Resick C J, Baltes B B, Shantz C W. Person-Organization Fit and Work-Related Attitudes and Decisions: Examining Interactive Effects with Job Fit and Conscientiousness ［J］. Journal of Applied Psychology, 2007, 29（5）: 1446-1455.

［59］Saks A M. Antecedents and Consequences of Employee Engagement ［J］. Journal of Managerial Psychology, 2006, 21（7）: 600-619.

［60］Salanova M, Agut S, Peiró J M. Linking Organizational Resources and Work Engagement to Employee Performance and Customer Loyalty: The Mediation of Service Climate ［J］. Journal of Applied Psychology, 2005, 90（6）: 1217-1227.

［61］Schaufeli W B, Salanova M, Gonzalez-Roma V, Bakker A B. The Measurement of Engagement and Burnout: A Two-sample Confirmatory Factor Analytic Approach ［J］. Journal of Happiness Studies, 2002（3）: 71-92.

［62］Schaufeli W B, Bakker A B, Salanova M. The Measurement of Work Engagement with a Short Questionnaire a Cross - National Study ［J］. Educational and Psychological Measurement, 2006, 66（4）: 701-716.

［63］Schaufeli W B. Applying the Job Demands-Resources Model: A "How to" Guide to Measuring and Tackling Workengagement and Burnout ［J］. Organizational Dynamics, 2017（46）: 120-132.

［64］Shoshana R Dobrow, Jennifer Tosti-Kharas. Calling: The Development of a Scale Measure ［J］. Personnel Psychology, 2011（64）: 1001-1049.

［65］Shuck B, Wollard K. Employee Engagement and HRD: A Seminal Review of the Foundations ［J］. Human Resource Development Review, 2010, 9（1）: 89-110.

［66］ Thomas S Bateman, Dennis W Organ. Job Satisfaction and the Good Soldier: The Relationship Between Affect and Employee "Citizenship" ［J］. The Academy of Management Journal, 1983, 26 (4): 587-595.

［67］ Turnipseed D L, Vande Waa E. The Relationship Between the Four Branch Model of Emotional Intelligence and Discretionary Behavior of University Educators ［C］//Duyar I, Normore A H. Discretionary Behavior and Performance in Educational Organizations: The Missing Link in Educational Leadershipand Management. Bingley, UK: Emerald Group Publishing, 2012: 3-30.

［68］ Tamara Hagmaier, Andrea E Abele. The Multidimensionality of Calling: Conceptualization, Measurement and a Bicultural Perspective ［J］. Journal of Vocational Behavior, 2012 (81): 39-51.

［69］ Van Scotter J R, Motowidlo S J. Interpersonal Facilitation and Job Dedication as Separate Facets of Contextual Performance ［J］. Journal of Applied Psychology, 1996, 81 (5): 525-531.

［70］ Van den Broeck A, Vansteenkiste M, De Witte H, et al. Explaining the Relationships Between Job Characteristics, Burnout, and Engagement: The Role of Basic Psychological Need Satisfaction ［J］. Work & Stress, 2008, 22 (3): 277-294.

［71］ Venetta I Coleman, Walter C Borman. Investigating the Underlying Structure of the Citizenship Performance Domain ［J］. Human Resource Management Review, 2000, 10 (1): 25-44.

［72］ Walter C Borman, Donald H Brush. More Progress Toward a Taxonomy of Managerial Performance Requirements ［J］. Human Performance, 1993, 6 (1): 1-21.

［73］ Walter C Borman, Stephan J Motowidlo. Task Performance and Contextual Performance: The Meaning for Personnel Selection Research ［J］. Human Performance, 1997, 10 (2): 99-109.

［74］ William A Kahn. To Be Fully There: Psychological Presence at Work ［J］. Human Relations, 1992, 45 (4): 321-349.

［75］ Xanthopoulou D, Bakker A B, Demerouti E, et al. The Role of Personal Resources in the Job Demands-resources Model ［J］. International Journal of Stress Management, 2007 (14): 121-141.

［76］Zhengxue Luo, Kan Shi, Wendong Li, Danmin Miao. Construct of Job Performance：Evidence from Chinese Military Soldiers ［J］. Asian Journal of Social Psychology, 2008（11）：222-231.

［77］伯顿·R. 克拉克. 高等教育系统——学术组织的跨国研究［M］. 王承绪, 等译. 杭州：杭州大学出版社, 1994：5-12.

［78］蔡永红, 黄天元. 教师评价研究的缘起、问题及发展趋势［J］. 北京师范大学学报（社会科学版）, 2003（1）：130-136.

［79］蔡永红, 林崇德, 陈学锋. 学生评价教师绩效的结构验证性因素分析［J］. 心理学报, 2003, 35（3）：362-369.

［80］蔡永红, 林崇德. 同事评价教师绩效的结构验证性因素分析［J］. 心理发展与教育, 2004（1）：38-42.

［81］陈亮, 段兴民. 基于行为的工作绩效结构理论研究述评［J］. 科研管理, 2008, 29（2）：133-141.

［82］陈亮, 杜欣. 高校教师周边绩效维度的探索性分析［J］. 河北大学学报（哲学社会科学版）, 2007, 32（4）：66-70.

［83］陈胜军. 周边绩效理论与实践［M］. 北京：对外经济贸易大学出版社, 2007：22.

［84］陈胜军. 周边绩效模型研究——基于高科技企业中层管理人员的实证研究［J］. 软科学, 2010, 24（9）：110-114.

［85］陈胜军, 全娜. 组织支持感与领导成员交换对低尽责性员工周边绩效的补偿效应研究［J］. 中央财经大学学报, 2015（4）：100-106.

［86］陈世平, 胡艳军, 王晓庄. 高校教师知识共享态度的相关研究［J］. 心理与行为研究, 2011, 9（4）：251-255.

［87］樊平军, 毛亚庆. 论大学松散结合组织特性的知识根源［J］. 高等教育研究, 2006, 27（6）：51-54.

［88］方振邦, 陈曦. 绩效管理［M］. 北京：中国人民大学出版社, 2015：2.

［89］冯利伟. 知识型员工个人—环境契合、自我决定感对敬业度的影响研究［D］. 北京：中央财经大学博士学位论文, 2014.

［90］付亚和, 许玉林. 绩效管理［M］. 上海：复旦大学出版社, 2005：6.

［91］韩翼，廖建桥，龙立荣．雇员工作绩效结构模型构建与实证研究［J］．管理科学学报，2007，10（5）：62-77．

［92］高家斌，苏玲慧．国民中小学教师组织公民行为研究之后设分析［J］．教育理论与实践学刊，2013（27）：73-107．

［93］顾江洪，江新会，丁世青，谢立新，黄波．职业使命感驱动的工作投入——对工作与个人资源效应的超越和强化［J］．南开管理评论，2018，21（2）：107-120．

［94］侯杰泰，温忠麟，成子娟．结构方程模型及其应用［M］．北京：教育科学出版社，2004．

［95］吉雷，梅楚尼奇．组织学习、绩效与变革：战略人力资源开发导论［M］．康青，译．北京：中国人民大学出版社，2005．

［96］姜红，刘斌．高校教师组织认同的现状及其与工作绩效的关系［J］．经济与管理，2015，36（12）：75-81．

［97］杰弗里·A. 迈尔斯．管理与组织研究必读的40个理论［M］．徐世勇，李超平，等译．北京：北京大学出版社，2017：206-208．

［98］井婷，张守臣．高校教师绩效评价体系存在的问题及相应对策［J］．黑龙江高教研究，2007（2）：52-54．

［99］理查德·S. 威廉姆斯．业绩管理［M］．赵正斌，译．大连：东北财经大学出版社，2003：1-155．

［100］李菲．大学的良心——高校教师师德案例读本［M］．上海：华东师范大学出版社，2016：30-39．

［101］李锐，凌文辁．工作投入研究的现状［J］．心理科学进展，2007，15（2）：366-372．

［102］李伟．内在动机对关系绩效的影响机制及强化条件［J］．科研管理，2014，35（5）：77-83．

［103］李志峰，高慧，张忠家．知识生产模式的现代转型与大学科学研究的模式创新［J］．教育研究，2014（3）：55-63．

［104］林琳，时勘，萧爱铃．工作投入研究现状与展望［J］．管理世界，2008，20（3）：8-15，63．

［105］罗伯特·波恩鲍姆．高等教育的管理时尚［M］．毛亚庆，樊平军，郝保伟，译．北京：北京师范大学出版社，2008：3-4．

［106］罗祖兵．不确定性知识观及其对大学教学变革的启示［J］．河北师范大学学报（教育科学版），2012，14（10）：30-35.

［107］马克斯·韦伯．学术政治［M］．钱永祥，等译．桂林：广西师范大学出版社，2004：155.

［108］马慧慧，郭庆然，丁翠翠．Stata 统计分析与应用（第 3 版）［M］．北京：电子工业出版社，2016：229.

［109］毛亚庆．高等教育管理方式转型的知识解读［J］．教育研究，2013（12）：68-74.

［110］毛亚庆，王树涛．论知识范式的转型与大学发展［J］．教育研究，2008（7）：49-53.

［111］闵锐．组织公民行为影响因素对组织内部知识共享影响机制研究［D］．天津：天津大学博士学位论文，2011.

［112］牛风蕊．大学教师评价的制度同形：现状、根源及其消解——基于新制度主义的分析视角［J］．现代教育管理，2014（6）：85-89.

［113］潘杨．高校教师职业认同、组织认同与创新行为的研究［D］．成都：西南财经大学博士学位论文，2014.

［114］切斯特·I. 巴纳德．组织与管理［M］．杜建芳，译．北京：北京理工大学出版社，2014：6.

［115］孙健敏，焦长泉．对管理者工作绩效结构的探索性研究［J］．人类工效学，2002，8（3）：1-10.

［116］孙健敏，王震．人—组织匹配研究述评：范畴、测量及应用［J］．首都经济贸易大学学报，2009（3）：16-22.

［117］孙建群，段锦云，田晓明．组织中员工的自愿性工作行为［J］．心理科学进展，2012，20（4）：561-574.

［118］孙岚，秦启文，张永红．工作动机理论新进展——自我决定理论［J］．西南交通大学学报（社会科学版），2008，9（6）：75-80.

［119］唐春勇．大五个性和工作态度对关系绩效影响的实证研究［D］．成都：西南交通大学博士学位论文，2006.

［120］陶丽．思想政治教育视阈下的大学生成长轨迹研究［D］．沈阳：辽宁大学博士学位论文，2010.

［121］王二平，沈峥嵘．中国文化下的关系绩效及其对绩效评定的影响

［A］//李其维．第十届全国心理学学术会议论文摘要集．上海：中国心理学会，2005：93.

［122］温忠麟，张雷，侯杰泰．有中介的调节变量和有调节的中介变量［J］．心理学报，2006，38（3）：448-452.

［123］吴立保．论本科教育从"教学范式"向"学习范式的整体性变革——以知识范式转换为视角［J］．中国高教研究，2019（6）：65-70.

［124］吴明隆．问卷统计分析实务［M］．台北：五南图书出版股份有限公司，2007：388.

［125］吴明隆．结构方程模型——AMOS 的操作与应用（第 2 版）［M］．重庆：重庆大学出版社，2010：41-227.

［126］吴明隆．SPSS 与统计应用分析［M］．大连：东北财经大学出版社，2012：693-714.

［127］武欣，吴志明，张德．组织公民行为研究的新视角［J］．心理科学进展，2005，13（2）：211-218.

［128］王震，孙健敏．人—组织匹配与个体创新行为的关系——三元匹配模式的视角［J］．经济管理，2010，32（10）：74-79.

［129］许为民，李稳博．浅析绩效内涵的国内外发展历程及未来趋势［J］．吉林师范大学学报（人文社会科学版），2009，9（6）：83-86.

［130］肖玮，王剑辉，车文博，苗丹民．军事飞行员工作绩效结构的分析［J］．心理学报，2005，37（3）：420-426.

［131］萧鸣政，张满．公务员工作绩效结构及其与职业道德关系研究［J］．中国行政管理，2014（12）：30-34.

［132］谢宝国，辛迅，周文霞．工作使命感：一个正在复苏的研究课题［J］．心理科学进展，2016，24（5）：783-793.

［133］徐长江，时勘．对组织公民行为的争议与思考［J］．管理评论，2004，16（3）：45-50，64.

［134］薛薇．统计分析方法及应用（第 3 版）［M］．北京：电子工业出版社，2013：263-310.

［135］杨斌，陈坤．组织公民行为概念的发展困境及其突破线索探讨［J］．外国经济与管理，2012，34（3）：31-39.

［136］于春杰．职业使命感对离职倾向和员工敬业度的影响机制研究

［D］．北京：中国地质大学（北京）博士学位论文，2014.

［137］阎光才．高校教师聘任制度改革的轨迹、问题与未来去向［J］．中国高教研究，2019（10）：1-9.

［138］杨旭华，仇勇．"大学好教师"多重角色的质性分析——基于组织公民行为的视角［J］．中国人力资源开发，2014（21）：11-14.

［139］阳毅，冷天祺．知识员工为什么进行分享：基于COR理论的综述和展望［J］．科技与经济，2019（5）：81-85.

［140］杨倚奇，孙剑平．组织视角的组织—人匹配模式及其管理价值探析［J］．当代经济管理，2009，31（6）：22-24.

［141］钟秉林，王新凤．迈入普及化的中国高等教育：机遇、挑战与展望［J］．中国高教研究，2019（8）：3-7.

［142］赵慧娟．个人—组织匹配对新生代员工敬业度的作用机理——基于职业延迟满足的视角［J］．经济管理，2013（12）：65-76.

［143］赵敏，何云霞．西方工作价值取向研究及对我国教师管理的启示［J］．教育理论与实践，2010，30（8）：37-41.

［144］赵燕梅，张正堂，刘宁，丁明智．自我决定理论的新发展述评［J］．管理学报，2016，13（7）：1095-1104.

［145］张春雨．职业使命感：结构、测量及其与幸福的联系［D］．重庆：西南大学博士学位论文，2015.

［146］张德．人力资源开发与管理［M］．北京：清华大学出版社，2004.

［147］张丽敏．教师使命的内涵及特征探讨［J］．教师教育研究，2012，24（6）：7-12，19.

［148］张四龙．组织道德气氛对组织公民行为影响的实证研究［D］．长沙：中南大学博士学位论文，2013.

［149］张廷君．绩效结构理论及其职业群体新视角：科技工作者三维绩效［J］．中国科技论坛，2011（2）：112-118.

［150］张文修．大学的知识特性与一流大学治理［J］．陕西师范大学学报（哲学社会科学版），2006（35）：229-231.

［151］张文彤，董伟．SPSS统计分析高级教程（第2版）［M］．北京：高等教育出版社，2013：219.

［152］张小林，戚振江．组织公民理论及其应用研究［J］．心理学动态，

2001（4）：352-360.

[153] 仲理峰，时勘. 绩效管理的几个基本问题 [J]. 南开大学管理评论，2002（3）：15-19.

[154] 仲理峰，孟杰，高蕾. 道德领导对员工创新绩效的影响：社会交换的中介作用和权力距离取向的调节作用 [J]. 管理世界，2019（5）：149-160.

附　录

附录1　教师访谈提纲

一、您最初选择高校教师这个职业的目的是什么？

二、您对高校教师这份职业的总体感受是什么？如果让您重新选择，您还愿意选择高校教师这个职业吗？为什么呢？

三、您认为目前学校制定的教师岗位职责能不能涵盖您全部的工作内容呢？您在日常工作过程中做过哪些岗位职责不能涵盖或者说在岗位职责里没有明确说明的工作？您能否列举1~2个具体事例来说明一下？

四、您列举的上述工作是您的自愿行为吗？如果是，您认为是什么原因促使您完成这些工作？如果不是，也请您说明理由。

五、根据您的观察，您觉得您周围有没有只按照岗位职责做事情，对其他工作都不太关心的教师？如果有，您认为是什么原因导致这些教师产生这样的表现的？

六、您觉得目前在学校里存在哪些因素能够促进或阻碍教师提升周边绩效？如果是不利因素，您觉得应该如何改进？

七、您认为外部因素是否会影响您对教师这份职业的使命感以及对待工作的态度？

附录2 关于高校教师周边绩效关键行为事件的相关调查

关于问卷的说明（请填写前阅读）：

各位老师好！本问卷主要调查高校教师在日常工作中表现出来的反映周边绩效的关键行为事件。有关周边绩效的内涵描述具体如下：

目前各高校都是依据岗位职责规定教师的工作要求。但在现实中绝大多数教师并不是单凭岗位职责的约束完成工作任务，教师在实际工作过程中会自愿表现出来一系列的主动行为，如教师自愿与同事分享研究经验和心得、利用业余时间主动指导和关心学生等。这些行为可能在岗位职责里没有硬性规定或者属于岗位职责范畴之外，并且这些行为的执行情况很大程度上是由教师自主选择，因此经常被学校正式的评价系统所忽略（也就是说做或者不做可能不会受到学校的惩罚或奖励），但是这些行为对于学生的培养、教师的发展以及学校的整体发展却非常重要，也非常必要。这些行为从管理学的角度看，属于教师的周边绩效范畴。具体范例如下：

范例1：教师主动牺牲休息时间给学生提供人生规划、行为处事的建议。

范例2：能够主动将自己的教学经验或科研课题申报经验分享给其他同事。

范例3：利用自身的优势，主动帮助团队或系或学院完成管理服务工作（如翻译、申报材料等）。

本问卷所调查的信息仅用于学术研究，不针对单位或者个人。您所提供的答案并无对错之分，请您根据个人的实际情况来回答。谢谢您的支持与协助！

2018 年 12 月

1. 您的性别

○男　　　　　　　　○女

2. 您的年龄

○30 岁及以下　　　　○31~35 岁　　　　○36~40 岁

○41~45 岁　　　　○46~50 岁　　　　○51~55 岁

○55 岁以上

3. 您所在学校的类型

○高职高专院校　　　○地方性普通本科院校　○985 或 211 高校

4. 您的职称

○尚未评定　　　　○助理级　　　　○讲师

○副教授　　　　○教授

5. 您所在学科

○哲学　　　　○经济学　　　　○法学

○教育学　　　　○文学　　　　○历史学

○理学　　　　○工学　　　　○农学

○医学　　　　○军事学　　　　○管理学

○艺术学

6. 请您回想一下，您在日常工作中完成了哪些您认为属于岗位职责要求之外的工作（或者是岗位职责中没有硬性规定的工作）？能否举 2~3 个具体的例子，说说您是怎么做的（请尽量用具体、完整的语句表述，避免使用笼统性语言）？

7. 请您回想一下您认为的好老师的日常工作行为。您觉得他/她做了哪些工作职责范围之外（或者是岗位职责中没有明确规定的工作）的事情让您印象深刻？能否举 2~3 个具体的事例（请尽量用具体、完整的语句表述，避免使用笼统性语言）？

附录 3　高校教师周边绩效、工作使命感、工作投入以及人—组织匹配情况的调查问卷

尊敬的老师：您好！

本研究选题是"高校教师工作使命感对周边绩效影响机制的实证研究"。这

项研究将为学校的教师发展工作提供一定的理论指导。现因研究需要特别编制此调查问卷，旨在了解高校教师日常工作中周边绩效、工作使命感、工作投入以及与学校环境匹配的相关情况。

　　本问卷采用无记名方式，仅用于学术研究，未经您的同意，绝不会将数据用于其他用途。问卷填写需要花费您 3~5 分钟的时间，请您认真阅读并根据实际情况作答，您的真实想法是我研究的重要依据，非常感谢您的支持和参与！

2019 年 9 月

　　第一部分：这部分内容是您的基本信息，请选择符合您实际情况的选项。

　　1. 您的性别

○男　　　　　　　　　　○女

　　2. 您的年龄

○30 岁及以下　　　　　○31~35 岁　　　　　○36~40 岁

○41~45 岁　　　　　　○46~50 岁　　　　　○51~55 岁

○56 岁及以上

　　3. 您所在学校的类型

○高职高专院校　　　　○一般性本科院校

○重点院校（985 或 211 高校）

　　4. 您的学历

○本科　　　　　　　　○硕士　　　　　　　○博士

　　5. 您的职称

○尚未评定　　　　　　○助教　　　　　　　○讲师

○副教授　　　　　　　○教授

　　6. 您所在学科

○哲学　　　　　　　　○经济学　　　　　　○法学

○教育学　　　　　　　○文学　　　　　　　○历史学

○理学　　　　　　　　○工学　　　　　　　○农学

○医学　　　　　　　　○军事学　　　　　　○管理学

○艺术学

7. 您所在岗位职务

○兼任行政职务（如校、院、系领导，职能处室负责人等）

○兼任学术职务（如学科带头人、专业负责人、课程群负责人等）

○行政职务和学术职务两者兼任

○普通教师，不兼任其他职务

8. 您在本单位工作的年限

○5 年及以下	○6~10 年	○11~15 年
○16~20 年	○21~25 年	○26~30 年
○31 年及以上		

第二部分：这部分内容主要描述教师在日常工作中反映周边绩效的具体行为表现，请选择符合您实际情况的选项。

	非常不符合	不太符合	不好确定	比较符合	非常符合
1. 主动关心学生的生活和心理健康状态并给予具体的指导和帮助	○	○	○	○	○
2. 主动利用课余时间为学生的各类学习活动提供具体的指导和帮助	○	○	○	○	○
3. 主动关注学生的成长发展，并提供具体的建议和帮助	○	○	○	○	○
4. 主动和其他教师（特别是青年教师）分享自身的教学和科研工作经验	○	○	○	○	○
5. 主动为其他教师提供更多的教学科研相关资源或者发展机会	○	○	○	○	○
6. 主动帮助新教师熟悉工作环境，做好职业发展规划	○	○	○	○	○
7. 在工作中主动发挥示范作用，为其他教师树立榜样	○	○	○	○	○
8. 主动帮助其他教师解决生活中遇到的困难和问题	○	○	○	○	○
9. 主动帮助其他教师处理日常工作中遇到的困难和问题	○	○	○	○	○
10. 主动提醒其他教师避免工作中犯错或关注重要工作信息	○	○	○	○	○
11. 积极带领或参与团队教学改革和科研创新工作	○	○	○	○	○
12. 主动推动或积极参与学科专业、课程及实践环境等建设与改革工作	○	○	○	○	○
13. 主动推动或积极参与产教融合建设工作	○	○	○	○	○
14. 工作中不抱怨，愿意主动奉献	○	○	○	○	○
15. 总能以超出规定要求的标准完成相应的工作	○	○	○	○	○

续表

	非常 不符合	不太 符合	不好 确定	比较 符合	非常 符合
16. 积极参加学校或学院组织的各类集体活动	○	○	○	○	○
17. 对外主动宣传和维护学校的声誉和形象	○	○	○	○	○
18. 主动爱护校园环境，维护校园安全	○	○	○	○	○

第三部分：这部分内容主要描述您从事高校教师这份职业的感受（工作使命感）以及将精力、情感和注意力投入到工作的状态（工作投入），请选择符合您真实想法的选项。

（一）关于工作使命感

	非常 不符合	不太 符合	不好 确定	比较 符合	非常 符合
1. 我很有激情地投入到高校教师这份工作中	○	○	○	○	○
2. 与其他工作相比，我最喜欢当高校教师	○	○	○	○	○
3. 在高校当老师给了我极大的个人满足感	○	○	○	○	○
4. 为了从事高校教师这份工作，我愿意牺牲一切	○	○	○	○	○
5. 当我向别人介绍自己时，我经常想到的第一件事就是我是一名高校教师	○	○	○	○	○
6. 即使面临重重困难，我也要继续在高校从事教学和科研工作	○	○	○	○	○
7. 我知道做好高校教师这份工作永远是我生活中的一部分	○	○	○	○	○
8. 我觉得我注定就是一名高校教师	○	○	○	○	○
9. 在某种程度上，高校教师的工作一直在我的脑海中	○	○	○	○	○
10. 即使在我不工作时，我也经常想起我工作中的事情	○	○	○	○	○
11. 我觉得如果我没有从事高校教师这份工作，我的存在就不会那么有意义	○	○	○	○	○
12. 当一名高校教师对我来说是一种非常感动和满足的经历	○	○	○	○	○

（二）关于工作投入

	非常 不符合	不太 符合	不好 确定	比较 符合	非常 符合
1. 工作时，我感觉非常有干劲	○	○	○	○	○
2. 当我早上起床时，我很想去上班	○	○	○	○	○

续表

	非常 不符合	不太 符合	不好 确定	比较 符合	非常 符合
3. 工作时，我感到精力充沛	○	○	○	○	○
4. 我为自己所从事的工作感到骄傲	○	○	○	○	○
5. 我所做的工作能够激励我	○	○	○	○	○
6. 我对自己的工作充满热情	○	○	○	○	○
7. 当我工作时，非常专注，满脑子只有工作	○	○	○	○	○
8. 当我工作时，完全忘记了时间	○	○	○	○	○
9. 当我全身心投入工作时，我感到快乐	○	○	○	○	○

第四部分：这部分内容主要描述您与您所在学校及工作之间的匹配程度。请选择符合您真实想法的选项。

	非常 不符合	不太 符合	不好 确定	比较 符合	非常 符合
1. 我觉得我的价值观和学校以及学校现有其他同事的价值观都很匹配	○	○	○	○	○
2. 我认为我所在学校的价值观和"个性"反映了我自己的价值观和个性特征	○	○	○	○	○
3. 我所在学校的价值观与我自己的价值观相似	○	○	○	○	○
4. 我的价值观与学校现有员工的价值观相匹配	○	○	○	○	○
5. 我觉得我的个性与这个组织的"个性特征"或形象相匹配	○	○	○	○	○
6. 我相信我的技能和能力符合工作的要求	○	○	○	○	○
7. 我的知识、技能和能力符合工作要求	○	○	○	○	○
8. 我具备完成这份工作的技能和能力	○	○	○	○	○
9. 我觉得这份工作能让我做我想做的事情	○	○	○	○	○
10. 这份工作正好是我想找的那种工作	○	○	○	○	○
11. 这份工作很适合我	○	○	○	○	○
12. 这份工作满足了我的需要	○	○	○	○	○